Het 17 dagendieet

HET 17 DAGEN DIEET

Snel Afvallen

DE MAKKELIJKE MANIER OM GEZOND EN BLIJVEND GEWICHT TE VERLIEZEN

DR. MIKE MORENO

KOSMOS

Kosmos Uitgevers, Utrecht/Antwerpen

KOSMOS
www.kosmosuitgevers.nl

FSC
www.fsc.org
MIX
Papier van verantwoorde herkomst
FSC® C116331

Oorspronkelijke titel: The 17 Day Diet
Oorspronkelijke uitgever: Free Press, een onderdeel van Simon & Schuster Inc., New York
Published by arrangement with the original publisher

Vertaling: Anna van Wittenberghe
Omslagontwerp: Oranje Vormgevers, Eindhoven
Vormgeving: 2-D'sign, Amersfoort
ISBN 978 90 215 5492 1
NUR 443

Tweede druk, januari 2014

Inhoud

Deel 1 - Het 17 dagendieet **13**

---

1 Ik heb maar zeventien dagen nodig **15**
Wat kun je verwachten? 18
Jouw afspraak met mij 20
Het 17 dagendieet biedt je nog meer om van te houden 23
Word sexy 26
Word rijker 27
Samenvatting 30

2 Verbrand dat vet! **33**
Wat mag je eten bij het 17 dagendieet? 34
Geniet van veel eiwitten 35
Ga voor groenten 35
Laat suikerrijk fruit staan 37
Houd controle over koolhydraten 37
Kies vet dat vet verbrandt 40
Vitamines uit voeding 40
Machtige mineralen 42
De voordelen van 'beestjes' 42
Vloeibaar voordeel 43
Hoeveel zou ik moeten wegen? 46
Hoe vaak zou je op de weegschaal moeten staan? 48
Samenvatting 51

3 Cyclus 1: versnellen **52**
Mijn honger/verzadigingsmeter 54
Algemene richtlijnen voor de Versnelcyclus 56
Maak korte metten met de kilo's:
de voedingsmiddelenlijst van de Versnelcyclus 57
Gemakkelijk je maaltijden plannen 64
17 menuvoorbeelden 65

Werkblad voor de versnellingscyclus 76
Samenvatting 77

4 Cyclus 2: verbeteren 79
Algemene richtlijnen voor de Verbetercyclus 82
Val meer af: de voedingslijst van de Verbetercyclus 83
Gemakkelijke maaltijdplanner 87
Zeventien voorbeeldmenu's 88
Werkblad voor de Verbetercyclus 99
Samenvatting 100

5 Cyclus 3: veranderen 101
De snelheid waarmee je afvalt in cyclus 3 102
Richtlijnen Verandercyclus 104
Aangevulde voedingslijst van de Verandercyclus 106
Makkelijke maaltijdplanning 110
Zeventien voorbeeldmenu's 112
Werkblad voor de Verandercyclus 123
Als je nog meer wilt afvallen 124
Samenvatting 126

6 Cyclus 4: volharden 127
Starten met de Volhardencyclus 129
De lifestyle van de Volhardencyclus 130
Strategieën voor de Volhardencyclus 135
Samenvatting 140

Deel 2 - Bijzondere overwegingen 145

---

7 Het 17 dagencultuurdieet 147
De latinokeuken 148
De mediterrane keuken 151
De Aziatische keuken 153
De Indiase keuken 156
De Perzische keuken 158
Nu kook je… en val je af 160
Samenvatting 160

8 Het PMS-uitzonderingsdieet 162

Eet en versla PMS 164
Andere voedingstips om PMS te bestrijden 170
Wat moet je vermijden? 171
Het PMS-uitzonderingsdieet 173
Weet welke supplementen je slikt bij PMS 178
Samenvatting 182

Deel 3 - Zorg dat het eraf blijft! 185

---

9 Uit eten met het 17 dagendieet 187

Wat je moet weten voor je de deur uitgaat 190
Kies een rustige plaats uit 190
Bestel als eerste 190
Het gaat erom wat jíj wilt 190
Laat je niet verleiden door de menukaart 191
Niet snacken 192
Maak van voorgerechten je hoofdgerecht 192
Ken je salades 192
Wees voorzichtig met bijgerechten 193
Kies voor vetarme bereidingsmethodes 193
Geniet van alcohol, maar houd je in 194
Houd je porties onder controle 194
Oefen de drie-hapjesregel 195
Kies verstandig bij elke maaltijd 196
Samenvatting 200

10 Gezinsuitdagingen 205

Beperk de blootstelling aan mannenvoedsel 208
Eet minder dan hij 208
Beweeg, terwijl hij tv kijkt 209
Speel de baas over de keuken 209
Word fitnessmaatjes 209
Zoek andere supporters 210
Samenvatting 211

11 Zo overleef je de feestdagen **214**

Doe een pre-dieet voor de feestdagen beginnen 215
Partyplannen 215
Voel je vol met vezels 217
Voorzichtig met alcohol 217
Blijf bewegen 218
Houd de feestdagenstress in de hand 219
Samenvatting 221

12 Op pad met het 17 dagendieet **226**

Op de luchthaven 226
Aan boord 227
Autoreizen 228
Eten in het hotel 229
Begin de dag gezond 229
Oefeningen voor onderweg 230
Samenvatting 233

13 Onregelmatige dienst en het 17 dagendieet **236**

Vermijd junkfood 237
Volg mijn voorbeeldmenu's voor onregelmatige diensten 238
De fitnessconnectie 244
Slaap verstandig 244
Samenvatting 248

14 De recepten **250**

15 Dokter, kunt u mij meer vertellen, a.u.b? **264**

Dieetkwesties 264
Vragen over voeding 267
Gezondheidsproblemen 274
Voedingsallergieën 279

Bronnen **282**
Interessante websites **287**
Over de auteur **288**

Ik wil dit boek opdragen

aan mijn familie en aan mijn vrienden die mij hebben gesteund en in mijn dromen hebben geloofd. Maar het meest aan mijn moeder en vader die mij altijd hebben aangemoedigd en gesteund. Zij hebben altijd de nadruk gelegd op opleiding en hebben mij doordrongen van het belang van hard werken en hulp bieden aan andere mensen. Ik wil ook graag mijn patiënten bedanken die mij van de motivatie hebben voorzien om buiten de geijkte patronen te denken, waardoor ik hoop dat ik deze wereld een gezondere, gelukkiger plek kan maken.

Dankbetuiging

Ik voel diepe dankbaarheid voor Maggie Greenwood-Robinson. Zonder haar volharding en eindeloze uren toewijding aan dit project zou het boek dat jij nu vasthoudt, wel eens niet kunnen zijn geschreven. Ik wil ook de talrijke mensen bedanken die het programma en de ondersteuningsmaterialen hebben samengesteld.

Mijn hoop is dat dit boek helpt om de wereld een gezondere, gelukkiger plek te maken. Het is nooit te laat om fit en fantastisch te worden.

Voorwoord van de vertaler

Het 17 dagendieet. Weer een dieet. Het zoveelste dieet. En toch een compleet ander dieet dan al die andere, want de grootste struikelblokken om een dieet vol te houden, zijn hier niet eens aan de orde.

De bekende dieetstruikelblokken zijn: langzaam afvallen, eentonig eten, hongergevoel, denken dat je nooit meer iets lekkers mag eten. Dat wordt immers meteen afgestraft met gewichtstoename. En het grootste struikelblok van allemaal: het plateau. De cijfers van je weegschaal gaan niet meer achteruit. Hooguit vooruit. De reden? Gewenning.

Ondanks duizenden jaren van evolutie, reageert ons lichaam nog altijd op de manier die er ooit voor zorgde dat we konden overleven: het slaat vet op in barre tijden. En een dieet is voor een lichaam al heel snel het signaal dat er barre tijden zijn aangebroken. Dus gaat je spijsvertering in de langzaamaanstand. En dat heeft tot gevolg dat je ook met een normaal aantal calorieën kunt aankomen. Of in het gunstigste geval geen gram afvalt. Frustratie, frustratie. We hebben het allemaal al tig keer meegemaakt. Het uiteindelijke resultaat is dat je het maar (weer) opgeeft.

Dit alles heeft Dr. Mike gezien en gehoord in zijn praktijk. En zo is het 17 dagendieet ontstaan, met vier cycli. Je mag voldoende eten, alle voedingsgroepen zijn vertegenwoordigd in dit dieet, en door de verschillende soorten voeding én hoeveelheden in elke cyclus, went je lichaam niet aan het dieet. Je lichaam blijft 'raden'. En zo val je af. Ben je eenmaal afgevallen tot de maat die je graag wilt, of tot het gewicht dat je op de weegschaal wilt zien, dan ga je naar de laatste cyclus waarbij je door de week verstandig eet, en in het weekend je favoriete dingen mag eten. En zo blijf je dan op dat mooie gewicht. Omdat een mens een mens blijft, en er honderdduizend verleidingen om je heen te zien (en te koop) zijn, is het zelfs geen ramp als je je eens te buiten bent gegaan en toch weer wat bent aangekomen. Dan ga je even terug naar de eerste cyclus en dan is het er zo weer af.

Het belangrijkste bij het 17 dagendieet is dat je weer gezonde dingen leert eten. En gezond betekent niet saai of voorspelbaar. Dr. Mike laat zien dat gezond heel gemakkelijk is. En ook nog eens heel erg lekker. Je smaak verandert, je trek in dikmakende dingen verdwijnt en wat nog het meest verandert, is hoe je je daardoor voelt. En hoe je eruitziet. Die twee elementen samen: je fantastisch voelen en er fantastisch uitzien, is een onverslaanbaar duo. En dan maakt het niet uit hoeveel je nu weegt, of je een vrouw of een man bent, en ook je leeftijd doet er niet toe. Iedereen die er genoeg van heeft om zich in het donker uit te kleden, iedereen die het liefst niet in een etalageruit naar zichzelf kijkt, iedereen die hoopt dat de zomer snel voorbij is, zodat de verhullende winterkleding weer aan kan, die kan daar nu korte metten mee maken. En nog snel ook.

Want dat is ook nog een geweldig aspect van het 17 dagendieet. Het gaat zo snel. En snel afvallen is juist heel goed voor je lichaam, in tegenstelling tot wat nog steeds wordt beweerd. Wie wil afvallen, wil nu eenmaal graag snel resultaat zien. En nu blijkt dat je door snel gewichtsverlies het er beter kunt afhouden dan door langzaam afvallen. Allemaal onderzocht. Allemaal bewezen.

Geen honger, lekker, gezond, snel, blijvend en geen plateaus.

Dus, wat let je? Veel succes!

Anna van Wittenberghe

Over de vertaler

Anna van Wittenberghe was jarenlang hoofdredacteur van diverse lifestyle magazines en werkte daarna zelfstandig als redacteur beauty, gezondheid en psyche voor de 'grote bladen'. Over deze zaken schrijft zij ook boeken. Zij vertaalde en bewerkte verschillende bekende dieetboeken voor de Nederlandse markt, waaronder het *South Beach Dieet*, *Skinny Bitch* en de *Gabriel Methode*.

Deel 1

Het 17 dagendieet

1 Ik heb maar zeventien dagen nodig

Persoonlijk kan ik het 17 dagendieet in twee woorden vatten: snelle resultaten. Afhankelijk van je startgewicht en je stofwisseling, mag je verwachten dat je de eerste zeventien dagen 5 tot 6 kilo verliest. Natuurlijk verlies je meer naarmate je verder van je ideale gewicht af bent.

Laten we elkaar niet voor de gek houden: als je met een dieet begint, wil je meteen resultaat zien. In hoe je eruitziet en ook in hoe je je voelt. De oorzaak hiervan is dat onze maatschappij gericht is op instantresultaat: we willen dingen en we willen ze nú! Dat geldt ook voor afvallen. We worden ongeduldig als de pondjes er niet snel genoeg af gaan en er niet aan onze verwachtingen wordt voldaan. Het lijkt dan gemakkelijker om alles maar op te geven in plaats van door te zetten.

Dit dieet is opgezet om snel resultaat te leveren. Niet omdat het je uithongert tot aan dun wordens toe, maar omdat je lichaam zich op stofwisselingsgebied aanpast vanwege de nauwkeurig opgezette balans tussen voeding en beweging, en je daardoor vet verbrandt. Dag in, dag uit.

Ook heel belangrijk is dat het onderdeel gewichtsafname van dit dieet beperkt is tot zeventien dagen per keer, zodat je niet ontmoedigd raakt door de gedachte aan eindeloze maanden diëten.

Evenmin zul je een 'plateau' bereiken zoals dat vaak bij andere diëten het geval is. Het 17 dagendieet zorgt ervoor dat je lichaam en je stofwisseling blijven 'raden'. Ik noem dit 'lichaamsverwarring'. Bij elke 17-dagencyclus, verander je je calorie-inname en de voedingsmiddelen die je eet. Door hier variatie in aan te brengen, voorkom je dat je lichaam zich gaat aanpassen. En daardoor vermijd je dat je weegschaal op hetzelfde gewicht blijft staan. De extra bonus: je raakt er niet op uitgekeken. En het is ongelooflijk leuk om de kilo's eraf te zien vliegen. Dus verwarring is prima!

Aan het einde van zeventien dagen, ga je door naar de volgende 17-dagencyclus, dan naar een derde en uiteindelijk naar de gewichtsstabilisatiecyclus van het dieet. Dit is de cyclus waarin je een grotere variatie aan voedingsmiddelen mag eten, inclusief je favoriete eten. Wel met mate natuurlijk. (Ik wil niet dat je weer te inhalig wordt bij al die alles-wat-je-kunt-eten-buffetten.)

Ik weet al wat je nu denkt: is het wel mogelijk om snel en toch veilig af te vallen? Als je het goed doet, zonder dat je de juiste voeding achterwege laat, dan is het antwoord daarop: ja!

Ondanks wat voedingsdeskundigen jarenlang hebben gepredikt, kan snel gewichtsverlies gezond zijn als je het maar op de juiste manier doet, waardoor je in slechts een paar dagen op een wonderbaarlijke manier je gewicht en omvang ziet verminderen. Het laatste onderzoek op dit gebied suggereert dat hoe sneller je afvalt, hoe langer je het er ook af houdt. En dat is voor diëters over de hele wereld iets om erg blij van te worden. Daarbij komt dat als je je enigszins schaamt dat je ineens veel te veel weegt, of omdat je vier kilo bent aangekomen door een feestweekend, of doordat je je te buiten bent gegaan aan ijsjes, dit dieet je heel snel weer op het goede spoor zet.

Het 17 dagendieet geeft je lichaam dus de perfecte start: snel gewichtsverlies waardoor je ook mentaal een kick krijgt. Mijn focus is: hoe krijg ik jou zo snel mogelijk, zo dun mogelijk. En als ik daarin slaag, denk dan maar dat je niet langer die twee cementzakken van veertig pond aan je lichaam hoeft mee te slepen. De knoop van je spijkerbroek zal de muur nu niet meer raken als hij eruit plopt. Je hoeft ook niet meer grote maten kleding met verstelbare taillebanden te dragen. Door dit dieet word je slank, gezond en mooi gevormd, en hoef je van mij ook geen shakes te slurpen of een of ander afzienfitnessprogramma te volgen dat meer geschikt lijkt voor ME'ers.

Je moet echter wel accepteren dat dit geen plezierdieet is. Je moet stoppen met het eten van rotzooi. Je moet gezonde groenten, fruit en mager vlees eten. Ik zal je ook niet vragen om je 'innerlijke eter' te ontdekken om zo verborgen emotionele redenen bloot te leggen waarom je dik bent. Maar ik vraag je wel je porties binnen de perken te houden, het eten van vette, zoete, zoute dingen na te laten en van je luie achterwerk te komen. Je voelt je echt niet flauw van de honger waardoor je midden in de nacht in de keuken zoete ontbijtgranen uit de doos staat te eten of koekjesdeeg. Je kunt het! Omdat iedereen alles zeventien dagen lang kan volhouden.

Het mooie van dit programma is dat je niet ontmoedigd raakt of uitgekeken raakt door het vooruitzicht op een dieet te moeten blijven waar geen eind aan komt. Het zorgt voor resultaten die net zo blijvend zijn als al die langetermijndiëten die zo ontmoedigend beetje bij beetje gewichtsverlies laten zien. Je zult er dolblij mee zijn dat je in zeven, tien of zeventien dagen slanker zult zijn. En grote kans dat je je ook nog eens veel lichter zult voelen en een absurde hoeveelheid energie zult krijgen.

Het 17 dagendieet is te doen en het is gemakkelijk – in tegenstelling tot zo veel andere diëten die maar ietsje minder gecompliceerd zijn dan de checklist voor een raketlancering.

Dokter, kunt u mij vertellen, a.u.b.?

Is veel van het gewicht dat ik verlies afkomstig van water?
Ja! En dat is geweldig, want water is ook gewicht. Schuif deze extra pondjes nooit terzijde als alleen maar 'vochtgewicht'. Dit is een gewoonte om jezelf af te straffen. Cosmetisch gezien kan watergewicht vetverlies verbergen en daardoor behoorlijk frustrerend zijn. Op gezondheidsgebied betekent vocht vasthouden een extra belasting voor je hart. Als je lichaam vocht vasthoudt, houdt dat in dat je bloed meer water bevat. En dan moet je hart harder werken om dat extra volume rond te pompen. Als eenmaal al het overtollige vocht uit je lichaam is verdwenen, verdwijnt ook dat opgeblazen en opgezette uiterlijk. In maar drie of vier dagen zul je er zichtbaar dunner uitzien. Bovendien is de kans groot dat je je veel lichter voelt en je gemotiveerder bent om te letten op wat je eet.

De wetenschap zegt...

Langzaam is niet per se beter
De conventionele wijsheid stelt dat snel gewichtsverlies ook tot snel aankomen leidt. Nieuw wetenschappelijk onderzoek laat echter zien dat langzaam niet per se beter is.

Kom in vorm op de snelle manier. In 2010 laat een onderzoek van de University of Florida zien dat de sleutel voor langetermijngewichtsverlies en behoud daarvan ligt in snel afvallen, en niet in langzaam-aan afvallen. In een groep van 262 obese vrouwen van middelbare leeftijd werden de vrouwen die meer dan een kilo per week afvielen aangemerkt als de snelle afvallers. Vergeleken met de langzame afvallers, verloren de snelle afvallers gemiddeld meer gewicht, bleven langer op hun nieuwe gewicht en waren minder geneigd om weer aan te komen. Deze uitkomsten werden gepubliceerd in het *International Journal of Behavioral Medicine.*

Verlies je buikvet. We verzamelen buikvet op twee manieren. Bij de ene manier gaat het vet rond onze interne organen zitten; dit wordt ook wel visceraal vet genoemd. Dit soort vet verhoogt de bloeddruk en de cholesterolspiegels, waardoor het risico op diabetes, Alzheimer en zelfs bepaalde soorten kanker groter wordt. Visceraal vet is vele malen bedreigender dan vet op andere plaatsen.
De andere soort vet bevindt zich net onder je huid en wordt onderhuids buikvet genoemd. Dit veroorzaakt het zo ongelooflijk moeilijk kwijt te raken buikje. Een Fins onderzoek dat in het *International Journal of Obesity and Related Metabolic Disorders* werd gepubliceerd, liet zien dat bij een zes weken durend dieet, dat was gericht op snel gewichtsverlies, visceraal vet met 25 procent was afgenomen en onderhuids buikvet met 16 procent.

Dus, krijg ik 17 dagen van je?
Kun je dat? Gefeliciteerd. Je zult niet teleurgesteld worden!

Wat kun je verwachten?

Maar wat is het 17 dagendieet nu precies? In de volgende hoofdstukken ga ik daar dieper op in, maar om het even snel samen te vatten: het 17 dagendieet is een leuke, fantastische manier van eten die erop gericht is je heel snel te laten afvallen. Het is gebaseerd op een paar eenvoudige principes, één ervan is dat je dingen eet die vetverbranding stimuleren en goed zijn voor je spijsverteringssysteem.

Ik wil hier benadrukken dat overtollig gewicht altijd een teken is van een onbalans tussen voeding en metabolisme. In tegenstelling tot wat over het algemeen wordt aangenomen, gaat het dus niet alleen om hoeveel je beweegt of hoeveel je eet. Integendeel, het gaat ook om welke soorten voedingsmiddelen je eet en hoe ze worden verteerd, geassimileerd en gemetaboliseerd. Als een van deze componenten van goede voeding geweld wordt aangedaan, dan wordt je lichaam op celniveau niet goed gevoed, je metabolische functie vermindert en gifstoffen hopen zich op. Dus om snel af te vallen, moeten we de spijsvertering en metabolisering optimaliseren. En dat is nu precies wat het 17 dagendieet doet.

Geloof me maar, je zult zo blij zijn snel een paar pond te verliezen dat je besluit ermee door te gaan. Na de eerste zeventien dagen komen er nog eens zeventien en dan weer zo'n periode – totaal drie cycli en een onderhoudscyclus waarin je mag eten wat je wilt, waar je maar trek in hebt, maar dan wel in de weekenden. Zie het overzicht hieronder.

Snel en gemakkelijk overzicht van het 17 dagendieet

Cycli	**Doel**
Cyclus 1: Versnellen	
(17 dagen)	Snel afvallen wordt gepromoot door verbetering van je spijsverteringsgezondheid. Verwijdert suiker uit je bloed waardoor vetverbranding versnelt en vetopslag wordt tegengegaan.
Cyclus 2: Verbeteren	
(17 dagen)	Je metabolisme wordt gereset door middel van een strategie waarbij je calorie-inname vermeerdert en vermindert om vetverbranding te stimuleren en stilstand in afvallen te voorkomen.
Cyclus 3: Veranderen	
(17 dagen)	In deze cyclus ontwikkel je goede eetgewoontes doordat er meer voedingsmiddelen bij komen en je dichter bij je streefgewicht komt.

Cyclus 4: Volharden

(blijvend) Een eetprogramma dat je toestaat om van je favoriete dingen te genieten in het weekend, terwijl je door de week gezond eet, waardoor je op je streefgewicht blijft.

Als we alle basiszaken hebben gehad, praat ik met je over hóe je het dieet kunt volgen. Ik kan niet wachten om je alle geweldige onderdelen te laten lezen, zodat je op weg kunt naar een fit en fantastisch uiterlijk. Doe dit stap voor stap zodat je niet overweldigd raakt door het geheel.

Jouw afspraak met mij

Laat ik eens beginnen met me voor te stellen. Ik ben huisarts. In de Amerikaanse gezondheidszorg gaan de meeste mensen met hun klachten eerst naar een arts zoals ik. En die klachten lopen van infecties tot chronische aandoeningen. Ik houd van de afwisseling in de huisartsenpraktijk. Het ene ogenblik behandel ik een achttienjarige jongen met griep en het volgende moment een negentigjarige vrouw met gewrichtsklachten.

Ik ben arts geworden om dezelfde reden als de meeste collega's: ik wilde levens redden, puur en simpel. Ik geloof met heel mijn hart dat een arts veel meer is dan een persoon die medicijnen uitdeelt of symptomen aankruist zoals je dat op de checklist in een sushibar doet. Hij of zij moet de hele mens behandelen. Ik zorg altijd dat ik elke patiënt als persoon leer kennen voordat ik een stethoscoop op zijn of haar borst zet.

Ik voer mijn praktijk een beetje anders dan anderen. Op dit moment zitten mensen langer in de onderzoekskamer te wachten dan in de wachtkamer. Eigenlijk ben je meer tijd kwijt in de onderzoeksruimte dan de persoon die hem heeft ingericht. Het lijkt een beetje op een restaurant waar je, ondanks je reservering, te horen krijgt dat je nog maar even aan de bar moet gaan zitten. Het enige verschil met de huisartsenpraktijk is dat je geen cocktail kunt bestellen en je je ook nog vaak helemaal of gedeeltelijk moet uitkleden.

De volgende keer dat je in de onderzoeksruimte moet wachten kun je wat leuke dingen doen om de tijd te verdrijven. Lijm bijvoorbeeld de tongspatels aan elkaar en verkoop ze aan de andere patiënten als onderzetters. Of trek het behang eraf zonder de diploma's te beschadigen die er hangen.

Ik doe dingen anders in mijn praktijk. Mijn patiënten hoeven niet eindeloos lang te wachten. Mijn patiënten zitten meestal niet eens op de onderzoekstafel als ik met ze praat. Ik zit op de onderzoekstafel en zij krijgen de gemakkelijke stoel. Je kunt ook heel goed tekenen op het afdekpapier van de onderzoekstafel. Soms spring ik van die tafel en teken er organen op om dingen uit te leggen aan patiënten.

Ik ben verantwoordelijk voor tweeduizend patiënten, hoewel niet allemaal op één dag. Veel van mijn patiënten zijn vrouw, en 80 procent van mijn nieuwe patiënten lijdt aan overgewicht. De meesten weten dat ook. Iets wat ik altijd interessant heb gevonden, is dat mijn patiënten vaak binnenkomen met klachten over rugpijn, of pijn in hun knieën of gewoon klagen over de bekende vermoeidheid. En voordat ik nog maar iets heb kunnen zeggen, zeggen ze: 'Ik weet het. Het komt doordat ik te dik ben.' Patiënten zijn slim.

Vanaf het begin dat ik arts werd, heb ik mij beziggehouden met preventie. Preventie is de toegangspoort tot een lang leven. Ik haat het om medicijnen voor te schrijven als de problemen ook door eenvoudige veranderingen in lifestyle kunnen worden opgelost.

Een goed voorbeeld hiervan is een patiënt die ik hier Sharon zal noemen. Ze is zestig. Sharon heeft diabetes type 2. Toen ik haar voor het eerst zag, slikte ze diabetesmedicijnen. Toen ze overging op een gezonder dieet en regelmatig begon te lopen met een vriendin, kon ze op een gegeven moment al haar medicijnen laten staan. Dat was een behoorlijke overwinning!

Ongeveer een jaar geleden kwam Sharon voor haar periodieke controle. We bekeken de resultaten van haar laatste bloedtesten. Haar suikerspiegels waren torenhoog. Haar HbA1C-test, waarin je de suikerspiegels van een patiënt over de laatste negentig dagen kunt bekijken, zat compleet buiten de normale waarden.

Wat was er in hemelsnaam aan de hand?

Toen vertelde Sharon dat ze geen looppartner meer had en helemaal was opgehouden met bewegen.

'Ik ga wel met je lopen!' bood ik aan. Ik kon het niet verdragen dat haar gezondheid eraan ging. En zo werden we looppartners. Het duurde niet lang voordat anderen zich bij ons aansloten. Onze loopgroep werd liefdevol bekend als *Walk with your Doc* en dijt soms uit tot meer dan vijftig mensen van alle leeftijden. We lopen zonder uitzondering elke dinsdag- en donderdagochtend. Ik vind het geweldig want ik leef helemaal op als ik mensen kan helpen om een vol, gezond, actief leven te leiden.

Vanzelfsprekend is gewichtsbeheersing een groot deel van de preventie. Want de doden die worden geëist door hartaandoeningen, hoge bloeddruk, beroertes, diabetes en al die andere vetgerelateerde ziekten, is ronduit beangstigend. Onderzoeken associëren obesitas zelfs met een slecht immuunsysteem. Hierdoor worden dikke mensen nog vatbaarder voor infecties en kanker. Obesitas eist jaarlijks meer slachtoffers dan een terrorist kan dromen.

Iedereen weet dit. Ik wil er alleen even de aandacht op vestigen om je er zo aan te herinneren dat bekers ijs en zakken chips het niet waard zijn korter voor te leven.

Dokter, kunt u mij vertellen, a.u.b.?

Moet ik bewegen als ik het 17 dagendieet doe?

Ja! Maar ik zal niet van je vragen om het op de oude manier te doen: jezelf uitputten of op de blaren zitten. Met andere woorden: geen overdreven beweging. Omdat je minder calorieën binnenkrijgt, moet je juist minder oefeningen doen of naar fitness gaan, omdat je anders veel te moe wordt en pijn krijgt, vooral tijdens de eerste twee cycli. Ik vraag je echter wel om slechts zeventien minuten per dag een gemakkelijke oefening te doen, zoals lopen/wandelen.

Het 17 dagendieet heeft een begeleidende dvd, de *17-minuten-workout* genoemd, die je op de Amerikaanse website kunt kopen: www.the17daydiet.com. Het is een op cardio gebaseerde workout en volledig gericht op pure vetverbranding.

Dus leg dit boek nu weg. Doe deze workout of ga naar buiten en loop zeventien minuten lang in je eigen buurt rond. Daarna loop je terug en ga je in het boek verder waar je was gebleven.

We hebben al zo veel problemen met transvetten, goedkope suikers, overmatige toevoeging van zout en onuitspreekbare toevoegingen die nog wat moeten maken van junkfood – het spul dat ervoor zorgt dat je aderen dichtslibben alsof het roestige pijpen zijn. Door alles wat er maar mis is met het westerse dieet, moest ik me richten op een programma dat veilig zou zijn, effectief, en snel en blijvend resultaat laat zien. Mensen moeten gewicht kwijt zien te raken en vervolgens moeten ze leren hoe ze het eraf moeten houden. Ik wilde mijn patiënten ook niet vertellen dat ze dit of dat dieet moesten gaan doen omdat veel diëten op het gebied van voedingswaarden niet in balans zijn, moeilijk te volgen zijn of gewoon niet snel genoeg resultaat opleveren zodat je gemotiveerd blijft.

En zo is het 17 dagendieet ontstaan. De laatste medische kennis op het gebied van voedingsstoffen, voeding en wat je lichaam nodig heeft om met succes af te vallen en goed gezond te blijven, is erin verwerkt.

Laat me hier nog wat aan toevoegen: voordat je eraan begint, moet je even met je huisarts overleggen. Je arts weet wat het beste voor je is. Gebaseerd op mijn ervaring met mijn eigen patiënten, kunnen mensen die in de loop der jaren uit vorm zijn geraakt, het 17 dagendieet gewoon volgen. Ze doen het goed, hoewel de resultaten per persoon kunnen verschillen.

Het 17 dagendieet biedt je nog meer om van te houden

Of je nu vijf of vijftig kilo moet kwijtraken, overgewicht is een van die vervelende dingen in het leven. Het heeft invloed op elk aspect van je leven, misschien zelfs op dingen waar je nog nooit over hebt nagedacht. Als je afvalt, verandert vrijwel alles ten goede in je leven. Laten we het daar nu eens over hebben.

Je gaat je richten op het kwijtraken van kilo's en centimeters. Er zullen dagen zijn dat je een beetje ontmoedigd raakt omdat de weegschaal niet snel genoeg naar beneden gaat, zelfs al helpt dit dieet plateaus te voorkomen. Er is echter niets waardoor je ontmoedigd moet raken. In je lichaam gebeuren echt geweldige dingen die je niet ziet op de weegschaal, zoals het verminderen of verlagen van bloeddruk, bloedsuiker en cholesterol.

Oké, ik begrijp dat je je daar op dit moment niet mee bezig wilt houden. Je wilt gewoon dat mooie sexy zwarte jurkje dat in je kast hangt, weer aan. Je weet wel, een paar jaar geleden paste het je nog. Het is echter heel belangrijk dat je begrijpt dat je gewicht en je gezondheid geen twee afzonderlijke zaken zijn. Overgewicht is een symptoom van ongezond zijn. Focus je op je gewicht en je gezondheid zal beter worden – direct! Realiseer je maar eens wat de uitkomsten van diverse onderzoeken laten zien als het gaat om de vrijwel directe effecten van gezonde voeding op je lichaam.

Na 15 minuten: Nadat je de eerste ochtend een gezond ontbijt hebt gegeten, zijn de verzadigingssignalen van je maag opgepikt door je hersenen en krijg je een vol/verzadigd gevoel. Je interne lichaamschemie is 's morgens vroeg het actiefst, waardoor je ontbijt ten volle wordt benut. Als je bewerkte voedingsmiddelen uit je dieet schrapt, zoals witbrood en ontbijtproducten met suiker en je vervangt ze door volkoren en magere eiwitten zoals het wit van eieren samen met vers fruit, zou je je na één maaltijd vol energie en mentaal scherp moeten voelen.

Na 3 uur: De binnenkant van je aderen zijn in staat om goed uit te zetten, waardoor de bloedtoevoer naar je lichaamsweefsels en organen verbetert.

Na 6 uur: Het HDL (goed cholesterol) in je bloed leeft op en begint LDL (fout cholesterol) uit het bloed op te ruimen. Je kunt LDL zien als de bezorgvrachtauto's die cholesterol in de bloedvaten deponeren, en HDL als de vuilniswagens die het terugbrengen naar de lever waar het wordt afgebroken.

Na 12 uur: Eindelijk heeft je lichaam een kans om het vet dat opgeslagen is voor energie, te verbranden, omdat je suikers uit je voeding hebt geschrapt. Als je veel suiker eet, is je lichaam zo druk bezig om die suiker te verwerken, dat het geen tijd heeft om zijn andere werk te doen, namelijk je lichaam helpen vet te verbranden. Raad eens? Uiteindelijk blijft je vet zitten waar het zit!

Na 16 uur: Je kunt rekenen op een goede nachtrust.

Na 24 uur: Je bent nu een halve tot een hele kilo lichter, omdat je lichaam is begonnen met overtollig water en gifstoffen uit je lichaam te spoelen.

Na 3 dagen: Als je lichaam eenmaal weet dat het gewicht verliest, gaan de bloedgerelateerde waarden (cholesterol, bloeddruk, bloedsuikerspiegels) de gezonde kant uit.

Na 1 week: Je cholesterolspiegels kunnen aanzienlijk dalen. Bloedspiegels van belangrijke ziektebestrijdende antioxidanten, zoals vitamine C en vitamine E, zijn hoger. Je darmen werken beter en je zou nu minstens 2,5 kilo lichter moeten zijn.

Na 2 weken: Je zult een gezonde daling van je bloeddruk ervaren als je eerder de diagnose hypertensie (hoge bloeddruk) te horen hebt gekregen. Je mag verwachten dat je nu ongeveer 4,5 tot 5 kilo bent afgevallen.

Na 1 maand: Niemand kan nu nog stukjes fastfood uit je bloed halen. Op dit punt zijn je LDL-cholesterol-bloedspiegels met bijna 30 procent gedaald. Een daling die je kunt vergelijken met wat cholesterolverlagende medicijnen bereiken.

Na 6 weken: Je bent nu zo veel afgevallen dat je nieuwe kleding in een kleinere maat kunt kopen. Ja, want je bent nu behoorlijk afgevallen (10 kilo is niet ongewoon), en je bloedcholesterol en triglyceridespiegels zullen ook aanzienlijk zijn verbeterd.

Na 12 weken: Veel belangrijke gezondheidswaarden – cholesterol, triglyceride (vet in het bloed), bloeddruk, glucose en insuline – zouden nu tegen de normale waarden aan moeten zitten, voor zover ze die nog niet hebben bereikt.

Na 6 maanden: Je zult je gezonder voelen omdat je lichaam meer vitamines en mineralen vasthoudt. Omdat je in deze periode je suikerinname aanzienlijk hebt verminderd, zal je insulineproductie genormaliseerd zijn. Daardoor is het risico dat je diabetes type 2 ontwikkelt, lager omdat die in verband kan worden gebracht met een hogere suikerinname. Je energieniveau zal dramatisch zijn verbeterd omdat je lichaam door een ontgiftingsproces is gegaan. Waarschijnlijk heb je je doel bereikt. Het zwaarste werk heb je gehad en nu is het tijd om te leren hoe je moet eten om je nieuwe, slanke figuur te houden.

Fantastisch toch, wat een goed dieet al niet kan doen. Toch? Wil je dit niet allemaal? Wees nu maar eens nietsontziend eerlijk: als je echt iets wilt, dan vind je een manier om dat voor elkaar te krijgen. Dus als je nu zegt: 'Ik heb geen tijd om gezond eten te maken', laat me je dan dit eens vragen: 'Zou je er wel de tijd voor kunnen vinden als je leven ervan afhing?' Nou, dat doet het ook!

Word dun – de snelle manier

Houding

Sta rechtop. In elkaar gezakt staan zorgt er niet alleen voor dat je buik uitsteekt, maar zet ook je belangrijke spieren in een onverdiende pauzestand. Rechtop staan, met ingehouden buik, zet je buikspieren aan het werk en laat je er op een natuurlijke manier slanker uitzien – en wel meteen.

Word sexy

Als je fitter en in vorm bent, ben je aantrekkelijker om mee te daten. In een onderzoek met 554 studenten, zagen onderzoekers dat vrouwen met overgewicht minder geneigd waren om te daten dan hun medestudenten. Daarbij komt dat als je dun bent, je 'huwelijksmateriaal' bent. Onderzoek laat zien dat vrouwen met overgewicht aanzienlijk minder trouwen dan vrouwen met een gemiddeld/normaal gewicht, vooral als ze als jonge volwassenen al aan overgewicht leden.

Afvallen kan ook wonderen doen voor je seksleven. Onderzoekers van de Duke University voerden een onderzoek uit onder 187 extreem obese volwassenen, die naar hun seksleven werd gevraagd, zowel voor het afvallen als erna. Het bleek dat het deel van de vrouwen dat zich seksueel niet aantrekkelijk vond, daalde van 68 procent voordat ze een gewichtsverliesprogramma gingen doen, naar 26 procent een jaar later. Gelijkwaardige dalingen in percentages werden gezien bij vrouwen die niet naakt gezien wilden worden, weinig zin in seks hadden, seksueel contact uit de weg gingen, moeite hadden met de seksuele daad zelf of niet konden genieten van seks. Bij mannen verbeterde seks in de meeste categorieën, maar de verbeteringen waren minder dramatisch, waarschijnlijk doordat er bij vrouwen veel meer uiterlijk gerelateerde druk meespeelt.

De romantische wereld draait om het fysieke uiterlijk. Als je een geweldig liefdesleven wilt, val dan af.

Word rijker

Als je in vorm raakt, kun je ook je financiële zaken verbeteren. Het is aanzienlijk duurder om niet fit te zijn, hoofdzakelijk omdat je dan vaker ziek bent en hogere ziektekosten hebt. Mensen die aan overgewicht lijden en vooral degenen die obees zijn, hebben beduidend vaker aandoeningen zoals diabetes, hartziektes en kanker, die dure behandelingen vragen.

En nu ik toch bezig ben: wist je dat je vooruitzichten op een baan verbeteren als je afgevallen bent? Dat is echt zo! Mensen met gewichtsproblemen worden soms gewoon niet aangenomen. Je uiterlijk telt zwaar op de arbeidsmarkt. Werkgevers denken dat dikke mensen lui, incompetent en langzaam zijn en dat ze vaker afwezig zijn. Onderzoeken wijzen uit dat dikke mensen minder salaris krijgen dan werknemers met een gemiddeld/normaal gewicht.

Ik vind het verschrikkelijk dat mensen worden gediscrimineerd vanwege hun gewicht. Dat is fout. Maar we leven nu eenmaal wel in die wereld. Het zal ook niet snel veranderen, dus maak je er niet druk om. Val af en je hebt er ook verder niet meer mee te maken.

Dunne mensen zien er beter uit en, of je het nu leuk vindt of niet, ze krijgen meer betaald. Als je slank en gezond bent, heb je ook geen probleem met afwezig zijn. Je zou wel eens veel productiever in je werk kunnen worden. Dit alles helpt om je verdienpotentieel te verbeteren. Dus als je goed wilt leven en je hypotheek of huur wilt verdienen, zorg dan dat je die kilo's kwijtraakt.

Als mijn boodschap een klap in je gezicht lijkt, dan wil ik daar mijn excuses voor aanbieden – maar niet inhoudelijk. Ik praat op deze manier tegen je omdat ik me zorgen maak. Ik wil alleen maar dat je gezond bent en je je leven optimaal kunt leven.

De slanke 17

Ben je er klaar voor echt aantrekkelijk te worden?

Doe deze quiz om uit te vinden of je klaar bent om aan het 17 dagendieet te beginnen. Succesvol en gezond afvallen vereist de juiste psychische instelling. Omcirkel het antwoord dat het best het niveau van je toewijding aangeeft.

1. Als ik eraan denk met het 17 dagendieet te beginnen, voel ik opwinding.
   A. Ja **B**. Een beetje **C**. Weet niet **D**. Helemaal niet

2. Ik heb het gevoel dat afvallen en fitness heel belangrijk zijn.
   A. Ja **B**. Een beetje **C**. Weet niet **D**. Helemaal niet

3. Ik ben vastbesloten om gezonder te gaan eten.
   A. Ja **B**. Een beetje **C**. Weet niet **D**. Helemaal niet

4. Ik wil er beter uitzien en me sexyer voelen.
   A. Ja **B**. Een beetje **C**. Weet niet **D**. Helemaal niet

5. Ik wil zeker de voedingsschema's in dit boek volgen.
   A. Ja **B**. Een beetje **C**. Weet niet **D**. Helemaal niet

6. Ik zal meer groenten en fruit eten.
   A. Ja **B**. Een beetje **C**. Weet niet **D**. Helemaal niet

7. Ik geef frisdrank, snoep en andere zoete dingen op als ik dit dieet volg.
   A. Ja **B**. Een beetje **C**. Weet niet **D**. Helemaal niet

8. Ik zal mijn alcoholinname verminderen.
   A. Ja **B**. Een beetje **C**. Weet niet **D**. Helemaal niet

9. Ik ga meer thuis koken en minder vaak uit eten.
   A. Ja **B**. Een beetje **C**. Weet niet **D**. Helemaal niet

10. Ik zal meer water drinken.
A. Ja **B**. Een beetje **C**. Weet niet **D**. Helemaal niet

11. Ik ben bereid om minder zetmeelhoudende producten zoals witbrood, pasta en ontbijtgranen met suiker te eten.
A. Ja **B**. Een beetje **C**. Weet niet **D**. Helemaal niet

12. Ik vertrouw erop dat ik dit plan minstens zeventien dagen kan volhouden.
A. Ja **B**. Een beetje **C**. Weet niet **D**. Helemaal niet

13. Ik ga minstens drie maaltijden en een tussendoortje per dag eten.
A. Ja **B**. Een beetje **C**. Weet niet **D**. Helemaal niet

14. Ik ga geen excuses verzinnen waardoor ik mezelf saboteer.
A. Ja **B**. Een beetje **C**. Weet niet **D**. Helemaal niet

15. Ik kan wel beloven dat ik minstens zeventien minuten per dag aan beweging zal besteden.
A. Ja **B**. Een beetje **C**. Weet niet **D**. Helemaal niet

16. Ik wil mijn eetgewoontes en gezondheidsgewoontes voor de rest van mijn leven veranderen.
A. Ja **B**. Een beetje **C**. Weet niet **D**. Helemaal niet

17. Ik begrijp het verband tussen dieet, obesitas en chronische aandoeningen.
A. Ja **B**. Een beetje **C**. Weet niet **D**. Helemaal niet

Puntentelling: geef jezelf een 3 voor elke keer dat je A hebt geantwoord, een 2 voor een B en een 1 voor elke C en 0 punten voor elke D. Tel nu je score op.

0 tot 17 punten: Neem direct je belofte om je gezondheid te verbeteren goed onder de loep. Als je nu niet ingrijpt, dan staan je serieuze gezondheidsproblemen te wachten.

18 tot 26 punten: Kijk al je antwoorden nog eens na en zie waar je nog zaken moet veranderen. Het kan zijn dat je onnodige risico's neemt met je gezondheid en je zou dan ook extra moeite moeten doen om te veranderen.

27 tot 42 punten: Overweeg je verlangen om op het 17 dagendieet te gaan nog eens. Welke verbeteringen kun je maken om je score te verhogen? Je hebt alleen maar een beetje meer wilskracht en toewijding nodig om dunner en gezonder te worden.

43 tot 51 punten: Je bent klaar om het 17 dagendieet te beginnen en van je succes te genieten – gefeliciteerd!

Je moet geloven dat je dit kunt. Het maakt niet uit hoe vaak je in het verleden al gefaald hebt, je verleden is immers niet hetzelfde als je toekomst. Wat nu belangrijk is, is dat je je richt op wat je wilt, dat je bepaalt wat je nodig hebt om het te krijgen en actie onderneemt. Je gezondheid en geluk zijn belangrijk, dus wees sterk!

Samenvatting

- Het 17 dagendieet is een snelwerkend gewichtsverliesplan, dat tot bevredigend, blijvend gewichtsverlies leidt.
- De meeste mensen kunnen verwachten 5 tot soms wel 7,5 kilo in de eerste zeventien dagen te verliezen.
- Snelle gewichtsverliesplannen hebben in onderzoek laten zien dat ze effectief zijn bij het eraf houden van het verloren gewicht.
- Het 17 dagendieet werkt door verbetering van de gezondheid van spijsvertering en metabolisme.
- Het 17 dagendieet is in vier cycli opgezet, die alle vier samenwerken om je lichaam te helpen je ideale gewicht te bereiken en het te stabiliseren.
- Start enthousiast en positief. Het maakt niet uit hoeveel je op dit moment weegt, houd op met jezelf daar de schuld van te geven. Er kan nu zo veel in je leven verbeteren: je figuur, gezondheid, relaties, financiële stabiliteit en nog veel meer.

Zes redenen...

...om niet door het lint te gaan vanwege je gewicht

Laatst maakte een van mijn patiënten een grap over de voordelen van haar omvang: 'Ik kan iets wat ik in een winkel heb gestolen tussen mijn borsten stoppen. En ik hoef ook nooit aan mijn vriend te vragen "Zie ik er dik uit in deze kleding?" Ik weet al dat dat zo is.' Door dit gesprek ging ik nadenken over sommige gezondheidsvoordelen van het te zwaar zijn. Hoewel ik het niet aanraad om dik te blijven, zijn er toch wat voordelen verbonden aan een grote maat. Hieronder lees je zes redenen waarom een beetje vulling de weegschaal in je voordeel door kan laten slaan.

Sterkere botten

Een beetje vlees op je botten kan osteoporose op afstand houden. Osteoporose is een fragiele bottenaandoening die minder snel bij vrouwen met overgewicht optreedt. Botten die gewicht dragen, zijn sterkere botten.

Gezondere harten en lager risico op diabetes

Vrouwen met zwaardere dijbenen hebben een lager risico op hartziekte en vroeg overlijden, aldus een onderzoek in de *British Medical Journal*. Vrouwen met benen als stokjes lopen de grootste kans op het ontwikkelen van een hartaandoening. Waarom? Toegevoegde spiermassa op het onderlichaam bevordert een beter metabolisme. Ook bleek uit een onderzoek in 2008, gepubliceerd in *Cell Metabolism*, dat vet dat zich ophoopt rond de dijen en heupen (onderhuids vet genoemd), juist het risico op diabetes vermindert. Peervormen: wees trots!

Glanzende huid

Recente onderzoeken onder tweelingen laten zien dat men vaker vond dat de zus die meer woog er jeugdiger uitzag. Een mager gezicht kan absoluut jaren toevoegen, dus als je met wat extra gewicht rondloopt kan dat juist zorgen voor een jeugdiger uiterlijk. Het kan ook helpen om een paar van die overduidelijke rimpels die 'ouder aan het worden!' roepen, op te vullen.

Grotere borsten

Hoe meer je weegt, hoe groter ze worden. Borsten bestaan voor een groot deel uit vet en zo ongeveer elk overtollig pondje gaat rechtstreeks naar je borsten. Helaas is de borstomvang een van de eerste dingen die minder worden als je afvalt.

Verhoogde vruchtbaarheid

Overweeg je om een gezin te beginnen of om het uit te breiden? Vrouwen met ondergewicht hebben een 72 procent hogere kans op een miskraam, volgens een Londens onderzoek. Specifieker: slankere vrouwen hebben als ze zwanger zijn een veel hoger percentage miskramen in de eerste drie maanden van de zwangerschap. Maar die paar extra pondjes bij vrouwen met overgewicht hadden juist het tegenovergestelde effect op hun zwangerschap.

Sneller metabolisme

Het zijn niet de magere mensen die een snel metabolisme hebben; het zijn de mensen met overgewicht! Het vraagt meer energie om iets wat groter is te besturen, dus dikkere mensen gebruiken meer energie om dezelfde dingen te doen als dunne mensen. Maar het is niet alleen het metabolisme dat je gewicht bepaalt; het komt ook aan op hoeveel je eet en beweegt.

De beste reden van allemaal

Mensen die echt uit vorm zijn en beginnen met bewegen, worden veel sneller fit! De reden hiervoor is dat je lichaam in vorm wil zijn. Het wil gezond zijn. Het wil er goed uitzien. Het wil sexy zijn! Dus hoe meer je uit vorm bent, hoe sneller je lichaam reageert op je inspanningen om af te vallen.

Verbrand dat vet!

2

Dit is het gedeelte van het boek waarin ik uitleg hoe het 17 dagendieet werkt. Laat je niet afschrikken. Ik ga je echt niet vermoeien met 'dokterspraat'. Medische termen klinken beangstigender dan de ziekte zelf, bijvoorbeeld cefalalgie (hoofdpijn) of pneumonitis (longontsteking). De meeste mensen hebben geen idee waar hun arts het over heeft. Artsen kunnen ze net zo goed de laatste medische onderzoeken geven als het recept voor chocoladetaart in het Latijn. Het verschil is ze niet duidelijk.

Ik doe altijd mijn best om alles in alledaagse taal uit te leggen. Dat kan soms moeilijk zijn. Ik heb lang geprobeerd om in vijf minuten een bloedonderzoek aan mijn patiënten uit te leggen. Langzaam drong het tot me door dat het mij acht jaar had gekost voordat ik alles begreep, dus hoe kon ik dan verwachten dat iemand dit in één huisartsenbezoek zou begrijpen? Je hoeft trouwens geen medische boeken te bestuderen om te begrijpen wat je artsen te vertellen hebben; je hoeft alleen maar tv te kijken en films te zien.

Terug naar het onderwerp diëten. Laat me als voorbeeld het verhaal van Rita vertellen. Als het onderwerp afvallen ter sprake kwam, liep ze weg. Rita, ongeveer 12,5 kilo te zwaar, was diep vanbinnen bang dat ze nog zwaarder zou worden als ze er niets aan zou doen. Ze was er echter niet klaar voor om dit probleem aan te pakken. Het idee om op dieet te gaan en langzaam af te vallen was zo frustrerend voor haar dat ze het maar bleef uitstellen. Maar het 17 dagendieet sprak haar aan. Het klonk alsof het te doen was en snel ook – en dat is ook zo. Rita besloot het een kans te geven.

Ze zei: 'Ik kan niet geloven hoe goed het 17 dagendieet werkt. Ik ben in de eerste zeventien dagen vijf kilo afgevallen, en ik heb zo veel energie! Hoe kan dat? Hoe werkt het precies?'

Het kwam erop neer dat Rita verslaafd was (in de goede zin van het woord) en het dieet gebruikt had om haar doel te bereiken en dat vast te houden. Ze bleef gemotiveerd.

Ik legde Rita uit dat om een dieet- en bewegingsprogramma succesvol te laten zijn, het veilig moest zijn, eenvoudig te volgen en gemakkelijk vol te houden. Het moet een bepaalde balans in voedingsstoffen hebben die de vetverbranding activeert. Het moet in een aanvaardbaar tijdsbestek resultaten opleveren. En het moet helpen bij het integreren van gezonde gewoontes die leiden tot levenslange gewichtsbeheersing. Het 17 dagendieet helpt je om dit allemaal te bereiken. En meer. Hierna geef ik je nauwkeurig inzicht in de elementen die ervoor zorgen dat dit dieet werkt.

Wat mag je eten bij het 17 dagendieet?

Laat me beginnen te vertellen dat voeding veel te verwarrend is, zelfs voor artsen. Alles is of goed of slecht voor je. En dat kan van moment tot moment veranderen, elke keer als er weer een nieuw stukje onderzoek wordt onthuld. Deze week kan broccoli je levensverwachting verhogen, maar volgende week kan het je einde betekenen.

Zo werden bosbessen een paar jaar geleden hét fruit. Ze zouden het antwoord op alles zijn, van het verjongen van je hersenen tot het verhinderen van de groei van kankercellen. Nu worden ze toegevoegd aan cosmetica. Als ze veroudering van je hersenen kunnen voorkomen, waarom zouden ze dan niet in een gezichtscrème kunnen worden gestopt. Misschien kunnen bosbessen ook wel voorkómen dat je rimpels krijgt.

Ik denk dat je onder een steen moet leven als je er niet van op de hoogte bent dat magere eiwitten, fruit, groenten en kleine hoeveelheden granen van nature goed voor je zijn. Het 17 dagendieet is gebaseerd op deze voedingsmiddelen. Dat is een van de redenen dat dit dieet geen onzin is; het is gebaseerd op echt gezond voedsel: dingen die we altijd al zouden moeten eten, maar niet doen.

Met deze geweldige voedingsmiddelen krijgen we het lichaam dat de goede (gezondheidsopbouwende voedingsstoffen) opslaat en de slechte (vet en gifstoffen) uitbant doordat je spijsverteringssysteem en metabolisme opnieuw worden getraind.

Er zijn veel lijvige en informatieve boeken geschreven over voeding en hoe die werkt in je lichaam. In dit boek zal ik je uitleggen wat je moet weten over de voedingsstoffen die je lichaam nodig heeft om af te vallen. En ik zal dat in de helderste, meest begrijpelijke bewoordingen doen.

Geniet van veel eiwitten

Het 17 dagendieet is genereus met eiwitten (proteïnen). Maar dan bedoel ik niet 27 eieren en 18 plakjes bacon, weggespoeld met hun eigen vet. Ik heb het dan over magere voeding zoals kip, vis, mager vlees en andere eiwitrijke voedingsmiddelen.

Eiwit is een krachtige vetverbrander en daar zijn zes redenen voor:

1. Het verteren van eiwitten vraagt meer energie (calorieën) dan het verteren van koolhydraten of vet. Daardoor verbrandt je lichaam wat extra calorieën nadat je eiwitten binnen hebt gekregen.
2. Als je veel eiwit aan je dieet toevoegt, versnel je een van de vetverbrandingsmechanismen in je lichaam: de productie van het hormoon glucagon. Glucagon geeft het signaal aan je lichaam om voedingsvet in je bloedstroom terecht te laten komen en het als energie te gebruiken in plaats van het alleen maar op te slaan.
3. Als je voldoende eiwitten eet, zorgt dat ervoor dat je je spiermassa behoudt, die als je op een snel afvaldieet gaat, wordt opgeofferd. Natuurlijk geldt dat hoe meer spiermassa je hebt, hoe meer calorieën je verbrandt, zelfs in rust.
4. Als je eiwitten eet, houd je je bloedsuiker op een gelijkmatig niveau, dus krijg je niet te maken met bibberen, trillen en energiedaling.
5. Als je dieet voldoende eiwitten bevat, wordt je metabolisme sterker, en dat komt omdat je schildklierwerking een zetje krijgt. Een van de hoofdtaken van de schildklier is het reguleren van je metabolisme.
6. Als je eiwitten aan je maaltijden toevoegt, helpt dat om je trek onder controle te houden, zodat je jezelf niet volpropt.

Ga voor groenten

Als je sinds je elfde geen groenten meer hebt gegeten, laten we dan eens kort stilstaan bij dat 'ik haat groenten'-gedoe.

Haat je alle groenten? Is er niet één waar je van houdt, ongeacht hoe die is bereid? Als je alle groenten uit je dieet hebt geschrapt, dan geef je zeer belangrijke voedingsstoffen op en maak je je voedingskeuzes een stuk beperkter. Groenten zitten boordevol vezels, vitamines en mineralen. Het is een slecht idee om ze uit te sluiten. Waarom leer je niet ze te bereiden met kruiden en specerijen zodat ze aan jouw smaak tegemoetkomen?

Excuses voor mijn vooroordeel, maar ik denk dat je, net als duizenden andere mensen met wie ik heb gesproken, bang bent je te moeten beperken tot worteltjes en bleekselderijstengels. Maar het oude geloof 'neem altijd worteltjes en bleekslederijstengels met je mee om op te knagen' is niet van deze tijd. Dat mag je uit je geheugen wissen. Ben je nu niet opgelucht?

Er zijn honderden verschillende groenten die je kunt eten, zelfs als je ze moet verbergen in spaghettisaus of in soep. En je kunt je tegoed doen aan tientallen kilo's, zonder aan te komen. Als je je lichaam wilt veranderen en slanker, sterker en gezonder wilt worden, moet je groenten eten. Een onderzoek dat in maart 1999 werd uitgevoerd door het Energy Metabolism Laboratorium van Tufts University, wees uit dat de diëters die de meest verschillende groenten aten, het minste lichaamsvet hadden. Als je dun wilt worden, moet je groenten eten. Groenten = dun. Geen groenten = slap lichaam.

Veel van mijn patiënten hebben zelfs trek in verse, groene bladgroenten ontwikkeld, samen met komkommers, tomaten, rode uien, worteltjes, paddenstoelen en allerlei andere groenten. Sommige van hen zijn zelfs echte gezondheidsfreaks geworden, die hun vork in de sladressing dopen om hun calorie-inname echt te beperken.

Er zijn nog meer voordelen. Als je meer groenten eet dan:

- Heb je de hele dag door energie.
- Verbeter je je spijsvertering en ontlasting, omdat groenten veel vezels bevatten. Vezelrijke voedingsmiddelen houden je trek onder controle en voorkomen dat overtollige calorieën worden opgeslagen als vet.
- Krijg je een mooie zacht glanzende huid. Je huid is dol op vitamines en mineralen, en die voedingsstoffen vind je het meest in groenten.
- Help je om belangrijke doodsoorzaken als kanker en hartaandoeningen te voorkomen, omdat groenten rijk zijn aan ziektebestrijdende antioxidanten.

Dus ja, je hebt me gehoord: eet je groenten!

Laat suikerrijk fruit staan

Fruit mag dan een vriendelijk dieetvoedingsmiddel lijken omdat er weinig of geen vet in zit, maar dit is wel een voorbeeld van hoe te veel van het goede je dieet kan saboteren. Bepaalde fruitsoorten zoals ananas, watermeloen en banaan bevatten heel veel suiker en helpen je dus niet bij het afvallen. Te veel suiker uit één bron kan je lichaam aanzetten om meer van wat je verder eet, om te zetten als kilo's bovenbeenvulling.

Ik ga je niet vragen om alle fruit te laten staan. Let alleen goed op hoeveel fruit je eet – je mag niet meer dan twee porties per dag. Tijdens de eerste twee cycli van het 17 dagendieet 'beperk' je je tot alle soorten bessen, aardbeien, appels, sinaasappels en grapefruit. Dit fruit bevat weinig suiker. Door dit te eten, zal de zoete trek die je smaak eerst beheerste, worden vervangen door trek in gezond fruit.

Houd controle over koolhydraten

Koolhydraten zijn energieleveranciers. Zonder koolhydraten zou je een wattenhoofd hebben, geïrriteerd zijn en erg moe. En niemand zal bij je in de buurt willen komen. De lagekoolhydratengekte vond alle koolhydraten slecht en dikmakend. Mensen deden afstand van alle soorten fruit, rijst en pasta en aten hoofdzakelijk nog eiwitten. Het probleem is echter dat je op een bepaald moment misselijk wordt van al die eiwitten en vetten. Daar kun je op wachten.

Maar niet alle koolhydraten zijn gelijk. Er zijn slechte soorten – dat spul dat meestal uit suiker bestaat of uit overbewerkte koolhydraten zoals witbrood, witte rijst en witte (gewone) pasta. Suiker en snoep zijn het slechtst. Denk hier maar eens over na: we eten meer dan twaalf keer zo veel suiker als onze overgrootouders. Dat komt per persoon neer op ongeveer 75 kilo suiker per jaar. Bedenk je eens hoe het eruitziet als je alle 75 kilopakken suiker die je in de supermarkt koopt, in je woonkamer zou zetten. Probeer je daar eens een voorstelling van te maken. Laten we zeggen dat jij niet zo veel suiker gebruikt als anderen, dus deel je het door twee. Nog steeds een heftig plaatje, nietwaar? De meeste mensen hebben er geen idee van dat ze zo veel suiker gebruiken. Veel daarvan zit verborgen in de bewerkte, verpakte producten, en natuurlijk in (fris)dranken.

Afhankelijk van de cyclus van het 17 dagendieet die je doet, eet je alleen goede koolhydraten: fruit, groenten, volkoren granen – alles wat niet ontdaan is van zijn voedingswaarde.

Het gaat dus om de soort koolhydraten die je eet. Die is belangrijk. Maar de hoeveelheid is dat ook. Je kunt je ook te buiten gaan aan koolhydraten, zelfs aan de goede soorten, en dat kan een vernietigend effect hebben op je natuurlijke metabolische processen. Daarom bevat het 17 dagendieet weinig tot een gemiddelde hoeveelheid koolhydraten.

Er lopen heel veel mensen rond die er absoluut niet van op de hoogte zijn dat ze 'koolhydraatgevoelig' kunnen zijn. Als je koolhydraatgevoelig bent, kan je lichaam niet langer effectief vet branden en wordt een groot deel van de koolhydraten die je eet, opgeslagen als vet. Koolhydraatgevoeligheid treedt op als:

- Je gewoonlijk te veel suiker en geraffineerde koolhydraten eet (crackers, bagels, pasta, suikerrijke ontbijtproducten – cereals en dergelijke – en desserts, witte rijst en witbrood). Helaas wordt die gevoeligheid groter als je ouder wordt. Het kan ook leiden tot insulineresistentie, een conditie die maar een haar verwijderd is van diabetes type 2. Bij insulineresistentie herkennen de lichaamscellen geen glucose meer, dus wordt glucose verhinderd om de cellen binnen te komen om energie te leveren. Je bloedsuiker stijgt, je bent vaker moe en je komt aan, voornamelijk rond je taille en borst.
- Je lijdt aan chronische stress. Ons lichaam gaat met stress om door de cortisolspiegels te verhogen. Cortisol is een hormoon dat door de bijnieren wordt uitgescheiden. Op zijn beurt zorgt dit weer voor het te veel vrijlaten van glucose en insuline in de bloedstroom. Het gevolg is insulineresistentie. Voor je lichaam staat het onder chronische stress gebukt gaan, gelijk aan de hele dag door eten van cake.
- Je bent een vrouw. Terwijl mannen koolhydraten verbranden voor energie, hebben vrouwen de neiging om ze op te slaan als vet. Dit wordt vooral duidelijk als vrouwen ouder worden. Vrouwen in de menopauze lopen het grootste risico. Ze hebben onvoldoende oestrogeenvoorraad om met cortisol om te gaan en zijn neiging om het lichaam vet op te laten slaan. Dit ligt dus gewoon aan de vrouwelijke biologie.

Natuurlijke en onbewerkte koolhydraten vind je in het 17 dagendieet in de groenten en het fruit die zijn toegestaan. In cyclus 3 kun je weer andere koolhydraten aan je dieet toevoegen, waaronder bruine rijst, havermout, volkoren graanproducten, zoete aardappelen, aardappelen en andere natuurlijke, vezelrijke koolhydraten.

Checklist

Ben jij koolhydraatgevoelig?

Lees de uitspraken hieronder en omcirkel ja of nee, afhankelijk van wat het meest op jou slaat.

1. Ik heb bijna altijd trek in zoet eten en zoete dingen.
   ☐ Ja ☐ Nee
2. Ik ben bijna mijn hele leven al te zwaar en moet strijd voeren om af te vallen.
   ☐ Ja ☐ Nee
3. Ik ben een vrouw en ben ouder dan veertig jaar.
   ☐ Ja ☐ Nee
4. Ik lijd aan chronische depressie of depressieve periodes en dwangmatig overeten.
   ☐ Ja ☐ Nee
5. Ik voel me soms nerveus, geïrriteerd.
   ☐ Ja ☐ Nee
6. Als ik suiker eet, raak ik vermoeid en verward en denk ik niet helder.
   ☐ Ja ☐ Nee
7. Ik verkies koolhydraten meestal of altijd boven eiwitten.
   ☐ Ja ☐ Nee
8. Mijn dieet bestaat voor een groot deel uit bewerkte voedingsmiddelen zoals witbrood, pasta, snoep of ontbijtgranen met suiker.
   ☐ Ja ☐ Nee
9. Ik beweeg niet zoveel of helemaal niet.
   ☐ Ja ☐ Nee

Als je op drie of meer uitspraken 'ja' hebt geantwoord, zou je koolhydraatgevoelig kunnen zijn. Als je het 17 dagendieet volgt, leer je in elke cyclus om geleidelijk aan weer goede koolhydraten in je dieet op te nemen. Bonen en peulvruchten veroorzaken geen stijging van je bloedsuiker of insuline. Zetmeelrijke groenten, zoals pompoen, maïs, erwten en zoete aardappelen, en fruit, zoals sinaasappels en appels, zijn ook goed en daar zou je tegen moeten kunnen. En dat geldt ook voor bruine rijst, havermout en andere vezelrijke ontbijtgranen. Beperk je tot twee porties per dag. Meer hierover lees je in cyclus 3.

Kies vet dat vet verbrandt

Vet in je dagelijkse voeding krijgt de schuld van veel moderne lifestyleziekten: obesitas, hartaandoeningen, kanker, diabetes en hoge bloeddruk. Niet alle vetten zijn echter hetzelfde. Veel mensen weten nu wel dat ze minder verzadigde vetten moeten eten, bijvoorbeeld het vet van dierlijke producten en dat ze transvetten helemaal moeten vermijden.

Meervoudig onverzadigde vetten, die je vooral vindt in vis en plantaardige oliesoorten, zijn wat ik 'vriendelijke vetten' noem. Ze krijgen credits voor het soepel en jeugdig houden van je huid, het verminderen van schadelijke cholesterolspiegels, het verlagen van de bloeddruk, het bijdragen aan de ontwikkeling van hersenen en ogen en nog een heel scala aan andere gezondheidsvoordelen. Ook zorgen ze voor beter gewichtsverlies omdat ze ervoor zorgen dat je je langer verzadigd voelt. Dit weerhoudt je ervan om te veel calorieën te eten. Omega-3-vetzuren die je in vis vindt, geven je metabolisme een zetje. Als je wekelijks een aantal keren vis eet die veel omega-3-vetzuren bevat (zalm, tonijn of sardines), terwijl je je calorie-inname daarmee beperkt, helpt dat mensen met overgewicht meer af te vallen dan met alleen maar caloriebeperking. Dit zijn de uitkomsten van een onderzoek dat werd gepubliceerd in het *American Journal of Clinical Nutrition*. De onderzoekers kwamen tot de conclusie dat omega-3-vetzuren mensen hielpen om meer calorieën te verbranden. Als je niet van vis houdt, neem dan dagelijks een supplement van 3 g visolie.

Vitamines uit voeding

Het is beter om de noodzakelijke vitamines uit je voeding te halen. Je lichaam kan ze gemakkelijker opnemen en je voelt je gewoon veel gezonder. Je lichaam heeft maar heel kleine hoeveelheden nodig. Vitamines spelen een bijzonder belangrijke rol in het metabolisme

van koolhydraten, eiwitten en vetten. De vitamines die je dagelijks nodig hebt, vind je in het 17 dagendieet:
Vitamine A: Groene bladgroenten, worteltjes, zoete aardappelen, fruit en eieren.
Vitamine B-complex: Eiwithoudende voeding, volkoren granen, peulvruchten, fruit en groenten.
Vitamine C: Fruit en groenten.
Vitamine D: Vetarme zuivelproducten, vis.
Vitamine E: Volkoren granen, groene bladgroenten en eieren.
Er is niets mis met het innemen van een dagelijkse multivitamine, maar wel met mate natuurlijk.

Dokter, kunt u mij vertellen, a.u.b.?

Zijn er natuurlijke supplementen die ik kan innemen in plaats van medicijnen om mijn cholesterol te verlagen?
Ja! Een streng dieet kan je cholesterol 10 tot 15 procent verlagen. De meeste artsen zijn het erover eens dat een dieet het beste werkt in combinatie met cholesterolverlagende medicijnen, zoals statines. Statines zorgen voor een daling van een derde van het LDL- en totaalcholesterol, doordat de productie van cholesterol door de lever wordt tegengegaan. Deze medicijnen kennen echter wel een berg potentiële bijwerkingen. De meest voorkomende bijwerking is spierpijn. Andere klachten zijn onder andere hoofdpijn, misselijkheid, gevoel van zwakte, maagproblemen en gewrichtspijn. Dit zijn de problemen die ik keer op keer zie in mijn praktijk.

Hieronder kun je zien wat ik doe voor patiënten die niet tegen statines kunnen, maar wel een lager cholesterol moeten zien te krijgen. Ik schrijf dan een combinatie van niacine (een vitamine B), visolie en lijnzaadolie voor in de volgende hoeveelheden:

- **Niacine:** twee weken of langer 250 mg per dag tot men geen opvliegers meer ervaart, en die zijn een vaak voorkomende bijwerking van niacine. Na twee weken verhoog ik de dosering tot 500 mg per dag. Als de patiënten deze dosering goed verdragen, verhoog ik hem daarna tot 750 mg per dag.
- **Visolie:** 3 g per dag.

- **Lijnzaadolie:** 1 eetlepel per dag (kan ook als ingrediënt voor je saladedressing worden gebruikt).

Deze drie stoffen zijn natuurlijke supplementen die je bij een natuurvoedingswinkel kunt kopen, of bij je apotheek. Deze combinatie werkt krachtig cholesterolverlagend, maar stem altijd eerst met je huisarts of specialist af voordat je overgaat tot zelfmedicatie.

Machtige mineralen

Mineralen kun je tot de zwaarste substanties rekenen die er zijn. Natuurlijk maken mineralen je niet zwaar. Ze helpen je om dun te worden, vooral calcium, dat de snelheid waarmee je lichaam vet verbrandt, flink omhoogschroeft.

Mineralen spelen net als vitamines een rol in je metabolisme. Een zeer groot verschil tussen deze twee voedingsstoffen is echter dat mineralen onderdeel uitmaken van je lichaamsstructuren, zoals botten, kraakbeen en tanden; daar geven ze hardheid en kracht aan. Hoewel vitamines helpen om deze structuren te maken, worden ze geen onderdeel van deze structuren zelf.

De mineralen die je dagelijks nodig hebt, vind je als volgt terug in het 17 dagendieet:

IJzer: Vlees, pluimvee, eieren, groene bladgroenten en fruit.
Calcium: Yoghurt, zalm, groene bladgroenten en broccoli.
Koper: Vlees, schaaldieren.
Magnesium: Vlees.
Fosfor: Vlees, pluimvee, vis.
Potassium: Fruit en groenten
Selenium: Volkoren granen, vis en eieren.
Zink: Schaaldieren, vlees, volkoren granen en groenten.

De voordelen van 'beestjes'

Ik heb het nu niet over de soort die je plat slaat of dood spravt, maar over de vriendelijke bacteriën die probiotica worden genoemd en die in je darmstelsel leven (hierna gewoon aangeduid als je 'darmen'). Je hebt honderd biljoen bacteriën in je darmen – tienmaal de hoeveelheid lichaamscellen – waarvan driehonderd tot vijfhonderd verschillende soorten, en tweehonderd van deze soorten kunnen dodelijk zijn. Dit maakt ons meer microbe dan mens. En daarom moet je ervoor zorgen dat je genoeg goede bacteriën hebt om de slechte op afstand te houden.

In feite zijn er hier twee processen aan de gang. Bij het ene zijn het de goede bacteriën die de darmwanden helpen om een barrière op te bouwen tegen de slechte bacteriën. In het tweede kun je de goede bacteriën vergelijken met de onderhandelaars bij een gijzeling. Zij praten tegen de slechte bacteriën om ze ervan te weerhouden een gevecht te beginnen. De slechte bacteriën weten dat het menens is bij de goede bacteriën, dus leggen ze hun wapens neer en zwaaien met een witte vlag.

De goede jongens doen zelfs nog meer: probiotica kunnen mensen helpen om af te vallen, volgens heel veel nieuwe onderzoeken, die daarmee het naar voren komend bewijs bekrachtigen dat een deel van het obesitasprobleem wel eens een onbalans van bacteriën in de darmen zou kunnen zijn.

Wetenschappers zijn nog bezig om uit te vinden waarom, maar veel experts geloven dat mensen met bepaalde darmmicrobenstammen meer calorieën uit hun voeding halen, waardoor ze meer vet opslaan dan mensen die een andere microbensamenstelling hebben. Als je een hoeveelheid zeer, zeer efficiënte bacteriën hebt, dan zullen ze elk laatste beetje energie (calorieën) uit je eten halen. Als je deze bacteriën dan manipuleert door dieet of medicijnen, dan verander je de hoeveelheid calorieën die je opneemt. Dit zou uiteindelijk kunnen leiden tot een nieuwe benadering om obesitas te lijf te gaan.

Bij het 17 dagendieet zul je voeding eten die probiotica bevat. Deze voedingsmiddelen helpen je lichaam om eten te verteren en om er calorieën uit te halen. Onder sommige soorten probiotica vallen yoghurt, kefir, miso en tempé.

Vloeibaar voordeel

Als je het 17 dagendieet doet, zou je elke dag acht glazen met 250 ml puur water moeten drinken. Het drinken van deze hoeveelheid is essentieel om af te vallen.

Om te beginnen neemt het zo veel ruimte in je buik in, dat je helemaal geen zin hebt om nog iets te eten.

Ten tweede helpt water je om opgeslagen vet te verteren. En zonder voldoende water kunnen je nieren niet goed functioneren. Als je nieren niet optimaal kunnen werken, wordt een deel van hun werk afgewenteld op de lever. Een van de hoofdtaken van de lever is om opgeslagen vet om te zetten in bruikbare energie voor je lichaam. Maar als je lever werk moet overnemen van je nieren, kan hij niet op volle kracht werken. Met als gevolg dat hij minder vet omzet en er meer vet wordt opgeslagen in je lichaam waardoor het gewichtsverlies stopt.

Water helpt je lichaam ook om zich tijdens het afvallen van afvalstoffen te ontdoen. Als je gewicht verliest, heeft je lichaam meer afvalstoffen die het kwijt moet, en water helpt om dat weg te spoelen.

En hoe vreemd het ook klinkt: een flinke hoeveelheid water is de beste remedie om het vasthouden van vocht tegen te gaan! Als je lichaam weinig water binnenkrijgt, vat het dat op als een overlevingsbedreiging waardoor het elke druppel vasthoudt. Water wordt dan buiten de cellen opgeslagen. Dit veroorzaakt opgezwollen voeten, benen en handen. De beste manier om vocht vasthouden te voorkomen, is je lichaam te geven wat het nodig heeft: heel veel water. Alleen dan zal je lichaam het opgeslagen water loslaten.

Dus, drink! Voor je het weet ben je de dunste persoon in de badkamer!

Pas op

Negatief water

De volgende vloeistoffen, die ik negatief water noem, tellen niet mee voor de dagelijkse hoeveelheid water die je nodig hebt.

Koffie*
Thee*
Lightfrisdranken
Gewone frisdrank
Energiedrankjes
Sap
Sportdrankjes (als je een atleet bent en deze producten gebruikt, leng dan je sportdrankje aan: half water, half sportdrank)
Water met smaakstoffen

* Koffie en thee zijn toegestaan bij het 17 dagendieet, maar tellen niet mee bij de acht glazen water die je dagelijks nodig hebt!

Speciale aandacht voor vloeistoffen: groene thee en koffie

Een extra voordeeltje bij vetverlies is een goed drankje: groene thee, hoewel dat technisch gesproken onder negatief water valt. Bepaalde natuurlijke chemische bestanddelen in groene thee, catechinen genoemd, verhogen de vetverbranding en stimuleren thermogenese, het calorieverbrandingsproces dat optreedt als gevolg van het verteren en metaboliseren van voeding.

Groene thee is ook een van de voedingsmiddelen die angiogenese kan blokkeren (sorry voor die technische term). Angiogenese verwijst naar een proces van het groeien van bloedvaten. Als voorbeeld: angiogenese die bloedtoevoer naar een tumor opbouwt, kan helaas de tumoren laten groeien. Wetenschappers hebben ontdekt dat angiogenese hetzelfde doet met vetweefsel; het creëert ook bloedtoevoer naar vetweefsel zodat dat kan groeien. Vetweefsel en kanker voeden zich met zuurstof dat door deze nieuwe bloedvaten wordt aangeleverd.

Er is in de beste tijdschriften veel excellent wetenschappelijk onderzoek gepubliceerd over het feit dat groene thee iets bevat dat angiogenese blokkeert. De jury is er wat dit betreft nog niet helemaal uit, maar totdat we meer weten, zou ik je willen voorstellen om drie koppen groene thee per dag te drinken.

Hoewel artsen het goede voorbeeld zouden moeten geven, moet ik bekennen dat ik niet echt een drinker van groene thee ben. Als ik een kopje drink, is dat meestal in een oosters restaurant. Ik beloof echter dat ik mijn leven zal beteren en meer groene thee zal drinken.

Koffie is ook toegestaan bij het 17 dagendieet. De cafeïne in koffie zet je metabolisme in een hogere versnelling. En cafeïne zorgt ervoor dat de vetafbraak in je lichaam een zetje krijgt. Een of twee koppen koffie per dag is de ideale hoeveelheid.

Dokter, kunt u mij vertellen, a.u.b.?

Mag ik alcohol drinken tijdens het 17 dagendieet?

Ik wist dat je dit zou vragen! Alcohol kan zelfs goed voor je zijn. Belangrijke onderzoeken hebben aangetoond dat matige alcoholconsumptie het risico op hartinfarcten met de helft verlaagt, voornamelijk doordat drinkers ongeveer een 15 procent hoger HDL-cholesterol hebben dan niet-drinkers. En dat voorkomt hartaandoeningen door-

dat de bloedvaten worden gereinigd van die vettige ophopingen. Matig alcoholgebruik betekent één drankje per dag: 150 ml wijn, ca. 360 ml bier of 45 ml sterkedrank.
Maar hoewel alcohol goed is voor je hart, is het niet zo goed voor je tailleomvang. Alcohol droogt uit en staat vetverbranding in de weg. Je lever maakt overuren om de alcohol te metaboliseren, dus krijgt zijn vetverbrandingstaak minder prioriteit.
Als je eenmaal bij cyclus 3 bent aangeland, dan vind ik het prima als je één drankje per dag drinkt. En nu bedoel ik niet dat je de fles in je bureau moet bewaren (voor gebruik overdag), maar ik beveel een drankje wel aan, vooral rode wijn. Eén van mijn hobby's buiten werktijd is het genieten van een goed glas rode wijn. Om mijn passie voor het drinken en verzamelen van mooie rode wijnen na te streven, ga ik met vrienden naar wijnproeverijen.
Rode wijn bevat resveratrol (een krachtige antioxidant die in de druivenschil zit). Het schakelt een gen voor bepaalde ontstekingseiwitten uit. Deze eiwitten reizen door je bloedsomloop. Als er iets vreemd is, bijvoorbeeld een giftige molecule van een infectie of een gifstof, dan zetten de eiwitten hem vast aan de vaatwand. En dat stimuleert dan weer ontstekingen. Ontstekingen kunnen tot verstopte vaten leiden, bloedproppen, impotentie en zelfs tot een hartaanval of een beroerte. Eén glas rode wijn per dag kan deze dingen voorkomen. Dus, proost!

Hoeveel zou ik moeten wegen?

Als je met het 17 dagendieet begint, zou je een bepaald streefgewicht in gedachten moeten hebben. Met andere woorden: kies een gewicht waarmee je er in je eigen ogen het beste uitziet. Houd vooral in gedachten dat er echt niet zoiets bestaat als het 'perfecte' gewicht omdat mensen een enorme variëteit aan lichaamsvormen, lengte en botstructuur hebben. Er zijn echter wel 'ideale gewichtsmarges', dus is er een eenvoudige berekening die ik volg.

Als je vrouw bent

Bepaal eerst je botstructuur. Als je fijne botten hebt, dan hoort daar het laagste gewicht bij, heb je zware botten, dan hoort daar het hoogste gewicht bij. En bij een normale botstructuur zit je in het midden.

Vrouwen

Lengte	gewicht (fijne, normale en zware botten)		
1.50	42	47,5	53
1.52	43	49	55
1.55	44	50,5	57
1.57	46	52	58
1.60	47	53,5	60
1.63	49	56	63
1.65	50	57	64
1.68	52	59	67
1.70	53	60,5	68
1.73	55	63	71
1.75	57	64,5	72
1.78	59	67	75
1.80	60	68	76
1.83	62	68,5	79

Als je een man bent

Bepaal eerst je botstructuur. Als je fijne botten hebt, dan hoort daar het laagste gewicht bij, heb je zware botten, dan hoort daar het hoogste gewicht bij. En bij een normale botstructuur zit je in het midden.

Mannen

Lengte	Gewicht (fijne, normale, zware botten)		
1.60	51	57,5	64
1.62	52	59	66
1.65	54	61	68
1.68	56	63	71
1.70	58	65	72
1.73	60	67,5	75
1.75	61	69	77
1.78	63	71	79
1.80	65	73	81
1.83	67	74	84
1.86	69	77,5	86

1.88	71	78,5	88
1.91	73	80	91
1.93	74	81,5	93

Noot van de vertaler: Deze gewichtstabellen laten het 'ideale' gewicht zien. Als je veel aan beweging doet, zou het echter kunnen lijken dat je te zwaar bent, maar dan moet je bedenken dat spieren meer wegen dan vet, en dat je dus helemaal niet te zwaar bent, alleen goed gespierd.

Hoe vaak zou je op de weegschaal moeten staan?

Er zijn maar weinig mensen die het leuk vinden om zichzelf te wegen. Artsen weten dat. Als patiënten op de weegschaal stappen, denken ze dat ze meteen in een compleet ander persoon veranderen, Hulk Hogan of zoiets. En omdat we ze niet naakt wegen, vertellen ze ons ook nog eens dat we er een kilo voor de schoenen moeten aftrekken, een halve kilo voor hun sieraden en 1,5 kilo voor de Big Mac en de friet die ze als lunch hebben gegeten. Sommige mensen ontkleden zich sneller dan een stripteasedanseres in een nachtclub en stappen dan op de weegschaal. Maar de weegschaal van artsen liegt niet. Patiënten moeten de waarheid gewoon accepteren. Hun lichamen hebben zonder dat ze dat met de 'eigenaar' hebben besproken, donuts, pizza's en ijsjes omgezet in vet.

De wetenschap zegt...

Gebruik je hersens om weer een strak lichaam te krijgen

Medische studies hebben aangetoond dat als je jezelf voorstelt (visualiseert) in de vorm die je graag wilt bereiken dat dit je kan helpen om een slank, strak lichaam te krijgen. De hersenen denken vooral in beelden. Als je in gedachten een beeld kunt oproepen, dan is dat een krachtige manier om dat werkelijkheid te laten worden. Daarom is het dus heel belangrijk dat je het beeld van jouw perfecte lichaam in gedachten houdt, zodat je het ook kunt creëren.

Begin ermee te bedenken hoe jouw leven er uit zal zien als je een slank, gezond persoon bent. Je zult weer kunnen spelen, actief zijn, echt leven en ervan genieten om voor je gezin te leven. Je kunt weer in gewone winkels winkelen, je hebt geen grote maten kleding meer nodig en je hoeft je niet langer bezorgd te maken of je wel in een vliegtuigstoel past. Je zult niet langer het mikpunt van spot zijn of van mensen die denken dat ze je kunnen veroordelen. En je hoeft je niet langer zorgen te maken over een toekomst met diabetes, hartaanvallen, beroertes en andere gewichtsgerelateerde aandoeningen. Al deze beelden geven je hersenen realistische doelen om naartoe te werken.

Laten we het eens even over weegschalen hebben. Je badkamerweegschaal kan een topapparaat zijn om af te vallen. Ik weet dat sommige mensen aanraden om hem het raam uit te gooien, maar deze mensen zijn van nature dun en geven zeer waarschijnlijk aerobiclessen. Zij hebben geen weegschaal nodig.

Als je je weegschaal de deur uit doet, kan je gewicht omhooggaan, zonder dat je je daar bewust van bent. En als de doktersassistente je dwingt om op de weegschaal te gaan staan bij het bezoek aan je huisarts, en je ziet dat je 145 kilo weegt, dan zou je wel eens in shock kunnen raken.

Je gewicht letterlijk bijhouden op de weegschaal is een van de belangrijkste dingen die je kunt doen om dat te voorkomen. Het is ook een gewoonte die mensen in de National Weight Control Registry – een groep van duizend 'succesvolle verliezers' – hielp om hun gewicht stabiel te houden. Geregistreerde deelnemers hebben minstens vijftien kilo verloren en dat er ook minstens een jaar af weten te houden.

En ja, er zijn ook andere dingen die je veel over je gewicht kunnen vertellen: hoe je kleding past, hoe vervelend je het vindt om de trap te nemen in plaats van de roltrap, of hoe je in de spiegel kijkt. Maar weeg jezelf ook, om de paar dagen of minstens eenmaal in de week. En zeker na elke cyclus van het 17 dagendieet.

Weersta echter de neiging om je een aantal keren per dag te wegen in de hoop op een beter getal.

Dus: haal die snoeppot van je bureau. Het kan je minder populair bij je collega's maken, maar jij bent tenminste op weg naar een lichter leven. En dat is zonder meer opwindend.

De slanke 17

De feiten over vet

1. Gemiddeld heeft een volwassen mens 40 biljoen vetcellen.
2. Vet is ook een van de meest voorkomende weefselsoorten in het lichaam.
3. Vetweefsel is een dynamisch, complex en noodzakelijk onderdeel van leven.
4. Meisjes worden met meer vetcellen geboren dan jongens.
5. Tegen de tijd dat je een tiener bent, heb je waarschijnlijk alle vetcellen die je ooit zult hebben.
6. Vet groeit als bestaande cellen groter worden en als er nieuwe cellen worden gecreëerd.
7. Het aantal vetcellen kan omhooggaan, maar niet omlaag.
8. Als je afvalt dan krimpen de bestaande vetcellen.
9. Vetcellen sterven af, maar je lichaam vervangt ze heel snel met hetzelfde aantal.
10. Obese mensen hebben grotere vetcellen.
11. Vetcellen zijn er in twee soorten: witte en bruine. Witte zorgen ervoor dat je jeans te strak zit. Bruine vind je in baby's en hebben het vermogen om energie te verbranden.
12. Vetcellen voeden zich met zuurstof in een proces dat angiogenese wordt genoemd, net als kankercellen en andere lichaamscellen. Vet kan zich niet uitbreiden zonder dat het zijn bloedvaten uitrekt, zoals een stad zich niet kan uitbreiden zonder dat het haar wegen uitbreidt. Wetenschappers onderzoeken op dit moment of bepaalde kankerbestrijdende medicijnen vetcellen kunnen uithongeren om vetuitbreiding te stoppen, zoals ook tumoren worden uitgehongerd.
13. Als je beweegt, produceren cellen een enzym dat vetweefsel vertelt dat het zijn vetvoorraad moet loslaten zodat de spieren het kunnen verbranden.
14. De lever slaat glucose uit voedsel op als glycogeen en laat het los in de bloedsomloop als er energie nodig is. Als er onvoldoende glucose aanwezig is, begint het lichaam vet te verbranden.
15. Vetcellen scheiden oestrogeen af. Dat wordt gekoppeld aan bepaalde kankersoorten, voornamelijk aan borstkanker bij vrouwen na de menopauze.

16. Lichaamsvet hoopt zich op van kop tot teen, en verdwijnt ook op dezelfde manier.
17. Lichaamsvet kun je vergelijken met een skipak: het zorgt voor isolatie tegen kou. Een minpuntje van gewichtsverlies is dat je het vaker koud zult hebben.

Samenvatting

- Bij het 17 dagendieet eet je gezonde voeding: magere eiwitten, groenten, fruit met een laag suikergehalte, natuurlijke koolhydraten en vriendelijke vetten. Deze voedingsmiddelen werken samen om je spijsvertering en metabolisme te verbeteren.
- Het 17 dagendieet voorziet je van alle voedingsstoffen die je nodig hebt voor een goede gezondheid.
- Het 17 dagendieet beperkt je inname van koolhydraten iets, omdat veel mensen koolhydraatgevoelig zijn, een situatie die afvallen in de weg staat.
- Water drinken is essentieel om af te vallen en dat geldt ook voor groene thee.

3 Cyclus 1: versnellen

Het is mogelijk de komende zeventien dagen 5 tot 6 kilo af te vallen, en je ziet deze indrukwekkende resultaten al heel snel als je cyclus 1, de Versnelcyclus, letterlijk volgt zoals ik aangeef in dit hoofdstuk.

Het probleem met de meeste diëten is (nog afgezien van de eentonige voedingsmiddelenlijst en het onvermijdbare hongergevoel) dat het erg moeilijk is om er een te vinden dat je helpt om heel snel de kilo's kwijt te raken, zonder dat de voedingswaarde van je maaltijden in het gedrang komt – en daarmee uiteindelijk ook je gezondheid en levenslust. Deze cyclus wijst je snel de weg naar slank worden, en daarbij voel je je ook nog eens verzadigd, energiek en gemotiveerd.

In deze cyclus kun je ongelimiteerd eiwitten eten zoals vlees, gevogelte, eieren en vis en ook nog eens heel veel groenten. Maar je beperkt wel je koolhydraatinname door aanvankelijk witbrood, aardappelen, pasta, rijst, chocolade, koekjes, crackers, suikerrijke desserts en snoep links te laten liggen. Fruit en vet zijn niet verboden, en dat is een goede zaak omdat je daarmee respectievelijk zoet en smaak aan je dieet toevoegt.

Cyclus 1 heet 'Versnellen', omdat hij bedoeld is om op een gezonde manier aan te zetten tot snel gewichtsverlies door het mobiliseren van vetopslag en door water en gifstoffen uit je systeem te spoelen. In cyclus 1 doen jijzelf en het dieet bepaalde dingen die snel afvallen mogelijk maken:

- Verminder koolhydraatinname zodat je lichaam zijn vetopslag aanspreekt.
- Verhoog je eiwitinname zodat je lichaam in de vetverbrandingsstand gaat staan.
- Corrigeer een slecht werkende spijsvertering – een situatie die ververbranding tegenhoudt.

- Het dieet zorgt vanaf het begin voor snel gewichtsverlies, waardoor je het gemakkelijker kunt volhouden.
- Ophouden met suiker, zoetigheid, geraffineerde koolhydraten en andere substanties te eten, waardoor je die gevreesde pieken en dalen in je bloedsuiker krijgt. Als je die cyclus eenmaal hebt doorbroken, zal je lichaam er ook geen behoefte meer aan hebben. In deze cyclus doe je afstand van voedingsmiddelen die niet goed zijn voor je lichaam.
- Verwijder mogelijke gifstoffen uit je lichaam. Vervuilingsstoffen in het lichaam verstoren zowel de schildklier die het metabolisme van je lichaam reguleert, als de individuele energiefabriekjes van de cellen (mitochondria), die brandstof omzetten in energie.

Als je je doel de eerste zeventien dagen al hebt bereikt, dan kun je direct overgaan op cyclus 4, Volharden. Moet je nog meer afvallen, ga dan door met cyclus 2, Verbeteren. En je kunt de volgende zeventien dagen van nog meer voedingsmiddelen genieten. Daarna ga je weer verder naar cyclus 3, Veranderen, voor de komende 17 dagen. Cyclus 3 is een liberalere versie van de eerste twee cycli. En natuurlijk zit je te wachten op de dag dat ik zeg dat cupcakes onderdeel zijn van je dieet, en, die dag komt! In cyclus 4, de Volhardingscyclus die is ontworpen om je gewicht eraf te houden, mag je ook je favoriete voedingsmiddelen weer toelaten.

De wetenschap zegt...

Gifstoffen en metabolische snelheid

Het zou mij niet verbazen als onze levers zouden rondvertellen dat ze geen respect krijgen! Dag in dag uit worden we blootgesteld aan gifstoffen door het drinken van water, door bepaalde voedingsmiddelen en andere bronnen. De lever, het belangrijkste orgaan dat zich bezighoudt met metaboliseren, moet overuren maken om deze gifstoffen uit je lichaam te filteren. Bovendien worden deze specifieke gifstoffen opgeslagen in je vetcellen – dus als je de kilo's laat verdwijnen, komen de gifstoffen in je bloedsomloop terecht.

Een team onderzoekers uit Quebec ontdekte dat als gifstoffen worden vrijgelaten terwijl mensen met overgewicht aan het diëten waren, hun metabolische snelheid – de snelheid waarmee calorieën worden

verbrand – aanzienlijk werd vertraagd, meer nog zelfs dan het afremmen als gevolg van diëten. Gelukkig zijn veel voedingsmiddelen in het 17 dagendieet, vooral fruit en groenten, echte helden als het aankomt op het reinigen van je lichaam van gifstoffen.
Bron: *American Journal of Physiology – Regulatory, Integrative and Comparative Physiology, 2001*

De Versnelcyclus is het handigste handvat dat je hebt om gewicht te verliezen en om het eraf te houden. Als je om de een of andere reden de brui geeft aan je dieet en weer wat aankomt, dan kun je altijd terug naar de Versnelcyclus om weer op het rechte pad te komen. Doe dat dan ook gewoon en je zult steeds dichter bij je ideale gewicht komen. Het is een kortetermijnstrategie die langetermijnresultaten garandeert.

Mijn honger/verzadigingsmeter

Je ouders hebben er waarschijnlijk ingestampt dat je niet van tafel mocht voordat je je hele bordje had leeggegeten. Dat was een goed advies toen de porties nog kleiner waren, en iedereen er een hekel aan had om voedsel te verspillen.

In deze tijd weten de meesten van ons het verschil niet meer tussen hongergevoel en verzadigingsgevoel. We verliezen dat vermogen tegen de tijd dat we de basisschoolleeftijd bereiken. En het zorgt ervoor dat we dik worden.

Ik heb een oplossing: Dr. Mikes honger/verzadigingsmeter. De verzadigingsmeter is een soort 'pijnschaal' die artsen in het ziekenhuis hanteren als ze vragen naar je pijn. In feite waardeer je je honger en verzadiging op een weegschaal. Dit is geen nieuw idee; er zijn talrijke hongermeters beschikbaar. Het probleem met de meeste is echter dat ze je honger willen waarderen tussen de 0 en de 10. Dat is veel te gecompliceerd. Wat is immers het verschil tussen een 0 en een 1, of tussen een 9 en een 10? Je zult zo veel tijd moeten besteden aan het geven van een cijfer dat je geen tijd hebt om te eten.

Ik vind het eenvoudiger om een hongermeting te gebruiken van 1 tot 2 en een verzadigingsmeting van 3 tot 4. Hieronder zie je hoe mijn meters werken.

Hongermeter

1. **Ik heb een beetje honger, mijn maag voelt alsof hij even hol is als de beloftes van een politicus.**
   Eet nu, om te voorkomen dat je uitkomt bij 2. Andere belangrijke aanwijzingen van een matig hongergevoel zijn licht gerommel in je maag, beetje hoofdpijn, trillerigheid en concentratieverlies. Als je er niet zeker van bent of je echt honger hebt, dan heb je dat waarschijnlijk ook niet. Je kunt namelijk ook echte honger verwarren met verveling, vermoeidheid of dorst.
2. **Ik heb zo'n honger dat ik de inhoud van een blikje knakworstjes zou kunnen opeten. Mijn maag knort zo luid dat iedereen op straat zich omdraait. Ik moet nu iets eten, en snel.**
   Laat het niet zover komen! Anders werk je voor je het weet een heel pak koekjes weg en drink je cola als een gek.

Verzadigingsmeter

3. **Ik begin me verzadigd te voelen. Ik stop nu zodat ik op mijn supermarktrekening kan besparen.**
   Je hebt nu het prettige punt bereikt waarop je je niet langer hongerig voelt maar ook nog niet helemaal verzadigd bent. Houd een beetje ruimte in je maag. Probeer dat bij alle maaltijden; nooit uitgehongerd en nooit volgepropt.
4. **Ik zit zo vol dat ik wel naar de bank móet waggelen om daarop neer te vallen.**
   Je hebt te veel gegeten, zelfs al staat het allemaal op je dieetlijst. Vermijd dit soort extremen; oefen je zelfbeheersing. En voel je ook niet verplicht om je hele bord leeg te eten. Stop met eten zodra je maag zich verzadigd voelt. Die extra happen die je neemt om geen eten weg te gooien, voegen onnodige calorieën toe.
   Als je de hele dag door je maaltijden goed managet, vraag dan aan jezelf hoe hongerig of verzadigd je je voelt, en baseer dat op mijn honger/verzadigingsmeter. Je doel is om naar je lichaam te luisteren en niet om af te gaan op externe aanwijzingen, zoals de klok, om je te vertellen wanneer en hoeveel je moet eten.

Algemene richtlijnen voor de Versnelcyclus

1. Volg de Versnelcyclus zeventien dagen. Als je dan je doel al hebt bereikt met afvallen, ga dan door naar cyclus 4. Wil je nog meer afvallen, ga dan door met cyclus 2.
2. Je dieet bestaat uit magere eiwitten, groenten, fruit met een laag suikergehalte, probiotische voedingsmiddelen (probiotica), zoals yoghurt, en uit goede vetten. Zetmeelrijke voedingsmiddelen zoals aardappelen, peulvruchten, bruine rijst, maïs en havermout zijn in deze cyclus niet toegestaan.
3. Verwijder het vel van kip of kalkoen voor je het braadt of koop meteen gevogelte zonder vel.
4. Iets over eieren: Je mag tot twee eieren per dag eten. Maar als je arts heeft vastgesteld dat je een verhoogde cholesterolspiegel hebt, dan moet je je beperken tot vier eidooiers per week. Het wit van eieren kan in onbeperkte hoeveelheid worden gegeten.
5. Geniet zo veel mogelijk van verse groenten en vers fruit. Als het gemakkelijker is, kun je diepvries of blik nemen, maar in beperkte mate. Ze moeten echter wel ongezoet zijn.
6. Eet geen fruit meer na twee uur 's middags. Fruit is een koolhydraatproduct. Het tijdstip waarop je koolhydraten binnenkrijgt, is erg belangrijk. Ik heb gemerkt dat als je vroeg op de dag koolhydraten eet, je lichaam van voldoende energie wordt voorzien (in de vorm van glycogeen dat wordt opgeslagen in spieren) voor de rest van de dag. Je zult zien dat deze benadering gunstig is voor je taille! Als je 's avonds koolhydraten eet, is het moeilijker voor je lichaam om ze nog te verbranden, omdat je 's avonds minder energie verbruikt. Deze koolhydraten kunnen dan wel eens worden opgeslagen als vet.
7. Vermijd alcohol en suiker om je lichaam te helpen zich te ontdoen van gifstoffen, je spijsvertering te verbeteren en vet te verbranden.
8. Maak er een gewoonte van groene thee te drinken. Dat bevat wel wat cafeïne, maar het bevat ook bestanddelen die vet verbranden.
9. Iets over probiotische voedingsproducten; onderzoek wijst uit dat ze het immuunsysteem verbeteren en darmreinigende bacteriën bevorderen. Van probiotische voedingsmiddelen wordt ook gedacht dat ze je lichaam helpen om vet te verbranden. Als

je niet van yoghurt houdt, probeer dan de suikervrije yoghurt met fruitsmaak of speciale melk, zoals vetarme acidophilusmelk (die smaakt zoals milde karnemelk). De meeste natuurvoedingswinkels verkopen deze melk. Je kunt ook op een andere manier de nodige vriendelijke bacteriën binnenkrijgen. De meeste natuurvoedingswinkels verkopen ook probiotica in capsulevorm; houd daarbij de dosering van de fabrikant aan.
10. Eet langzaam tot je je verzadigd voelt; overlaad je maag niet.
11. Drink acht glazen puur water van 250 ml per dag. Twee liter dus.
12. Beweeg dagelijks minimaal zeventien minuten.

Maak korte metten met de kilo's: de voedingsmiddelenlijst van de Versnelcyclus

Magere eiwitten

Hier haal je veel van je vetverbrandingskracht vandaan. Eet zoveel je wilt van de volgende eiwitten*. Het zijn 'freebies'. Het 17 dagendieet bevat met opzet veel proteïnen omdat die het terugdringen van lichaamsvet stimuleren.

* *Noot van de vertaler*: Eiwitten die in vis, vlees, ei, groenten, eieren (en andere producten) zitten, heten proteïnen. Als in de voorbeeldmenu's verderop in dit hoofdstuk wordt gesproken over roerei van eiwitten, dan gaat het specifiek om het wit van eieren.

Vis*

- Zalm, in blik of vers
- Tong en sliptong
- Bot
- Schol
- Meerval
- Tilapia
- Tonijn in blik (in water)

* Kies voor vis van vrije vangst in plaats van de gekweekte soorten, die wel eens veel antibiotica toegediend kunnen hebben gekregen. Vermijd de grote vissoorten zoals zwaardvis, haai, koningsmakreel en

witte tonijn. Deze soorten bevatten meestal metalen zoals methylkwik, dat als een gifstof wordt beschouwd.

Gevogelte
- Kipfilet (borst)
- Kalkoenfilet (borst)
- Kalkoengehakt (mager)
- Eieren (2 eieren = 1 portie)
- Wit van eieren (4 eiwitten = 1 portie)

Reinigende groenten
Van de groenten op onderstaande lijst mag je zo veel eten als je wilt. Dit zijn ook 'freebies'. Ik noem dit reinigende groenten omdat ze de ontgifting in het darmstelsel ondersteunen, in het bloed en in de lever en ook nog eens beschermende antioxidanten leveren. Sommige soorten verdienen een eervolle vermelding:
- Bloemkool, kool, broccoli en spruitjes zorgen voor belangrijke fytochemicaliën (ziektebestrijdende stoffen in planten), die de lever helpen om chemicaliën, medicijnen en vervuilende stoffen van hun gif te ontdoen.
- Asperges, spinazie en okra zijn belangrijke bronnen van glutathion, een vitaal onderdeel dat helpt om gifstoffen die in vet oplosbaar zijn, te verwijderen uit je lichaam. Dat geldt overigens ook voor gekookte kip.
- Spinazie, broccoli, tomaten en spruitjes zorgen voor alfa-liponzuur, een krachtige antioxidant die schadelijke vrije radicalen aanpakt, bijproducten van ontgifting.
- Uien versnellen de vetafbraak in je eten. Het gevolg is dat je lichaam meer geneigd is om dat vet uit te scheiden dan het in je vetcellen op te slaan.
- Bladgroenten hebben vochtafdrijvende eigenschappen (en dat helpt je om vochtgewicht te verliezen), en hun bloedsuikerstabiliserende werking voorkomt dat je vreetbuien krijgt.
- Artisjokken hebben een hele reeks gezondheidsbevorderende eigenschappen. Deze groente scoort heel hoog op de antioxidantenschaal, dankzij de aanwezigheid van cynarine en silymarine. Van deze twee fytochemicaliën wordt gedacht dat ze cholesterol verlagen, de levercellen tegen gifstoffen beschermen, de bloedsomloop verbeteren net

als het alfa-liponzuur en helpen met de spijsvertering. Beide antioxidanten zitten zowel in de blaadjes als in het hart van de artisjok.

- Artisjok
- Artisjokharten
- Asperges
- Aubergine
- Bleekselderij
- Bloemkool
- Boerenkool
- Bosuitjes
- Broccoli
- Groene bladgroenten (inclusief bietengroen en groen van knolletjes)
- Knoflook
- Komkommer
- Kool
- Okra
- Paddenstoelen
- Paprika, groen, oranje, geel en rood
- Peterselie
- Prei
- Sla (alle soorten)
- Sperzieboontjes
- Spinazie
- Spruitjes
- Tomaten
- Uien
- Waterkers
- Worteltjes

De slanke 17

Maximaliseer de gezonde kracht van groenten en fruit

1. Zoek echt verse groenten uit. Die zijn nog knapperig en niet verlept. Vers = voedzaam.
2. Als je vers fruit koopt, kijk dan of er geen beurse plekken op zitten. Beurse plekken zijn het gevolg van een chemische reactie die de voedingsstoffen laat verdwijnen.

3. Als je verpakte sla koopt, kies dan voor de gemengde, kleurrijke slasoorten. Hoe helderder de kleur, hoe meer antioxidanten en fytochemicaliën de groenten bevatten.
4. Kies altijd de helderste, meest kleurrijke groenten en fruit die je kunt vinden. Hoe helderder de kleur, hoe meer vitamines en voedingsstoffen erin zitten.
5. Als je sla koopt, kies dan voor de donkergroene soorten. Sla met donkergekleurde bladeren, zoals Romeinse sla, bevat meer vitamine B dan de lichtere soorten zoals ijsbergsla.
6. Koop bepaalde soorten groenten, zoals uien en paprika's, in al hun kleurvarianten voor een grotere hoeveelheid voedingsstoffen.
7. Koop verse seizoensgroenten en -fruit als hun smaak en voedingswaarde op topniveau zijn.
8. Koop lokaal verbouwde groenten en fruit als dat mogelijk is. Ze hebben meestal meer voedingswaarde omdat ze rechtstreeks van het land komen. Veel voedingsstoffen gaan verloren tijdens het transport naar de supermarkt.
9. Bessen zijn zeer snel bedorven. Kijk als je in de winkel bent altijd naar de bodem van het bakje. Als je daar vlekken aantreft, is dat een teken dat het fruit beurs is of overrijp. Het verlies van voedingsstoffen is al begonnen en het fruit zal daarna heel snel bedorven zijn.
10. Kies de helderste aardbeien uit. Een heldere kleur betekent dat de kwaliteit van de voedingsstoffen op zijn hoogst is. Als de aardbeien aan de onderkant nog wit zijn, bevatten ze minder voedingsstoffen.
11. Ruik aan de bessen of ze vers zijn. Een lekkere geur betekent ook een goede smaak, rijpheid en voedingswaarde.
12. Koop verschillende soorten groenten en fruit die op de lijst staan. Hoe gevarieerder je eet, hoe gezonder je voeding is.
13. Eet groenten en fruit rauw als het kan. Over het algemeen zijn rauwe groenten gezonder. De uitzonderingen hierop: gekookte worteltjes en tomaten bevatten méér antioxidanten dan rauwe.
14. Kook groenten zo kort mogelijk om de voedingsstoffen te behouden.
15. Groenten stomen is een heel goede manier om ervoor te zorgen dat de voedingsstoffen niet verdwijnen.
16. Vermijd groenten en fruit te ontdooien voordat je ze bereidt. Als voedsel ontdooit, kunnen micro-organismen, die waarschijnlijk in

de voeding zitten, zich gaan vermenigvuldigen, waardoor het eten bederft.

17. Vermijd schillen zo veel mogelijk, want daardoor gaan voedingsstoffen en vezels verloren.

Fruit met een laag suikergehalte – 2 porties per dag

Fruit met een laag suikergehalte is een uitstekende bron van vezels die zorgen voor 'massa' en langzaam verteren, waardoor je je langer verzadigd voelt. Ze zitten ook vol water, bevatten veel vezels en zijn superlaag in calorieën, waardoor ze ideaal zijn bij het afvallen.

- Appels
- Bessen (alle soorten: bosbessen, bramen, aalbessen, kruisbessen, frambozen en ook aardbeien)
- Cactusvijgen
- Gedroogde pruimen
- Grapefruit
- Peren
- Perziken
- Pruimen
- Rode druiven
- Sinaasappels

Dokter, kunt u mij vertellen, a.u.b.?

Wat gebeurt er als ik een medicijn inneem dat een wisselwerking heeft met grapefruit?

Grapefruit en grapefruitsap (dat laatste drink je niet bij het 17-dagen dieet) hebben een wisselwerking met een aantal specifieke geneesmiddelen. Daartoe behoren statines (tegen hoog cholesterol). Grapefruit en grapefruitsap kunnen voorkomen dat de lever deze geneesmiddelen voldoende afbreekt, waardoor er een hogere dosis in de bloedsomloop terechtkomt. De meeste artsen weten dit.

Deze interactie werd bij onderzoeken in de jaren '90 ontdekt. Een handjevol onderzoeken schreef over de 'normale dosis' grapefruitsap. Maar deze normale dosis was soms bijna een liter per dag! Niemand drinkt zoveel grapefruitsap, zelfs niet als het je favoriete sap is!

Noot van de vertaler

In de Amerikaanse versie van het 17 dagendieet stelt Dr. Mike dat mensen die 's avonds statines innemen, 's morgens een halve grapefruit, of 250 ml grapefruitsap mogen drinken, maar dit altijd eerst met hun huisarts moeten overleggen. Op de meeste geneesmiddelenwebsites wordt het eten of drinken van grapefruit echter met klem afgeraden, ook als er veel tijd tussen medicijninname en grapefruitgebruik zit.

Er zijn maar een paar statines die geen interactie met grapefruit en/of grapefruitsap te zien geven. Dit zijn:

- Crestor (rosuvastatin)
- Lescol (fluvastatin)
- Pravachol (pravastatin) (nog niet op de Nederlandse markt)

Daarbij komt dat behalve een hoog cholesterol, heel veel mensen lijden aan hoge bloeddruk (hypertensie). Als je daar een veelgebruikt medicijn voor hebt gekregen dat tot de groep ACE-remmers behoort, dan mag je beslist geen grapefruit en/of grapefruitsap, omdat dat een sterke wisselwerking heeft op de afbraak door de lever, waardoor je veel te hoge waarden van dit medicijn in je bloed krijgt. Soms pas drie dagen nadat je grapefruit hebt gegeten of gedronken! Ook cranberries brengen dat risico met zich mee. Of dat nu gewone cranberries zijn of cranberrysap, of zelfhulpmiddelen waar cranberry in zit, bijvoorbeeld voor een betere vochtafdrijving.

Hieronder een lijst met klachten waarvoor medicijnen worden voorgeschreven die een wisselwerking kunnen hebben met grapefruit en/of grapefruitsap:

- Abnormaal hartritme
- Allergieën
- Angst- en paniek
- Astma en COPD
- Bloedverdunners
- BPH (vergrote prostaat)
- Kanker
- Hoest
- Depressie
- Epilepsie
- Erectiestoornissen
- Hartaandoeningen

- Hoge bloeddruk
- Hoog cholesterol
- HIV/AIDS
- Hormonale aandoeningen
- Infecties, viraal- bacterieel en schimmel

Dit geldt ook voor verschillende soorten pijnstillers. Verder geldt: omdat de ene mens de andere niet is, en de lever van mensen dus ook niet, ben ik van mening dat voorkomen beter is dan genezen. Er zijn voldoende alternatieven voor grapefruit, echter, ook bepaalde soorten sinaasappel en zelfs sinaasappelmarmelade kunnen een interactie te zien geven. Dus, altijd vooraf overleggen met je huisarts. Ook je apotheek kan direct op de computer zien of er bijwerkingen met voedingsmiddelen te verwachten zijn.

Probiotische voedingsmiddelen – 2 porties per dag

Probiotische voedingsmiddelen helpen je spijsvertering in evenwicht te houden, waardoor de efficiëntie van de spijsvertering op alle niveaus wordt verbeterd. Onderzoek laat zien dat probiotica ook obesitas bestrijden. Als je aan veel stress hebt blootgestaan, antibiotica hebt moeten nemen of veel verpakte voeding met bewaarstoffen hebt gegeten, dan kan dit de goede bacteriën in je systeem hebben gedood. Dus is het eten (of drinken) van probiotica een goed idee.

Er is geen Aanbevolen Dagelijkse Hoeveelheid (ADH) voor probiotica. Om gezond te blijven is de hoeveelheid probiotica van 5 tot 10 biljoen wel goed. Dat mag heel veel lijken, maar even een voorbeeld: een portie van ongeveer 180 ml yoghurt bevat al 17 biljoen probiotica.

- Yoghurt – elke soort, inclusief Griekse yoghurt, suikervrije yoghurt met fruitsmaak, naturel yoghurt en magere yoghurt. Een potje van ongeveer 180 ml is één portie.
- Kefir: dit is hetzelfde als drinkyoghurt en je kunt er heel goed smoothies mee maken (250 ml = 1 portie).
- Vetarme acidophilusmelk (250 ml = 1 portie).
- Actimel van Danone (alle varianten).
- Cottage cheese (Hüttenkäse) (120 g = 1 portie).
- Zoutarme miso opgelost in vetarme, zoutarme bouillon (1 eetlepel = 1 portie).

- Tempé (een gegist blok van geperste sojabonen) (120 g = 1 portie).
- Zuurkool (100 g = 1 portie).
- Kimchi (½ cup = 35 g). Koreaanse gefermenteerde kool, wordt als bijgerecht gegeten. Zie verderop in dit boek.

Vriendelijke vetten: 1 tot 2 eetlepels per dag

Ik vertel mijn patiënten niet specifiek dat ze vet moeten eten, tenzij het de gezonde soorten zijn zoals visolie, olijfolie of lijnzaadolie. Deze gezonde vetten kunnen niet alleen helpen om het risico op hartkwalen te verminderen, of op bepaalde kankersoorten en diabetes, maar ze zorgen ook voor gezondere gewrichten, voorkomen spierweefselverlies en bevorderen vetverlies en spierversteviging.

- Olijfolie
- Lijnzaadolie

Specerijen en smaakmakers

Smaakmakers en specerijen zijn met mate toegestaan: salsa, koolhydraatarme marinarasaus, sojasaus light, koolhydraatarme ketchup, vetvrije zure room, vetarme en zoutarme bouillon, Truvia/stevia, een zoetstof die van natuurlijke ingrediënten is gemaakt (in Nederland online verkrijgbaar), suikervrije jams en marmelade, plantaardige cooking spray, vetvrije kaassoorten (bijvoorbeeld Parmezaanse kaas), vetvrije saladedressing, zout, peper, azijn, mosterd, kruiden en specerijen.

Gemakkelijk je maaltijden plannen

Het is gemakkelijk te onthouden wat je tijdens deze eerste cyclus mag eten:

- Zoveel je wilt van bepaalde eiwitten en reinigende groenten.
- Vul deze voedingsmiddelen aan met dagelijks 2 stuks suikerarm fruit; 2 porties probiotica zoals yoghurt, kefir, Yakult Light, acidophilusmelk, zoutarme miso, opgelost in vetarme, zoutarme bouillon, zuurkool (100 g is 1 portie) en 1 tot 2 eetlepels vriendelijk vet. Zo simpel is het!

Je hoeft dus niets te tellen, behalve dan de 2 stuks fruit per dag, je 2 porties probiotica en je porties vet.

Hieronder zie je een typische dag uit de Versnelcyclus:

Ontbijt
- Twee eieren of vier witten van eieren, zonder vet bereid; of 1 portie probiotica zoals yoghurt
- 1 portie fruit
- 1 kop groene thee

Lunch
- Ruime hoeveelheid eiwit in de vorm van vis, gevogelte of eieren plus een ongelimiteerde hoeveelheid reinigende groenten; of 1 portie probiotica plus een ongelimiteerde hoeveelheid reinigende groenten
- 1 kop groene thee

Diner
- Ruime hoeveelheid eiwit in de vorm van vis of kip
- Ongelimiteerde hoeveelheid reinigende groenten
- 1 kop groene thee

Tussendoortjes
- 2e portie fruit
- 2e portie probiotica

Aanvulling
- 1 portie (1 tot 2 eetlepels vriendelijk vet om over je salade of groenten te doen, of te gebruiken bij het koken).

17 menuvoorbeelden

Hierna zie je voorbeelden van hoe je je dagmenu tijdens de Versnelcyclus kunt creëren. Je kunt ze precies zo volgen, of je kunt je eigen menu's samenstellen, gebaseerd op de richtlijnen die ik hiervoor heb aangegeven. Bij sommige dagen zie je een maaltijd *cursief* gedrukt staan; dat betekent dat er een recept bij hoort. Een gemakkelijk recept! En dat vind je in hoofdstuk 14.

Word-wakker-drankje
Zodra je opstaat, drink je elke ochtend een beker met 250 ml warm water. Pers er een halve citroen in uit; dit stimuleert je spijsverteringssappen. Je doel is om verdeeld over de rest van de dag nog zeven glazen met 250 ml water te drinken.

De snelheid waarmee je afvalt, wordt lager als je uitgedroogd bent. En als je uitgedroogd bent, neemt je lichaam niet goed alle voedingsstoffen op. 'Negatief water' zoals koffie of thee tellen niet mee bij je totale dagelijkse vochtinname.

Consulteer eerst je arts over je dagelijkse hoeveelheid waterinname als je ooit de diagnose 'congestief hartfalen' te horen hebt gekregen. Dan kun je de hoeveelheid water die je mag drinken afstemmen met je arts.

Dag 1

Ontbijt
- Roerei van 2 eieren
- ½ grapefruit of ander vers fruit
- 1 kop groene thee

Lunch
- Grote groene salade met tonijn (uit blik of vers). Doe er een dressing over van 1 eetlepel olijfolie of lijnzaadolie gemengd met 2 eetlepels balsamicoazijn
- 1 kop groene thee

Diner
- Flinke hoeveelheid gegrilde kip met veel gestoomde of rauwe groenten uit de lijst
- 1 kop groene thee

Tussendoortjes
- 180 ml suikervrije yoghurt gemengd met 1 of 2 eetlepels suikervrije jam. Ook een ander probioticaproduct is toegestaan
- 1 portie fruit uit de lijst

Dag 2

Ontbijt

- 180 ml magere yoghurt gemengd met 150 g bessen of ander fruit uit de lijst. Je mag dit mengsel op smaak maken met 1 sachet Truvia/stevia of met suikervrije jam
- 1 kop groene thee

Lunch

- *Supersalade* (grote salade met flinke hoeveelheid groen en andere saladegroenten, bijvoorbeeld tomaten, uien, komkommer, bleekselderij enzovoort). Doe hier een dressing over van 1 eetlepel olijfolie of lijnzaadolie en 2 eetlepels kruidenazijn of andere soorten azijn
- 1 kop groene thee

Diner

- Flinke hoeveelheid gegrilde of gestoomde zalm met een ruime hoeveelheid groenten uit de lijst, gestoomd of rauw
- 1 kop groene thee

Tussendoortjes

- 180 ml suikervrije yoghurt met fruitsmaak of 180 ml vetarme naturel yoghurt gezoet met Truvia/stevia of een eetlepel suikervrije jam
- 1 portie fruit

Dag 3

Ontbijt

- 2 hardgekookte of gepocheerde eieren
- ½ grapefruit of ander vers seizoensfruit
- 1 kop groene thee

Lunch

- 1 grote kom *kipgroentesoep*
- 1 kop groene thee

Diner
- Flinke hoeveelheid gebraden of geroosterde kalkoenfilet, gestoomde worteltjes en gestoomde asperges
- 1 kop groene thee

Tussendoortjes
- 180 ml vetarme naturel yoghurt, gezoet met Truvia/stevia of met een eetlepel suikervrije jam
- *Kefirsmoothie*

Dag 4

Ontbijt
- *Kefirsmoothie*
- 1 kop groene thee

Lunch
- *Gemarineerde groentesalade* of een *supersalade*
- 180 ml vetarme naturel yoghurt met een verse perzik in partjes gesneden, of ander seizoensfruit als dessert
- 1 kop groene thee

Diner
- *Aubergine met Parmezaanse kaas*
- Alternatief diner als je geen aubergine wilt eten: kies elke magere eiwitbron met heel veel gekookte, reinigende groenten uit de lijst
- 1 kop groene thee

Dag 5

Ontbijt
- Roerei van 2 eieren
- ½ grapefruit of ander vers seizoensfruit
- 1 kop groene thee

Lunch
- Salade van babyspinazie, kerstomaatjes en verkruimelde vetarme

feta of blauwe kaas, druppel er een dressing over van 1 eetlepel olijfolie of lijnzaadolie met 2 eetlepels balsamicoazijn
- 1 kop groene thee

Diner
- Kalkoenburgers (kun je zelf maken van kalkoengehakt) met een salade met daaroverheen een dressing van 1 eetlepel olijfolie of lijnzaadolie met 2 eetlepels balsamicoazijn
- 1 kop groene thee

Tussendoortjes
- 150 g verse bessen of aardbeien
- 180 ml vetarme naturel yoghurt, gezoet met Truvia/stevia of met een eetlepel suikervrije jam

Dag 6

Ontbijt
- 180 ml magere yoghurt gemengd met 150 g bessen of ander fruit uit de lijst. Je mag dit mengsel op smaak maken met 1 sachet Truvia/stevia of met suikervrije jam
- 1 kop groene thee

Lunch
- *Slawraps* of gegrilde kipfilet met een gemengde salade met daaroverheen een dressing van 1 eetlepel olijfolie of lijnzaadolie en 2 eetlepels balsamicoazijn
- 1 kop groene thee

Diner
- *Sesamvis* of elke andere soort gegrilde of gebakken vis uit de lijst
- Gestoomde, reinigende groenten
- 1 kop groene thee

Tussendoortjes
- 1 portie fruit
- 1 portie probiotica

Dag 7

Ontbijt

- Roerei van 2 eieren, of van 4 witten van eieren of roerei van 1 ei en 2 eiwitten. Optie: garneer het met wat salsa
- 1 appel of 150 g verse bessen (of aardbeien)
- 1 kop groene thee

Lunch

- *Tacosalade*
- 1 kop groene thee

Diner

- Roerbak van groenten (broccoli, uien, reepjes wortel, rode paprika enzovoort) en reepjes kip met 1 eetlepel olijfolie. Breng het op smaak met wat knoflook, gember en light sojasaus
- 1 kop groene thee

Tussendoortjes

- 2e portie fruit plus 1 portie probiotica naar keuze
- 2e portie probiotica naar keuze

Dag 8

Ontbijt

- 180 ml vetarme yoghurt met 150 g bessen of ander fruit van de lijst erdoorheen. Eventueel op smaak brengen met een sachet Truvia/stevia of een eetlepel suikervrije jam
- 1 kop groene thee

Lunch

- Zalmsalade: 200-250 g saladegroenten (sla, tomaten, uien, komkommer enzovoort), gebakken zalm of zalm uit blik, met daaroverheen een dressing van 1 eetlepel olijfolie of lijnzaadolie met 2 eetlepels balsamicoazijn en kruiden
- 1 kop groene thee

Diner
- Kalkoenburgers gemaakt van mager kalkoengehakt
- Gestoomde groenten (kies uit de lijst met reinigende groenten)
- Bijgerecht van salade met daaroverheen een dressing van 1 eetlepel olijfolie of lijnzaadolie en 2 eetlepels balsamicoazijn en kruiden
- 1 kop groene thee

Tussendoortjes
- 2e portie fruit
- 2e portie probiotica

Dag 9

Ontbijt
- *Grieks roerei*
- 1 verse sinaasappel
- 1 kop groene thee

Lunch
- *Salade Niçoise*
- 1 kop groene thee

Diner
- Gegrilde kipfilet (gemarineerd in vetvrije Italiaanse dressing, daarna bakken of grillen)
- Gestoomde groenten (kies uit de lijst met reinigende groenten)
- 1 kop groene thee

Tussendoortjes
- *Kefirsmoothie*
- 2e portie probiotica

Dag 10

Ontbijt
- 120 g cottage cheese

- 1 medium peer in plakjes
- 1 kop groene thee

Lunch
- *Balsamicoartisjok* (gebruik vetvrije dressing als dipsausje)
- 1 medium appel
- 1 kop groene thee

Diner
- *In de oven gebarbecuede kipfilet*
- Bijgerecht: salade met daaroverheen een dressing van 1 eetlepel olijfolie of lijnzaadolie en 2 eetlepels balsamicoazijn en kruiden
- 1 kop groene thee

Tussendoortjes
- 2e portie probiotica
- Rauwe groenten in stukjes

Dag 11

Ontbijt
- Yoghurtsmoothie (120 ml acidophilusmelk, ½ bekertje suikervrije yoghurt met fruitsmaak en 150 g bessen of aardbeien. Mix alles in een blender
- 1 kop groene thee

Lunch
- *Supersalade*
- 1 kop groene thee

Diner
- *Kalkoenchili*
- Bijgerecht: salade met daaroverheen een dressing van 1 eetlepel olijfolie of lijnzaadolie en 2 eetlepels balsamicoazijn en kruiden
- 1 kop groene thee

Tussendoortje
- 2 porties probiotica

Dag 12

Ontbijt
- 2 hardgekookte eieren
- ½ grapefruit of ander vers seizoensfruit
- 1 kop groene thee

Lunch
- Gebakken of gegrilde kipfilet
- Tomaten, gesneden of gestoofd
- 1 medium sinaasappel
- 1 kop groene thee

Diner
- Gebakken of gegrilde vis, kies een soort die op de lijst staat
- Reinigende groenten van de lijst, zoveel je wilt
- 1 kop groene thee

Tussendoortjes
- *Kefirsmoothie*
- 2e portie probiotica

Dag 13

Ontbijt
- *Kefirsmoothie*
- 1 kop groene thee

Lunch
- Tonijn. Doe daar 1 eetlepel olijfolie en 1 eetlepel azijn door en verdeel het mengsel over een grote groene salade
- 1 kop groene thee

Diner
- Gebraden kalkoen of kipfilet in een flinke hoeveelheid
- Tomaten-uisalade, vermengd met vetvrije dressing
- 1 kop groene thee

Tussendoortjes
- 2e portie fruit
- 2e portie probiotica

Dag 14

Ontbijt
- Roerei van 2 eieren, of van 4 eiwitten of roerei van 1 ei en 2 eiwitten. Optie: garneer het roerei met wat salsa
- 1 appel of 150 g verse bessen (of aardbeien)
- 1 kop groene thee

Lunch
- 1 grote kom *kipgroentesoep*
- 1 kop groene thee

Diner
- Gegrilde vis of kipfilet in een flinke hoeveelheid
- Grote portie gemengde gestoomde groenten
- 1 kop groene thee

Tussendoortjes
- 1 medium peer of ander seizoensfruit
- 2e portie probiotica naar keuze

Dag 15

Ontbijt
- 120 g cottage cheese
- 1 medium peer in plakjes
- 1 kop groene thee

Lunch
- *Aubergine met Parmezaanse kaas*
- 1 kop groene thee

Diner
- Gegrilde of gebraden mager kalkoengehakt (grote portie)
- Gemarineerde groentesalade
- 1 kop groene thee

Tussendoortjes
- 2e portie fruit naar keuze
- 2e portie probiotica naar keuze

Dag 16

Ontbijt
- *Spaanse omelet*
- ½ grapefruit of een medium sinaasappel
- 1 kop groene thee

Lunch
- *Pittige yoghurtdip met groenten*
- 1 kop groene thee

Diner
- Geroosterde kalkoenfilet of andere magere kalkoen, gestoomde worteltjes en gestoomde asperges
- 1 kop groene thee

Tussendoortjes
- 1 stuks vers fruit
- Bekertje yoghurt van ca. 180 ml

Dag 17

Ontbijt
- Smoothie: 120 ml acidophilusmelk en 150 g bessen of aardbeien

Mix alles in een blender
- 1 kop groene thee

Lunch
- *Supersalade*
- 1 kop groene thee

Diner
- Gestoomde bot of tong of andere platvis met citroenpeper
- Gestoomde broccoli
- 1 kop groene thee

Tussendoortjes
- 1 medium appel of ander seizoensfruit
- 2e portie probiotica naar keuze

Werkblad voor de versnelcyclus

Als je het werkblad hieronder gebruikt, kun je je maaltijden goed plannen. Leg de voedingsmiddelenlijst ernaast en vul dan in wat je elke dag gaat eten.

Ontbijt
- Eiwit of probiotica
- Fruit

Lunch
- Eiwit of probiotica
- Reinigende groenten

Diner
- Eiwit
- Reinigende groenten

Tussendoortjes
- 2e portie fruit
- 2e portie probiotica

Aanvulling

- Vriendelijk vet

Je eetgewoontes kunnen op dit moment wel eens meer gruwelijk dan gezond zijn. Dit betekent dat het tijd wordt voor de rode kaart voor donuts, pizza's, superburgers, shakes en patat. Je maag staat op het punt wat gezondere inwoners te verwelkomen en ik ga jou helpen te begrijpen wat het is om je goed te voelen en het verband te zien tussen de keuzes die je maakt en hoe je je voelt. Tijdens de eerste zeventien dagen dat je dit dieet volgt, zul je een compleet nieuwe energie ervaren en je zult ook zien hoe snel dat gebeurt en hoeveel beter je je kunt voelen.

Ik zie je graag (hopelijk minder van jou!) in zeventien dagen terug!

Samenvatting

- Cyclus 1: Versnellen – geeft je gewichtsverlies een enorme zet.
- In deze cyclus verminder je je koolhydraatinname iets en verhoog je je eiwitinname.
- Deze cyclus ruimt suikers en gifstoffen op uit je lichaam om de weg vrij te maken voor gewichtsverlies.
- Gebruik mijn honger/verzadigingsmeter om je te helpen precies de juiste hoeveelheid voeding voor je lichaam te eten.
- Gebruik deze cyclus ook als middel om je gewichtsverlies weer snel aan te sturen als je ergens ooit de weg bent kwijtgeraakt en weer op het rechte pad moet komen.

De 17-minutenworkout

Twee vluggertjes

Nee, niet dat soort vluggertjes (hoewel je daar ook calorieën mee verbrandt). Waar ik aan denk zijn twee mini-aerobic-workouts: zeventien minuten in de ochtend en zeventien minuten 's middags of in de vooravond. De wetenschap heeft ons allang verteld dat bewegen je metabolisme in de uren erna aanjaagt, dus denk alleen maar: je krijgt tweemaal dat effect van 'naverbranding' als je die bewegingstijd door twee deelt. Aerobics omvat onder andere snelwandelen, jogging, hardlopen, bewegen op cardioapparatuur en alles wat verder je hart zeventien minuten lang harder laat pompen.

De vezelfactor

Iedereen is bekend met vezels. Dat zijn de onverteerbare delen van plantaardig voedsel die ons lichaam niet gebruikt voor energie. Vezels reizen door ons darmstelsel en creëren massa in de zachte ontlasting die gemakkelijk je lichaam verlaat. Zonder voldoende vezels krijg je last van verstopping.

Het 17 dagendieet bevat met opzet veel vezels. Steeds meer onderzoeken wijzen uit dat vezelrijke voeding helpt om kilo's kwijt te raken en ze er ook voorgoed af te houden. Vezels bereiken dat voornamelijk doordat ze je voedselinname beperken. Specifieker: vezelrijke voeding zorgt voor massa en stimuleert het vrijkomen van hongeronderdrukkende hormonen. Het gevolg is dat je tijdens het eten al verzadigd raakt, waardoor je veel minder geneigd bent om je te overeten. Bovendien moet je langer op vezelrijke voeding kauwen. Sommige voedingsmiddelen moet je wel 42 keer kauwen voordat je ze kunt doorslikken. Vezelrijke voedingsmiddelen kunnen zelfs negatieve calorieën bevatten. Omdat tegen de tijd dat je klaar bent met ze te kauwen, je daarmee meer calorieën hebt verbrand dan het voedsel zelf levert. Ook zorgt goed kauwen ervoor dat je langer plezier hebt van je maaltijd. En dat is mooi, omdat het, nadat je aan een maaltijd bent begonnen, twintig minuten duurt voordat je lichaam het signaal uitzendt dat je verzadigd bent. En als vezels samen met andere voedingsmiddelen worden gegeten, zorgen de vezels ervoor dat de spijsvertering trager verloopt, waardoor je tussen de maaltijden in minder trek krijgt.
Het binnenkrijgen van vezels zorgt ervoor dat je lichaam ook op een andere manier reageert. Wees er dus zeker van dat je een goed boek en zacht wc-papier bij de hand hebt. En natuurlijk is dat ook goed voor het afvallen. De vezels versnellen de tijd die voeding nodig heeft om door je darmen te gaan. En dat betekent weer dat er minder calorieën overblijven om opgeslagen te worden als vet.
Belangrijk: Als je te veel voeding eet met veel vezels zonder daarbij genoeg te drinken, dan moet je naar de drogist voor een laxeermiddel. Vezels hebben water nodig om door je systeem te kunnen bewegen; anders worden ze zo hard als een blok cement in je darmen.

Cyclus 2: verbeteren

4

Als je andere diëten hebt gedaan, weet je maar al te goed wat het standaardverloop is: je eet minder en je valt af. Althans, in het begin. Maar dan zie je het steeds langzamer gaan, totdat je uiteindelijk nauwelijks meer afvalt. Of zelfs helemaal niet meer. De natuurlijke neiging van je lichaam om zichzelf en je lichaamsvet te beschermen, krijgt hoe dan ook de overhand. Deze Verbetercyclus corrigeert dit fenomeen, door je metabolisme te herprogrammeren, zodat je lichaam in de vetverbrandingsstand blijft staan.

Deze cyclus is ook heel eenvoudig te volgen. Je wisselt namelijk de versneldagen van cyclus 1 af met de verbeterdagen van cyclus 2. Met andere woorden, je volgt deze cyclus door de ene dag het dieet van de Verbetercyclus te volgen en de andere dag het dieet van de Versnelcyclus. Dit doe je dus om en om, zodat je na zeventien dagen weer dichter bij je streefgewicht bent gekomen. Je kunt het ook op de volgende, gemakkelijke manier doen: op oneven dagen houd je je aan de Verbetercyclus en op de even dagen aan de Versnelcyclus.

De benadering om de Versneldagen af te wisselen met de Verbeterdagen is gebaseerd op het wetenschappelijk bewezen mechanisme van 'om-de-dag-vasten' (hoewel er met dit dieet geen sprake is van vasten in de letterlijke zin van het woord). In een notendop: dagen met weinig calorieën afwisselen met dagen met meer calorieën om op die manier vet te verliezen. Wetenschappers van de University of California hebben het initiatief genomen in dit geavanceerde onderzoek dat werd uitgevoerd met mensen en ratten (hoeveel van deze harige beesten in de loop van vijftig jaar zijn afgevallen om de mensheid voor obesitas te behoeden, is mij een raadsel).

In recente uitgaven van de *American Journal of Clinical Nutrition* zijn veel van deze studies gepubliceerd. Deze wetenschappers hebben intrigerende bevindingen naar voren gebracht. Afwisselend vasten kan:

- Aanzetten tot blijvend gewichtsverlies (geen frustrerende plateaus). Het gewicht dat wordt verloren, is voornamelijk afkomstig van vet.
- Het 'dun-gen' activeren. Dat gen vertelt je cellen dat ze moeten verbranden in plaats van vet vast te houden.
- Het risico op hartaandoeningen verminderen door de slechte cholesterol- en triglyceridespiegels te verlagen en bloeddruk en hartslag te verlagen.
- Je voedselinname afwisselen is een krachtig concept voor gewichtsbeheersing. Hieronder kun je lezen wat dit voor jou zal doen:
  - Maakt korte metten met lichaamsvet. In deze cyclus is je koolhydraatinname nog relatief laag. Als je minder koolhydraten binnenkrijgt, zullen je spieren opgeslagen koolhydraten vrijgeven om als energie gebruikt te kunnen worden. Dit wordt spierglycogeen genoemd. Als spierglycogeenspiegels dalen, zal over het algemeen het vetverbrandingsvermogen van het lichaam toenemen. Daarom is het logisch je koolhydraatinname te verminderen. Het gevolg is dat je lichaam sneller vet gaat verbranden.
  - Geeft momentum aan je metabolisme. Deze dieetstrategie lijkt het metabolisme te verhogen. Het laat je lichaam namelijk raden, in plaats van dat je je lichaam laat wennen aan dag in dag uit eten op eenzelfde manier. Net zoals je bij een workout dingen moet veranderen om te voorkomen dat je blijft stilstaan, zo moet je je lichaam niet laten wennen aan wat je eet. Waar het om gaat, is je metabolisme te choqueren om een positieve reactie uit te lokken.
  - Houdt je trek binnen de perken. In de Verbetercyclus kun je weer wat zetmeelachtige koolhydraten binnenkrijgen. Maar niet zo maar koolhydraten! Je zult natuurlijke, langzaam verteerbare koolhydraten eten zoals havermout, volkoren granen, bruine rijst, bonen en peulvruchten en zoete aardappel – een hele rits koolhydraten. Bij langzame koolhydraten duurt het langer voor ze je bloed bereiken, waardoor je je langer verzadigd voelt.
  - Voorkomt koolhydraatgevoeligheid. Koolhydraten zijn gunstig als het erop aankomt je lichaam hormonaal voor te bereiden op spierversterking als je beweegt. Ze zetten aan tot het vrijlaten van insuline dat eiwitten en koolhydraten in de spieren transporteert voor groei en herstel. De keerzijde is dat als je te veel koolhydraten binnenkrijgt, ze al heel snel in lichaamsvet wor-

den omgezet dat wordt opgeslagen. In de Verbetercyclus moet je je beperken tot niet meer dan twee porties langzame, natuurlijke koolhydraten per dag. Dit is de hoeveelheid die de meeste mensen – vooral vrouwen – lichamelijk aankunnen, terwijl ze dan toch hun vetmetabolisme goed kunnen onderhouden.
Een ander enorm verschil tussen de twee cycli is dat je van een veel grotere variëteit magere eiwitten kunt genieten, inclusief schaaldieren en rundvlees.

Dokter, kunt u mij vertellen, a.u.b.?

Zou het niet veel eenvoudiger zijn om dieetpillen voor te schrijven om af te vallen?
Farmaceutische bedrijven zijn altijd bezig om een nieuw medicijn voor gewichtsverlies te ontwikkelen, maar tot op heden hebben ze weinig geluk gehad. De *Food and Drug Administration* heeft in de afgelopen dertig jaar slechts drie medicijnen om obesitas te behandelen goedgekeurd. Waarvan er één – Redux – om veiligheidsredenen van de markt is gehaald. Ik weet niet wat ze met de overgebleven pillen hebben gedaan.
De medicijnen die zijn overgebleven – Xenical en Meridia – zijn middelmatig succesvol gebleken. Ik ben er geen voorstander van om pillen te slikken voor elk dingetje. Pillen pakken het probleem niet compleet aan. Door pillen voor te schrijven in plaats van veranderingen in lifestyle te bewerkstelligen, negeren artsen de ongezonde gewoontes die hebben bijgedragen aan obesitas. Een van deze dieetpillen, de 'vetblokker' Xenical, de merknaam van het medicijn orlistat, moet bij de meeste mensen samengaan met een caloriearm dieet om het gewicht met ongeveer 5 procent te verminderen. Diëten zijn van vitaal belang, pillen of geen pillen.
Er komt ook nog een 'bah'-factor kijken bij dit medicijn. Vet wordt niet opgenomen, dus moet het ergens heen. En orlistatgebruikers hebben met schrik gemerkt waar dat naartoe was. Neem daarom altijd een extra onderbroek mee, of draag een luier!
Maar soms is de obesitas zo uit de hand gelopen dat het zelfs gevaarlijk kan zijn en dan zou ik een van deze medicijnen wel voorschrijven.

Het enige advies waar artsen meestal mee komen is: ophouden met snoepen, met het eten van vet, boter, nagerechten, superburgers – met andere woorden, het komt erop neer dat we willen dat je ophoudt met het eten van smakelijke dingen. Als we zouden kunnen, zouden we dat iedereen laten doen. Dan konden we tenminste ophouden om ons zorgen te maken over de obesitasepidemie en konden we ons richten op dingen als het genezen van een gewone verkoudheid en het invullen van verzekeringspapieren.

Algemene richtlijnen voor de Verbetercyclus

1. Doe de Verbetercyclus zeventien dagen lang. De Verbetercyclus bestaat uit het afwisselen van Verbeterdagen en Versneldagen.
2. Haal het vel van kip of kalkoen voordat je het vlees bereidt, of koop het al zonder vel.
3. Snijd al het zichtbare vet van vlees.
4. Over eieren: Je mag tot twee eieren per dag eten. Maar als je arts een hoge cholesterolwaarde heeft vastgesteld, mag je niet meer dan vier eidooiers per week. Het wit van de eieren mag je onbeperkt eten.
5. Blijf vers fruit en groenten eten voor ze in de groentela op een wetenschappelijk, biologisch experiment gaan lijken. Voor het gemak zijn diepvries en blik prima, maar wel met mate. Deze producten moeten echter ook ongezoet zijn.
6. Blijf alcohol en suiker vermijden waardoor je je lichaam helpt om gifstoffen af te voeren, je spijsvertering te verbeteren en vet te verbranden.
7. Eet niet meer dan twee porties per dag van de natuurlijke zetmeellijst.
8. Eet na 2 uur ’s middags geen fruit of natuurlijk zetmeel meer.
9. Eet langzaam en tot je voelt dat je verzadigd raakt; overlaad je maag niet. Gebruik mijn honger/verzadigingsmeter.
10. Drink elke dag acht glazen puur water van 250 ml. Totaal 2 liter dus.
11. Beweeg ten minste zeventien minuten per dag.

De wetenschap zegt...

Al één vetrijke maaltijd beschadigt je hart

Als je één maaltijd eet die heel veel vet bevat, schiet je bloeddruk omhoog, volgens een studie die werd uitgevoerd door Amerikaanse en Canadese wetenschappers. Ze gaven mensen een enkele maaltijd die geen of erg weinig vet bevatte (1 procent van de calorieën), of een maaltijd die juist heel veel vet bevatte (46 procent van de calorieën). De vetrijke maaltijd was een ontbijt van McDonalds; het gezondere ontbijt bestond uit ontbijtgranen en vetvrije yoghurt. Daarna werden de mensen blootgesteld aan stressvolle situaties, zoals spreken in het openbaar, mentale rekenvraagstukken en blootstelling aan lage temperaturen. Vergeleken met de mensen die de vetarme maaltijd kregen, lieten de mensen die de vetrijke maaltijd hadden gegeten, een grotere sprong in bloeddruk zien en ook werd er meer spanning op de bloedvaten waargenomen. Deze effecten kunnen schade toebrengen aan je cardiovasculaire gezondheid. Daarom nog maar weer eens: alles met mate!

Bron: *Journal of Nutrition*, april 2007

Val meer af: de voedingslijst van de Verbetercyclus

In de Verbetercylus voeg je nieuwe voedingsmiddelen toe aan wat je in de Versnelcyclus mocht eten. Die nieuwe voedingsmiddelen vind je hieronder.

Eiwitten

Voeg de volgende voedingsmiddelen toe:

Schaaldieren:

- Sint-jacobsschelpen/coquilles, krab, mosselen, oesters, garnalen

Mager vlees* (de magerste delen zijn afkomstig van het deel van het dier dat de meeste beweging heeft gekregen. Daarom is vlees van de bil, schouder en bovenpoot de beste keuze).

- Lendebiefstuk
- Kogelbiefstuk

- Ossenhaas
- Mager ribstuk
- Entrecote
- Rosbief
- Mager rundergehakt
- Tartaar
- Varkenshaas
- Varkensribkarbonade
- Varkenshaaskarbonade
- Varkenshamlappen
- Lamsbout
- Lamshaasje
- Kalfsschnitzels zonder paneermeel

* Mager vlees is vaak wat taaier. Je kunt dit magere vlees zachter maken door het in vetvrije vloeistoffen te marineren, zoals vruchtensap, vetvrije saladedressing of vetvrije bouillon.

Noot van de vertaler: Voordat je de lijst voedingsmiddelen leest die hieronder wordt weergegeven, eerst het volgende. In Amerika wordt bij het koken niet zoals bij ons in grammen, milliliters en dergelijke gerekend, maar in cups in vijf maten:

1 cup = 250 ml
½ cup = 125 ml
⅓ cup = 80 ml
¼ cup = 60 ml
⅛ cup = 30 ml

En waar wij een maatbekertje gebruiken om kleine hoeveelheden vloeibare ingrediënten mee af te meten, rekenen Amerikanen met lepels:

1 eetlepel = 15 ml
½ eetlepel = 7,5 ml
1 theelepel = 5 ml
½ theelepel = 2,5 ml
¼ theelepel = 1,25 ml

Droge ingrediënten worden in Amerika ook in cups berekend. Om nu misverstanden te voorkomen wat betreft de hoeveelheid voedingsmiddelen die Dr. Mike aanbeveelt, kun je het best een maatbeker gebruiken en de bovenstaande cupberekening aanhouden. Want een cup sla weegt immers veel minder dan een cup bruine bonen en daardoor zou de keukenweegschaal je meest gebruikte huishoudelijke apparaat worden, en dat is echt niet nodig. Daarom is het het handigste om zonder keukenweegschaal, maar met een goede maatbeker te werken. De kleine glazen maatbekers van Cuisine hebben aan de ene kant de cupmaatgeving en aan de andere kant de ml's. En ben je een keer in Amerika, neem dan een setje *cooking measuring cups* en *spoons* mee, dan is dat wel zo gemakkelijk. Je kunt ze ook via eBay. com voor een paar dollar aanschaffen. Even op de verzendkosten letten, want daar zit bij de diverse verkopers een groot verschil in!

Voor wie toch liever met een weegschaal werkt, staat de hoeveelheid gewicht achter de cupaanduiding in grammen.

Natuurlijk zetmeel

Granen: (1 portie = ½ cup bereid/gekookt = 125 ml in de maatbeker = ca. 70-90 g)

- Amaranth
- Bruine rijst
- Bulgur
- Couscous
- Gerst/gort
- Gierst
- Havermout
- Quinoa (spreek uit Kien-wah)
- Rijst met lange korrels (onder andere basmati)

Peulvruchten: (1 portie = ½ cup bereid/gekookt = 125 ml in de maatbeker = ca. 80-85 g)

- Doperwten
- Kidneybonen
- Kievitsbonen
- Kikkererwten
- Limabonen (boterbonen)
- Linzen
- Sojabonen

- Spliterwten
- Witte bonen
- Zwarte bonen

Zetmeelhoudende groenten (bereid/gekookt/gebakken)
- Breadfruit (1 portie = 1 cup = 250 ml in de maatbeker)
- Maïs (1 portie = ½ cup = 125 ml in de maatbeker = 80 g)
- Aardappel (1 portie = 1 medium aardappel)
- Zoete aardappel (oranje van binnen) (1 portie = 1 medium zoete aardappel)
- Winterpompoen (alle soorten) (1 portie = 1 cup = 250 ml in de maatbeker = ca. 110 g)
- Yam (zoete aardappel wit van binnen) (1 portie = 1 medium yam)

Reinigende groenten
(Dezelfde soorten als in de Versnelcyclus)

Fruit met laag suikergehalte
(Dezelfde soorten als in de Versnelcyclus)

Probiotica
(Dezelfde soorten als in de Versnelcyclus)

Vriendelijke vetten
(Dezelfde soorten als in de Versnelcyclus)

Smaakmakers
Smaakmakers en kruiden zijn met mate toegestaan: salsa, marinarasaus met een laag koolhydraatgehalte, sojasaus light, ketchup met laag koolhydraatgehalte, vetvrije zure room, vetarme, zoutarme bouillon, Truvia/stevia (een zoetstof gemaakt van natuurlijke ingrediënten die geen calorieën bevat), suikervrije jams en marmelades, plantaardige cooking spray*, vetvrije kazen (onder andere Parmezaanse), vetvrije sladressing, zout, peper, azijn, mosterd, kruiden en specerijen.

* *Noot van de vertaler*: cooking spray is in Amerika een even vaak gebruikt artikel als bij ons bak- en braadproducten. Ze zijn plantaardig, leveren nauwelijks calorieën en besparen je dus heel veel vet. Bij be-

paalde vitaminewinkels en bij supermarkten met een Amerikaans aanbod zijn ze te koop. En op internet; zie interessante websites achter in het boek. Als je geen cooking spray wilt gebruiken, dan kun je een kookverstuiver vullen met olijfolie of lijnzaadolie. Ook dan bespaar je al flink op de hoeveelheid vet. De meeste winkels in huishoudelijke artikelen verkopen deze verstuivers, en anders vind je ze in de grote warenhuizen of kookwinkels. Vul hem niet helemaal: je doet met een kleine hoeveelheid erg lang, vul je hem helemaal dan kan de olie ranzig gaan ruiken.

Gemakkelijke maaltijdplanner

Op de Verbeterdagen eet je:

- Een ruime hoeveelheid proteïnen en reinigende groenten
- Dagelijks twee porties natuurlijk zetmeel (koolhydraten)
- Twee porties fruit met laag koolhydraatgehalte
- Twee porties probiotica
- Een dagelijkse portie vriendelijk vet (2 eetlepels)

Dit is een typische dag van de Verbetercyclus:

Ontbijt

- ½ cup warme ontbijtgranen of 2 eieren of 4 eiwitten, zonder olie bereid; 1 *Dr. Mike's Power Cookie*; of 1 portie probiotica.
- 1 portie fruit
- 1 kop groene thee

Lunch

- Ruime hoeveelheid eiwitten in de vorm van vis, schaaldieren, vlees of kip of eieren, of groenten plus 1 portie probiotica
- 1 portie natuurlijk zetmeel
- Ongelimiteerde hoeveelheid reinigende groenten
- 1 kop groene thee

Diner

- Ruime hoeveelheid eiwitten in de vorm van vis, schaaldieren, vlees, kip of kalkoen
- Ongelimiteerde hoeveelheid reinigende groenten
- 1 kop groene thee

Tussendoortjes
- 2e portie fruit
- 2e portie probiotica

Extra
- 1 portie vriendelijk vet (1 of 2 eetlepels olijfolie of lijnzaadolie om over salades te gebruiken of bij het koken)

Onthouden: Volg de ene dag van de Verbetercyclus op met een dag uit de Versnelcyclus. Dit doe je zeventien dagen om en om.

Zeventien voorbeeldmenu's

Hieronder kun je lezen hoe je je maaltijden tijdens de Verbetercyclus kunt maken. Je kunt ze precies zo volgen, of je kunt je eigen menu's samenstellen, gebaseerd op de richtlijnen die ik hiervoor heb gegeven. In hoofdstuk 14 staan de recepten van de maaltijden die *cursief* in de maaltijdplanner staan aangegeven.

Word-wakker-drankje

Zodra je opstaat, drink je elke ochtend een beker met 250 ml heet water. Pers er een halve citroen in uit; dit stimuleert je spijsverteringssappen. Je doel is om verdeeld over de rest van de dag nog zeven glazen van 250 ml water te drinken.

De snelheid waarmee je afvalt, wordt lager als je uitgedroogd bent. En als je uitgedroogd bent, neemt je lichaam niet goed alle voedingsstoffen op.

Dag 1

Ontbijt
- *Dr. Mike's Power Cookie*
- 1 verse perzik in partjes
- 1 kop groene thee

Lunch
- Kipsalade: gebakken of gegrilde kipfilet in reepjes, gemengde sla, 1 tomaat in plakjes, diverse slagroenten (komkommer, paprika,

radijsjes enzovoort), 2 eetlepels olijfolie gemengd met 4 eetlepels balsamicoazijn
- ½ cup bruine rijst, gekookt
- 180 ml suikervrije yoghurt met fruitsmaak
- 1 kop groene thee

Diner
- Gegrilde zalm
- Gestoomde groenten
- 1 kop groene thee

Tussendoortje
- Eiwitsmoothie: 250 ml acidophilusmelk of kefir gemixt met 150 g ongezoete diepvriesbessen (of aardbeien)

Dag 2

- Zie het Versnelmenu

Dag 3

Ontbijt
- Roerei van 2 eiwitten
- 1 kop groene thee

Lunch
- 1 grote kom *kipgroentesoep* of gegrilde kipfilet en veel gestoomde groenten
- 1 medium gebakken aardappel met 1 eetlepel vetvrije zure room (medium betekent dat de aardappel in de kom van je hand moet passen)
- 180 ml suikervrije yoghurt met fruitsmaak
- 1 kop groene thee

Diner
- Magere rundvleessteak, gegrild
- Groene sla met 1 eetlepel olijfolie en 2 eetlepels balsamicoazijn
- 1 kop groene thee

Tussendoortjes

- 150 g verse frambozen (of ander seizoensfruit) met 250 ml suikervrije yoghurt met fruitsmaak
- Mediterrane spread: ½ cup (ca. 75 g) kikkererwten (gepureerd en vermengd met 1 eetlepel olijfolie), geserveerd op plakjes komkommer

Dag 4

- Zie het Versnelmenu

Dag 5

Ontbijt

- ½ cup = 50 g gekookte havermout
- Roerei van 4 eiwitten
- 1 verse perzik in plakjes
- 1 kop groene thee

Lunch

- Garnalensalade: gekookte garnalen, 3 eetlepels gehakte ui, een ruime hoeveelheid sla, 1 grote tomaat en 1 eetlepel olijfolie
- 1 medium gebakken zoete aardappel
- 1 kop groene thee

Diner

- Varkenskarbonaadjes (lende of haas), gegrild of gebakken
- Gestoomde groenten
- 1 kop groene thee

Tussendoortjes

- 1 cup bosbessen (150 g) met 180 ml suikervrije yoghurt
- 180 ml suikervrije yoghurt of 250 ml kefir

Dag 6

- Zie het Versnelmenu

Dag 7

Ontbijt
- Roerei van 2 eieren (zonder olie bereid)
- 1 gebakken aardappel, in blokjes, gekruid en gebakken in een kleine koekenpan die is ingevet met plantaardige cooking spray
- 1 sinaasappel of ander vers seizoensfruit
- 1 kop groene thee

Lunch
- *Chili van zwarte boontjes*
- Grote salade met een dressing van 1 eetlepel olijfolie, 2 eetlepels azijn en kruiden
- 1 kop groene thee

Diner
- Gebakken hamburger van mager gehakt
- Tomaten in plakjes met vetvrije saladedressing
- Gestoomde sperziebonen of andere groenten
- 1 kop groene thee

Tussendoortjes
- *Kefirsmoothie*
- 180 ml suikervrije yoghurt

Dag 8

- Zie het Versnelmenu

Dag 9

Ontbijt
- 125 ml cottage cheese (½ cup) (indien verkrijgbaar de lightversie)
- 1 medium peer in plakjes
- 1 kop groene thee

Lunch
- Gegrilde kipfilet
- ½ cup (85 g) gekookte kievitsbonen (pintobonen)
- ½ cup (80 g) gekookte maïs
- 1 kop groene thee

Diner
- Gegrilde zalm
- Gestoomde broccoli
- Plakjes verse tomaat met een dressing van 1 eetlepel olijf- of lijnzaadolie en 2 eetlepels azijn en kruiden
- 1 kop groene thee

Tussendoortjes
- 1 medium appel
- 180 ml suikervrije yoghurt

Dag 10

- Zie het Versnelmenu

Dag 11

Ontbijt
- *Kefirsmoothie* (met 1 cup = 150 g bosbessen erdoorheen)
- 1 kop groene thee

Lunch
- Een flinke hoeveelheid gebakken hamburger
- 1 medium gebakken aardappel

Diner
- Een flinke hoeveelheid gegrilde of gebraden kalkoenborst (filet)
- Gestoomde asperges
- Grote salade met een dressing van 1 eetlepel olijf- of lijnzaadolie en 2 eetlepels azijn en kruiden

Tussendoortjes
- 1 medium sinaasappel
- 180 ml suikervrije yoghurt

Dag 12

- Zie het versnelmenu

Dag 13

Ontbijt
- *1 dr. Mike's Power Cookie*
- 1 medium peer in partjes
- 1 kop groene thee

Lunch
- Koolhydraatarme *Primavera Delight*
- 1 kop groene thee

Diner
- Een flinke steak of biefstuk
- Grote salade met een dressing van 1 eetlepel olijf- of lijnzaadolie en 2 eetlepels azijn en kruiden
- 1 kop groene thee

Tussendoortjes
- Yoghurtshake (met fruit erdoorheen)
- 2e portie probiotica

Dag 14

- Zie het Versnelmenu

Dag 15

Ontbijt
- 1 cup (70 g) suikervrije cereals (krokante volkorenmuesli of iets der-

gelijks) met 180 ml suikervrije yoghurt (Let op: deze hoeveelheid cereals staat voor 2 porties natuurlijk zetmeel voor de hele dag)
- 1 kop groene thee

Lunch
- Fruitsalade: ½ cup (120 g) cottage cheese met fruit in blokjes gesneden (½ cup = 70 g aardbeien en ½ cup = 75 g perzik) op een flinke hoeveelheid sla (botersla/kropsla smaakt het lekkerste in combinatie met fruit)
- 1 kop groene thee

Diner
- Gegrilde varkenskarbonaadjes (haas of lende)
- Gestoomde of gekookte (zuur)kool
- Grote salade met een dressing van 1 eetlepel olijf- of lijnzaadolie en 2 eetlepels azijn en kruiden
- 1 kop groene thee

Tussendoortjes
- 1 medium appel of peer
- 2e portie probiotica

Dag 16

- Zie het Versnelmenu

Dag 17

Ontbijt
- 2 gekookte eieren (of roerei, gepocheerd, zonder olie bereid)
- 1 cup = 150 g verse bessen of aardbeien
- 1 kop groene thee

Lunch
- Gegrilde kipfilet
- 1 medium zoete aardappel of ½ cup = 110 g pompoenpuree
- ½ cup = 80 g gekookte maïs

- 1 kop groene thee

(*Let op:* de portie zoete aardappel en maïs of pompoenpuree en maïs staan voor 2 porties natuurlijk zetmeel voor de hele dag)

Diner

- Gegrilde of gekookte garnalen
- Gestoomde sperziebonen
- Grote salade met een dressing van 1 eetlepel olijf- of lijnzaadolie en 2 eetlepels azijn en kruiden
- 1 kop groene thee

Tussendoortjes

- 1 medium sinaasappel of nectarine
- 2e portie probiotica naar keuze

De slanke 17

Spicey! Zeventien manieren om groenten en andere voedingsmiddelen extra smaak te geven.

Als je op dieet bent, moet je extra creatief zijn. Hieronder staan zeventien suggesties waarmee je de meeste smaak aan je eten geeft, zonder extra vet of suiker toe te voegen.

1. Basilicum. Basilicum voegt veel smaak toe aan gerechten met tomaten. En ook bij gevogelte smaakt het verrukkelijk.
2. Bouillon. Gebruik zoutarme bouillon, bijvoorbeeld kippen- of runderbouillon, om vlees mee te sauteren en om smakelijke rijst te koken zonder dat je vet hoeft toe te voegen.
3. Cayennepeper. Een piepklein beetje is al genoeg om chili, bepaalde pompoensoorten en saladedressings net dat beetje extra te geven. Een extra bonus is dat cayennepeper kan helpen om je trek te onderdrukken. Uit een onderzoek, dat in juni 2005 werd gepubliceerd in de *International Journal of Obesity*, bleek dat als een groep mannen en vrouwen 900 mg cayennepeper een half-uur voor de maaltijd innam, ze zich verzadigder voelden en hun calorie- en vetinname afnamen.
4. Bieslook. Voeg 1 deel bieslook aan 3 delen spinazie toe en kook of stoom dat gedurende 3 minuten.

5. Kaneel. Sprenkel deze zoete specerij over je havermout, warme ontbijtgranen of koffie. In een onderzoek uit 2003 dat werd gepubliceerd in *Diabetes Care*, bleek dat al een kleine hoeveelheid als 1 g kaneel de bloedglucose en cholesterolspiegels bij diabetes type 2 omlaag bracht.
6. Dille. Bekend als inmaakkruid. Maar dille is ook heerlijk op vis, worteltjes en in salades. Om een snelle dipsaus te maken, meng je dille door gewone yoghurt en serveer je dat met plakjes komkommer.
7. Knoflook. Dit is universeel inzetbaar. Heel lekker door aardappelpuree of in saladedressings.
8. Mierikswortel. Stap af van jus, en neem mierikswortel om vlees extra smakelijk te maken. Of pureer het door cottage cheese samen met knoflook en peper voor een gezonde plantaardige dip of op je gebakken of gepofte aardappel.
9. Italiaanse kruiden (meestal een combinatie van oregano, rozemarijn, basilicum, tijm en majoraan). Strooi dat over kip, pompoen, groenten en tomaten.
10. Citroen. Knijp vers citroensap over salades, groenten en vis. De schil kun je raspen*. Dit geeft een extra pittige smaak aan gevogelte, groenten en salade.
11. Munt. Er gaat niets boven verse munt uit je eigen tuin (of van eigen balkon). Maar ook gedroogde munt heeft veel smaak. Lekker in de thee, bij fruit en in gewone yoghurt.
12. Mosterd. Dijonmosterd voegt heel veel pit toe aan veel gerechten, van kalkoenburgers tot gebakken aardappeltjes.
13. Rozemarijn. De geurige, naaldvormige blaadjes van dit houtachtige kruid zijn vooral geschikt voor lamsvlees en vis en in elk gerecht met bonen, tomaten, uien, aardappelen of bloemkool.
14. Salie. Dit mediterrane kruid smaakt vooral goed in gerechten op basis van tomaten, en ook bij bonen, tonijn, kip of kalkoen.
15. Dragon. Deze verrukkelijke smaakmaker zorgt ervoor dat salades en kip nog lekkerder worden. Zeer geschikt in saladedressings; probeer eens dragonazijn gemend met olijf- of lijnzaadolie.
16. Tijm. Een familielid van de muntfamilie. Smaakt heel goed bij worteltjes, bloemkool, spruitjes en rundvlees.

17. Azijn. Probeer eens ciderazijn (appelazijn) op gekookte spinazie, kruiden- of frambozenazijn op sla, rijstazijn in de kipsalade en maltazijn op gebakken vis.

* *Noot van de vertaler:* Als je geraspte citroenschil wilt gebruiken, moet je de citroen eerst met een borstel en afwasmiddel schoonschrobben. Citroenen worden aan de boom namelijk ingespoten met een schimmelwerend middeltje dat niet goed voor je is en dat je er niet af krijgt met alleen water. Een met afwasmiddel goed schoongeborstelde citroenschil kun je echter zonder problemen gebruiken.

De wetenschap zegt...

De waarheid over High-Fructose Corn Syrup (HFCS)

Wie in Amerika is geweest en televisie heeft gekeken, heeft ongetwijfeld de commercials gezien over de voordelen van High-Fructose Corn Syrup. Allereerst zeggen ze in de commercial dat HFCS niet slechter is dan suiker. Nu, dat is ongeveer hetzelfde als zeggen dat sigaren niet slechter voor je zijn dan sigaretten. Ten tweede vertelt men in de commercial dat HFCS natuurlijk is omdat het is gemaakt van maïs. Kom op zeg, dat is ethanol ook en dat slurp je ook niet op.

Laat me dit eens even rechtzetten. HFCS is een goedkope, dikke zoetstof die wordt gebruikt in frisdrank, vlees, kaas en tientallen andere voedingsmiddelen. Recente wetenschappelijke onderzoeken hebben veel gezondheidsproblemen over deze stroop naar voren gebracht.

HFCS:

- Wordt in verband gebracht met obesitas. Een steeds stijgende consumptie van HFCS houdt gelijke tred met de stijging in obesitas. Ook wordt HFCS snel omgezet in lichaamsvet, waarbij in sommige gevallen zelfs helemaal geen energie voor het lichaam vrijkwam. Eén blikje frisdrank per dag (het equivalent van 10 theelepels suiker) kan per jaar tot een toename van 5 kilo lichaamsvet leiden!

- Verhoogt triglyceriden, die bekendstaan als risicofactor voor hartaandoeningen. Ook vindt bij mensen met verhoogde triglyceriden een overproductie plaats van een chemisch bestanddeel dat de superoxiderende vrije radicaal wordt genoemd. Deze moleculaire zakkenroller kan een scala aan celstructuren beschadigen, inclusief je DNA en hij wordt er ook van verdacht veroudering in de hand te werken.
- Laat je bloeddruk stijgen, een ander risico voor hartaandoeningen.
- Zorgt ervoor dat je lichaam te veel insuline produceert. Een hoge insulineproductie is een van de eerste tekenen van diabetes type 2.
- Wordt in verband gebracht met een niet-alcohol gerelateerde vette leverziekte. Dit is de meest voorkomende vorm van progressieve leverziekte in Amerika. Bij deze ziekte raakt je lever ontstoken en vol littekens. Op dit punt kan het cirrose of leverkanker veroorzaken en uiteindelijk leiden tot leverfalen.
- Heeft in een klein onderzoek uitgewezen dat het de kankercellen in de pancreas aanzet tot woekeren. Wetenschappers hebben deze kankercellen in petrischaaltjes gedaan en ze gevoed met glucose en fructose (fructose is een suiker in HFCS). De cellen schrokten de fructose op en lieten de glucose links liggen.

Zou je dus minder HFCS moeten consumeren? Ja! Beperk je inname van alle toegevoegde zoetstoffen, inclusief HFCS, fructose, sucrose (tafelsuiker), glucose en maïsstroop. Als arts zou ik je zelfs willen aanraden om helemaal geen frisdrank en fruitsap meer te nemen.
Bronnen: *World Journal of Gastroenterology, 2010;* en *Cancer Research, 2010*

Noot van de vertaler: Er bestaat onduidelijkheid of HFCS nu wel of niet verboden is in Nederland en België. Het wordt echter in veel (Nederlandse) producten gebruikt. En er zijn Amerikaanse voedingsmiddelen te koop bij speciaalzaken die HFCS bevatten. Door het bedrieglijke fructose, denken mensen dat het iets met fruit te maken heeft. En de vertaling maïsstroop zet mensen ook op het verkeerde been. HFCS kan bovendien erg veel kwik bevatten, en dat is al genoeg om nooit iets met HFCS te eten of te drinken. Kwik is vooral gevaarlijk voor kleine kinderen omdat ze gezien hun lichaamsgewicht veel te veel kwik binnen kunnen krijgen. Maar ook voor volwassenen is het zeer ongezond. Vermijd deze levensmiddelen absoluut en om dat te kunnen doen moet je heel goed de etiketten lezen. HFCS wordt vertaald als: glucose-fructosesiroop, glucose-siroop en fructose-siroop.

Werkblad voor de Verbetercyclus

Het werkblad hieronder kan je helpen om je maaltijden goed te plannen. Leg de voedingsmiddelenlijst ernaast en vul in wat je elke dag gaat eten.

Verbeterdagen

Ontbijt
- Eiwit of probiotica
- Portie natuurlijk zetmeel
- Fruit

Lunch
- Eiwit of probiotica
- Portie natuurlijk zetmeel
- Reinigende groenten

Diner
- Eiwit
- Reinigende groenten

Tussendoortjes
- 2e portie fruit
- 2e portie probiotica

Aanvulling
- Vriendelijk vet

Versneldagen

Ontbijt
- Eiwit of probiotica
- Fruit

Lunch
- Eiwit of probiotica
- Reinigende groenten

Diner
- Eiwit
- Reinigende groenten

Tussendoortjes
- 2e portie fruit
- 2e portie probiotica

Aanvulling
- Vriendelijk vet

Samenvatting

- Cyclus 2: Verbeteren – is gebaseerd op 'om-de-dag vasten', waarbij je dagen met een lage calorie-inname afwisselt met dagen met een wat hogere calorie-inname. In cyclus 2 wissel je de Verbeterdagen af met de Versneldagen.
- Door je dieetdagen af te wisselen, blijft je metabolisme op peil en dat helpt om die gevreesde 'plateaus' (stilstand) te voorkomen.
- In deze cyclus wordt meer voeding, zoals natuurlijke koolhydraten, opgenomen in je dieet.

Tegen de tijd dat je klaar bent met de Verbetercyclus, vooropgesteld dat je niet gesmokkeld hebt, zou je al zo veel afgevallen moeten zijn dat je kleren om je heen slobberen. Blijf gefocust, want je doet het geweldig!

Cyclus 3: veranderen

5

Je bent nu 34 dagen aan het 17 dagendieet bezig. Ja, ik houd het wel bij. We zouden nu minder van jou moeten kunnen zien, aangezien patat en snackrepen zich niet langer op je heupen kunnen vastzetten. Je ziet er fantastisch uit, je kleding past perfect en je bent blij met je vorderingen, mag ik hopen.

Nu is de tijd om nieuwe voedingsmiddelen toe te voegen, inclusief voeding zoals pasta. Pasta is overigens geen aartsvijand van het menselijk lichaam. Porties zo groot als het Monument op de Dam echter wel. In cyclus 3 zijn alle voedingsgroepen vertegenwoordigd en er ligt nog steeds nadruk op niet-zetmeelhoudende groenten en mager eiwit. Je kunt nu ook weer genieten van alcohol, met mate natuurlijk, tenzij je moet rijden, jonger bent dan 18, zwanger bent, een bom moet ontmantelen of in een kerncentrale werkt. Dan drink je dus niet.

In deze cyclus eet je met mate, en blijf je ook aan aerobicbeweging doen die goed is voor je cardiovasculaire systeem, alleen wil ik dat je de tijd van je workouts opvoert.

Er zijn in deze cyclus minder voedingsregels. En ja, wat je eet als je aan het aanrecht staat of terwijl je in de pannen roert, telt ook mee voor je dagelijkse voedselinname. Ik noem dit de Verandercyclus omdat een van de belangrijkste doelen is jou te helpen met het bereiken van goede eetgewoonten voor de rest van je leven. Daarbij horen portiecontrole, maaltijden op regelmatige tijden en natuurlijk gezonde voeding.

Een aantal van jullie zal haar of zijn streefgewicht al hebben gehaald, vooral als je maar 5 tot 7,5 kilo moest afvallen. Gefeliciteerd. Je krijgt nu een doorgangspasje naar cyclus 4.

Voordat we beginnen aan Verandercyclus 3, gaan we het voor alle anderen eerst hebben over welke positieve veranderingen je hebt gezien en gemerkt en waar je nu van geniet. Kijk maar naar mijn checklist op deze pagina. Vink elke verandering aan die op jou van toepassing is. Kopieer deze checklist en plak hem op je ijskast, zodat deze lijst je een halt toeroept als je weer met je neus in de vriezer zit op zoek naar die enorme pizza die je vergeten bent weg te gooien.

Checklist

Je voortgang

- ☐ Ik ben al een leuk aantal kilo's kwijt.
- ☐ Mijn kleding past beter.
- ☐ Ik heb nu een kledingmaat minder.
- ☐ Ik heb meer energie.
- ☐ Mensen zien dat ik ben afgevallen en geven me complimentjes.
- ☐ Ik ben gemotiveerder om mijn lichaam met respect te behandelen.
- ☐ Ik heb minder honger.
- ☐ Ik slaap beter.
- ☐ Mijn huid ziet er mooier uit.
- ☐ Mijn stoelgang is verbeterd.
- ☐ Mijn buik is platter.
- ☐ Ik voel me lichter.
- ☐ Ik heb minder trekaanvallen.
- ☐ Mijn humeur is beter.

De snelheid waarmee je afvalt in cyclus 3

Tot nu toe bent je bliksemsnel afgevallen, zo ongeveer dan. Je moet er rekening mee houden dat in cyclus 3 je gewichtsverlies wat langzamer gaat. Ik zeg je dit zodat je niet teleurgesteld zult zijn als je op de weegschaal staat, je dieet het raam uit smijt en jezelf belooft om dan maar op 1 januari volgend jaar weer te beginnen.

Het doel van deze cyclus is gezonde eetgewoontes aan te leren en een hanteerbaar, regelmatig gewichtsverlies te bereiken. Dus, ontspan je en geniet van de toevoeging van brood en pasta, meer fruitsoorten en groenten, vet en snacks. En zelfs alcohol, met mate, dus één alcoholisch drankje per dag.

Oké, nu ik je heb laten weten dat het afvallen de komende 17 dagen wat langzamer zal gaan, laat me je dan ook vertellen hoe je dat toch weer wat kan versnellen in cyclus 3. Dat kan op drie manieren:

1. **Voer je aerobicbewegingen op**
   Aerobicbewegingen, zoals wandelen, joggen, fietsen of aerobiclessen, zijn de beste manier om vet te verbranden en je gewichtsverlies te versnellen. Dus als je dit minstens zeventien minuten per dag hebt gedaan, is het nu tijd om daar wat minuten aan toe te voegen. Mik voor de meeste dagen van de week op 45 tot 60 minuten aerobicbeweging.

2. **Blijf na 14.00 uur weg van koolhydraten**
   Tijdens cyclus 1 en 2 heb ik je aanbevolen om na 2 uur 's middags geen koolhydraten meer te eten. Als je goed je best hebt gedaan om je spier- en leverglycogeen te verversen tijdens de dag – en dat doen koolhydraten – dan zullen alle overbodige koolhydraten in de namiddag en in de avond – de tijd waarop je het minst actief bent – direct worden omgezet in vet. In cyclus 3 mag je echter weer koolhydraten bij het avondeten. Maar als je je gewichtsverlies wilt versnellen, blijf er dan na 2 uur 's middags ver weg van.

3. **Vergeet alcohol**
   Ik weet het. Ik heb zojuist toestemming gegeven voor alcohol in cyclus 3. Maar je moet je ervan bewust zijn dat alcohol een flinke spaak in het wiel van gewichtsverlies kan steken. Alcohol betekent spanning voor je lever, die daarop reageert door langzamer zijn andere functies uit te voeren, zoals vetverbranding. Ook droogt alcohol uit en zal watergewicht op de weegschaal te zien zijn. Als je meer wilt afvallen in cyclus 3, vergeet je de alcohol.

Richtlijnen Verandercyclus

1. Doe de Verandercyclus zeventien dagen.
2. Omdat je nu meer voedingsmiddelen mag eten, is het tijd om je eiwitporties te leren beheersen. In plaats van ruime hoeveelheden proteïnen, zoals in de vorige twee cycli, beperk je nu een portie vis, gevogelte of vlees tot de afmeting van ongeveer een gemiddeld keukensponsje.
3. Verwijder vel van kip en kalkoen voordat je ze kookt of bakt of koop ze meteen zonder vel.
4. Snijd al het zichtbare vet van vlees.
5. Je mag tot twee eieren per dag eten. Maar beperk je tot vier eidooiers per week als je arts je heeft verteld dat je een hoog cholesterolgehalte hebt. Het wit van eieren kan onbeperkt worden gegeten.
6. Geniet zo veel je kunt van verse groenten en vers fruit. Omdat het gemakkelijk is, zijn diepvries en blik ook goed, maar wel met mate. Diepvries- en blikfruit moeten ongezoet zijn.
7. Je mag één alcoholisch drankje per dag: 150 ml wijn, 360 ml bier of 45 ml sterkedrank als je dat wilt. Opgelet: Ik zeg één! Als je naar een feestje gaat, neem dan één drankje en drink de rest van de avond alcoholvrije, calorievrije drankjes zoals water met een smaakje. Het voordeel hiervan is ook nog dat je nooit meer te maken krijgt met die gênante karaokemomenten op het uitje van je werk. Onthoud alsjeblieft dat alcohol een uitdrogend effect heeft en vetverbranding en gewichtsverlies kan verstoren. Maar één drankje per dag kan een positief effect hebben op je cholesterolspiegels. Er komt steeds meer bewijs dat middelmatig drinken het risico op hartinfarcten kan verminderen.
8. Eet niet meer dan twee porties uit de dagelijkse natuurlijke koolhydratenlijst.
9. Maak je er niet druk om als je niet alles eet wat je elke dag mag eten. Als je je tweede portie zuivel of koolhydraten vergeet, of als je al genoeg hebt door je andere eten, dan is dat prima.
10. Eet langzaam en alleen maar tot je verzadigd raakt; overlaad je maag nooit.
11. Voer je wekelijkse aerobicbewegingen op. Beweeg minstens 150 tot 300 minuten per week, afhankelijk van je fysieke conditie (vijf sessies van dertig minuten of vijf sessies van zestig minuten).

Dokter, kunt u mij vertellen, a.u.b.?

Wat is de beste tijd van de dag om aan beweging te doen?

Het korte antwoord: de beste tijd van de dag om te bewegen is de tijd die jou het beste uitkomt.

Gelukkig zijn er wat wetenschappers die zich aan deze vraag hebben gewaagd. Maar wetenschappers zijn net de juryleden van *American Idol*: ze zijn het nergens over eens.

Als het om beweging in de ochtend gaat, zo geeft een onderzoek aan, verbranden mensen 10 procent meer vetcalorieën tijdens hun workout. Bodybuilders, die geen wetenschappers zijn, zweren bij beweging in de ochtend, nog voor hun ontbijt. Volgens hen is dat de beste tijd om vet kwijt te raken. Aangenomen wordt dat na een nacht slapen je koolhydraatvoorraad laag is, waardoor je lichaam wordt gedwongen om aan je opgeslagen vet te beginnen om brandstof te krijgen. Maar wat weten bodybuilders hier nu van? Ze komen alleen uit de sportschool om aan wedstrijden mee te doen en om nog meer eiwitpoeder te kopen.

De meeste artsen zullen het met me eens zijn wat betreft het volgende: Probeer niet voor je ontbijt te bewegen onder de volgende omstandigheden: (1) als je aan diabetes lijdt of last hebt van een lage bloedsuikerspiegel, omdat je dan misselijk en duizelig kunt worden; (2) als je niet echt een ochtendmens bent en een workout in de vroege ochtend even aantrekkelijk vindt als herhalingen van *Nederland in beweging*.

Wat betreft beweging in de avonduren: recent onderzoek van Italiaanse wetenschappers laat zien dat vrouwen die 's avonds lopen, meer vet verbranden dan vrouwen die dat 's morgens doen. Waarom dat zo is, is echter niet duidelijk geworden.

Nogmaals, er is geen slechte tijd om te bewegen, behalve misschien nu, omdat je naar ik hoop dit hoofdstuk aan het lezen bent.

De wetenschap zegt...

Als je toch alcohol wilt drinken bij dit dieet, drink dan rode wijn.

Oké, we zijn weer terug bij het alcoholprobleem. Ik wil graag het intrigerende onderzoek met je delen, dat is gedaan naar een van mijn favoriete voedselgroepen: rode wijn. Eerder heb je kunnen lezen dat rode wijn een hartbeschermend ingrediënt bevat, resveratrol, dat echt alles doet, behalve je naar de maan vliegen. Het schijnt dat resveratrol ook het aantal vetcellen in iemands lichaam kan verlagen, en wetenschappers verwachten dat dit op een dag kan worden gebruikt bij het voorkomen of behandelen van obesitas. Enige jaren geleden namen onderzoekers van de Universiteit van Ulm in Duitsland een streng menselijke voorlopers van vetcellen, pre-adipocyten genoemd om ze te onderzoeken. In het lichaam zijn dit de babycellen, die zich in volwassen vetcellen ontwikkelen.

In dit op cellen gebaseerde onderzoek zagen de wetenschappers dat resveratrol voorkwam dat de pre-vetcellen zich vermeerderden en ze voorkwamen dat ze in volwassen vetcellen veranderden. Ook verhinderde resveratrol de vetopslag.

Als je aan Franse vrouwen denkt, klinkt dit logisch. Franse vrouwen zijn erg slank, ondanks het feit dat ze een vetrijk dieet eten en veel wijn drinken. Het is zelfs zo dat volgens de laatste statistieken Franse vrouwen de laagste BMI hebben van Europa. BMI is een meting van gewicht en lengte.

Wetenschappers denken dat de resveratrol in wijn een vetverbrander is – en dat Fransen daarom enorm veel vet kunnen eten en toch dun blijven.

Bron: *American Journal of Clinical Nutrition, 2010*

Aangevulde voedingslijst van de Verandercyclus

Voeg voedingsmiddelen aan je dieet toe waar dat staat aangegeven, als aanvulling op de toegestane voeding van de eerste twee cycli.

Eiwitten

- Vis en schaaldieren (uit de Versnel- en Verbetercyclus)
- Mager vlees (uit de Versnel- en Verbetercyclus)
- Gevogelte (uit de Versnel- en Verbetercyclus, inclusief eieren en eiwit)

Aanvullend gevogelte

- Cornish hen

- Kwartel
- Fazant
- Kalkoenbacon light (minder vet) of kalkoenworstjes of kalkoenfilet voor op brood
- Canadese bacon

Natuurlijk zetmeel

Brood (1 sneetje = 1 portie)
- Fijn volkoren
- Vezelverrijkt brood
- Glutenvrij brood
- Meergranenbrood
- Moutbrood
- Suikervrij brood
- Pumpernickel (heel donker brood – lees het etiket voor de hoeveelheid suiker!)
- Roggebrood
- Volkoren bagel (½ bagel = 1 portie)
- Volkoren pitabroodje
- Volkoren tortilla (25 cm doorsnede)

Cereals (ontbijtgranen) met een hoog vezelgehalte (1 cup = 1 portie = ca. 70-75 g, tenzij anders aangegeven)
- All-Bran
- All-Bran extra
- All-Bran vlokken
- Fiber One
- Glutenvrije koude cereals
- Granola (crunchy muesli) suikervrij (½ cup = 1 portie = ca. 40-45 g)

Pasta (½ cup = 1 portie = 35 g gekookt)
- Volkorenpasta
- Glutenvrije pasta
- Vezelrijke pasta (volkoren varianten)
- Udon noodles

Groenten – ongelimiteerd
- Alle reinigende groenten
- Alfalfa
- Broccoli
- Rode pepers
- Koriander
- Venkel
- Druivenbladeren
- Kelp en ander eetbaar zeewier
- Koolraap
- Peultjes
- Rabarber
- Zomerpompoen
- Boerenkool
- Turkse spinazie
- Courgette

Waar het op neerkomt: vrijwel alle groentesoorten

Fruit – 2 porties per dag*
- Abrikozen
- Bananen
- Kersen
- Krenten
- Vijgen
- Kiwi
- Kumquat
- Guave
- Mango
- Papaya
- Ananas
- Granaatappel
- Nectarine
- Mineola
- Vrijwel alle vers fruit

* Portie = 1 stuks vers fruit of 1 cup fruit in partjes of blokjes.

Let op: als je let op je suikerinname, beperk je dan tot fruit met een laag suikergehalte. Dit zijn onder andere appel, bessen (alle soorten, inclusief aardbeien), kersen, grapefruit, sinaasappel, perzik, peer en pruimen.

Probiotica, zuivel, zuivelvervangers: 1 tot 2 porties per dag

Let op: sommige mensen houden niet van zuivelproducten of kunnen ze niet goed verteren. Als dat ook op jou van toepassing is, dan zou je zuivelvervangende producten kunnen proberen (zie hieronder). Probeer minstens elke dag 1 portie uit deze lijst te eten als je aan de Verandercyclus bezig bent.

Probiotische voedingsmiddelen uit de Versnel- en Verbetercyclus

- Kaas met een laag caloriegehalte (brie, camembert, fontina, vetarme cheddar, Edammer, feta, geitenkaas, Limburgse kaas en mozzarella light; 1 portie = 60 g)
- Vetarme cottage cheese (1 portie = ½ cup is 120 g)
- Vetarme melk, inclusief magere melk (1 portie = 1 cup is 250 ml)
- Vetarme ricotta (1 portie = ½ cup is 120 g)
- Zuivelvervangers: suikervrije rijstmelk, amandelmelk of sojamelk (1 portie = 1 cup = 250 ml).

Vriendelijke vetten – dagelijks 1 tot 2 eetlepels, tenzij anders aangegeven

- Avocado (1 portie = ¼ vrucht)
- Canola-olie (1 portie = 1 eetlepel)
- Walnootolie (1 portie = 1 eetlepel)
- Mayonaise Light (1 portie = 2 eetlepels)
- Noten of zaden, droog (1 portie = 2 eetlepels)
- Caloriearme margarine (1 portie = 2 afgestreken eetlepels)
- Vetarme saladedressings (1 portie = 2 eetlepels)
- Saladedressing (1 portie = 1 eetlepel)
- Transvetvrije margarine (1 portie = 1 eetlepel)

Tussendoortjes (optioneel)

Al deze snacks bevatten minder dan 100 calorieën. En ze zijn nog vullend ook en leuk om te eten.

- Babybel vetarme kaasjes – 2 rondjes

- La Vache Qui Rit light – 2 driehoekjes
- Bevroren fruitrepen
- Waterijsje
- Graanreep, met minder suiker en minder vet
- Magnetronpopcorn, light (4 cups)
- IJssandwich suikervrij, vetarm
- Suikervrije pudding (1 bekertje)
- Kaasstaaf – 1 staafje

Makkelijke maaltijdplanning

De komende 17 dagen eet je elke dag:

- Aangegeven porties eiwitten van de uitgebreide lijst.
- Ruime hoeveelheden groenten van de uitgebreide lijst.
- Twee porties natuurlijk zetmeel van de uitgebreide lijst.
- Twee porties fruit van de uitgebreide lijst.
- Een tot twee porties probiotica, vetarme zuivel of zuivelvervangers.
- Een portie vet van de uitgebreide lijst (dit is dus naast de 1 tot 2 eetlepels olijf- of lijnzaadolie die je al standaard mag nemen).
- Tussendoortjes – optioneel.
- Dagelijks glas alcohol – optioneel.

Hierna een typische dag uit de Verandercyclus:

Ontbijt

- ½ cup warme volkoren ontbijtgranen (35 g); of 2 eieren of 4 eiwitten, bereid zonder olie; of 1 *Dr. Mike's Power Cookie*; of 1 portie probiotica
- 1 portie fruit

Lunch

- Afgepaste portie eiwit in de vorm van vis, schaaldieren, vlees, of kip of eieren; of groenten + 1 probiotica, portie zuivel of zuivelvervanger
- 1 portie natuurlijk zetmeel
- Ongelimiteerde hoeveelheid groenten

Diner
- Afgepaste portie eiwit in de vorm van vis, schaaldieren, vlees, of kip of kalkoen
- Ongelimiteerde hoeveelheid groenten

Tussendoortjes
- 2e portie fruit of
- 2e portie probiotica, of zuivel, of portie zuivelvervanger of
- Voeding uit de optionele tussendoortjeslijst

Toevoeging
- 1 portie vriendelijk vet (1 tot 2 eetlepels die je gebruikt over je salade, groenten of bij het koken en braden).

De wetenschap zegt...

Liposuctie heeft gezondheidsvoordelen

Denk je over liposuctie? Praat met je arts. Liposuctie brengt, net als andere ingrepen, risico's met zich mee. Maar liposuctie blijkt ook diabetes type 2 terug te draaien en cholesterol te verminderen.

Zoals ik al eerder heb geschreven, zorgt obesitas ervoor dat je lichaamscellen immuun worden voor insuline. Het gevolg is dat suiker je cellen niet kan binnenkomen en dat je bloedsuikerspiegel stijgt. Liposuctie schijnt dat proces terug te draaien. In een onderzoek dat door Brooklyn's Downstate Medical Center werd uitgevoerd, verwijderde een chirurg gemiddeld vijf kilo vet bij zeven jonge vrouwen met diabetes type 2. Na de ingreep verloren hun lichaamscellen hun insulineresistentie en werden hun bloedsuikerspiegels lager. Deze uitkomsten zijn intrigerend. Dit was maar een klein onderzoek, dus zal het erg interessant zijn om te zien of toekomstige onderzoeken naar liposuctie ook laten zien dat de insulineresistentie verbetert.

Het andere voordeel van liposuctie: het verwijderen van maar drie kilo vet kan je cholesterolniveau al dramatisch verlagen. Dat is de conclusie van wetenschappers van de University of Salzburg. Zij denken dat door het wegzuigen van slechts kleine hoeveelheden vet het metabolisme van patiënten al verbetert.

Hoewel mijn voorkeur is dat je je gezondheid op de ouderwetse manier een handje helpt – door dieet, beweging, vastberadenheid, wilskracht en toewijding – zijn deze onderzoeken veelbelovend.

Zeventien voorbeeldmenu's

Hier zie je voorbeelden hoe je menu's kunt opzetten tijdens de Verandercyclus. Je kunt deze menu's precies zo opvolgen, of zelf variëren, als je je maar aan de basisregels houdt.

Word-wakker-drankje

Drink elke ochtend zodra je uit bed komt een beker met 250 ml heet water. Knijp er het sap van een halve citroen in uit. De citroen stimuleert je spijsverteringssappen. Je doel is om aan het eind van de dag nog minstens zeven glazen water te hebben gedronken. De snelheid waarmee je lichaam calorieën verbrandt, wordt lager als je bent uitgedroogd. En als je uitgedroogd bent, dan neemt je lichaam ook voedingsstoffen niet goed op.

Dag 1

Ontbijt

- 1 sneetje volkorentoast
- 1 gepocheerd of zachtgekookt of hardgekookt ei
- ½ grapefruit
- 1 kop groene thee

Lunch

- Caesarsalade met kip: gegrilde kipfilet in stukjes; 2 cups (ca. 90 g) Romeinse sla; andere saladegroenten naar wens; 2 eetlepels caesardressing light
- 1 sneetje volkorentoast
- 1 portie vers fruit
- 1 kop groene thee

Diner

- Geroosterd varkenshaasje

- 1-2 cups (ca. 80 g) gemengde sla met 2 eetlepels vetvrije dressing
- 1 kop groene thee

Tussendoortjes
- 1 portie probiotica, zuivel of zuivelvervanger
- 1 waterijsje met fruitsmaak

Dag 2

Ontbijt
- 1 cup (ca. 70 g) vezelrijke ontbijtgranen
- 1 cup (250 ml) magere, vetarme of sojamelk of andere zuivelvervanger
- 1 cup (150 g) verse bessen
- 1 kop groene thee

Lunch
- Pitasandwich: 1 volkoren pitabroodje gevuld met gesneden sla en tomaat; 2 eetlepels verkruimelde feta (light of vetvrij); 1 eetlepel Italiaanse saladedressing
- 10 babyworteltjes
- 1 kop groene thee

Diner
- Barbecuekip: kipfilet met barbecuesaus gegrild of gaar gebakken
- Gestoomde groenten zoals asperges, sperziebonen, broccoli of bloemkool
- 1 kop groene thee

Tussendoortjes
- 2e portie fruit
- 1 ijsje light

Dag 3

Ontbijt
- 1 cup (250 ml) naturel yoghurt

- 1 banaan in plakjes
- 1 volkoren cracker
- 1 eetlepel jam om op je cracker of in de yoghurt te doen
- 1 kop groene thee

Lunch
- Gepelde garnalen (gekookt of gestoomd)
- ¼ cup (60 ml) cocktailsaus
- ½ cup (ca. 50 g) vetarme koolsalade (meng vetarme koolsalade-dressing door gesneden koolsalade)
- 1 medium gebakken zoete aardappel
- 1 kop groene thee

Diner
- Gegrilde of gebakken zalm
- Sperziebonen, gestoomd of andere groente
- 1 kop groene thee

Tussendoortjes
- 2e portie fruit
- 2e portie probiotica, zuivel of zuivelvervanger

Dag 4

Ontbijt
- 1 *Dr. Mike's Power Cookie*
- 1 cup (250 ml) magere, halfvolle, of sojamelk of een andere zuivel-vervanger
- 1 cup (150 g) verse bessen
- 1 kop groene thee

Lunch
- Mager gehakt, gebraden, vermengd met koolhydraatarme marinarasaus en geserveerd op ½ cup (ca. 50 g) volkoren of glutenvrije pasta
- 1-2 cups (40-80 g) gemengde sla met 2 eetlepels vetarme dressing
- 1 kop groene thee

Diner
- 1 grote kom *kipgroentesoep*
- 1 kop groene thee

Tussendoortjes
- 2e portie fruit
- 2e portie probiotica, zuivel of zuivelvervanger
- 1 vetarm ijsje

Dag 5

Ontbijt
- Roerei van 2 eieren
- 2 plakjes vetarme kalkoenbacon
- 1 cup (150 g) verse bessen
- 1 kop groene thee

Lunch
- Tonijnsandwich: tonijn uit blik met 1 eetlepel mayonaise erdoorheen, fijngehakte bleekselderij en ui en geserveerd op 2 sneetjes volkorenbrood
- 1 verse peer
- 1 kop groene thee

Diner
- *Koolhydraatarme Primavera Delight*
- 1 kop groene thee

Tussendoortjes
- 1 portie probiotica, zuivel of zuivelvervanger
- Een ijsje van 100 calorieën

Dag 6

Ontbijt
- 1 cup (250 ml) suikervrije fruityoghurt
- ½ cup (35 g) magere granola

- 1 portie vers fruit (bijvoorbeeld 1 perzik, ¼ cantaloupe, ½ grapefruit of 1 sinaasappel)
- 1 kop groene thee

Lunch
- Tomaat gevuld met krabsalade: mix echt krabvlees met 1 eetlepel lightmayonaise, 2 eetlepels fijngehakte bleekselderij en serveer dat op een ruime hoeveelheid sla
- Medium gebakken aardappel met 1 eetlepel vetvrije zure room; of ½ cup (80 g) bruine of basmatirijst
- 1 medium appel
- 1 kop groene thee

Diner
- Rosbief
- Courgette, gesauteerd met 1 eetlepel olijfolie en Italiaanse kruiden
- 1 kop groene thee

Tussendoortjes
- 2e portie probiotica, zuivel of zuivelvervanger
- 1 waterijsje

Dag 7

Ontbijt
- ½ cup (120 g) cottage cheese, vetarm of mager
- 1 cup (80 g) ananasstukjes, vers of uit blik in eigen sap
- 1 kop groene thee

Lunch
- Gegrilde kaassandwich: doe twee plakjes 20+ kaas en 2 plakken tomaat op twee sneetjes volkorenbrood en bak die in een kleine koekenpan die je licht met cooking spray hebt ingevet. Bak tot ze lichtbruin zijn aan beide kanten. Als je een speciale sandwichmaker hebt, gebruik je die, zonder vet.
- 1 cup (125 g) babyworteltjes of ander fijngehakte verse groente
- 1 kop groene thee

Diner
- Gebakken kippenpoten, zonder vel
- Gestoomde groenten
- 1-2 cups (40-80 g) gemengde sla met 2 eetlepels vetarme dressing
- 1 kop groene thee

Tussendoortjes
- 2e portie fruit
- 1 waterijsje

Dag 8

Ontbijt
- 1 *Dr. Mike's Power Cookie*
- 1 banaan in plakjes
- 1 cup (250 ml) magere of acidophilusmelk
- 1 kop groene thee

Lunch
- *Kalkoenchili*
- 1 portie vers fruit
- 1 kop groene thee

Diner
- Gegrilde zalm
- 1-2 cups (40-80 g) gemengde sla met 2 eetlepels vetarme dressing
- 1 kop groene thee

Tussendoortjes
- 1 portie probiotica, zuivel of zuivelvervanger
- 1 waterijsje

Dag 9

Ontbijt
- ½ cup (ca. 35 g) magere granola
- 180 ml suikervrije fruityoghurt

- 1 cup (150 g) verse bessen
- 1 kop groene thee

Lunch
- *Supersalade*
- 1 kop groene thee

Diner
- Sirloinsteak
- 1 medium gebakken aardappel met 1 eetlepel magere zure room erbovenop (optioneel)
- Gestoomde groenten zoals asperges, snijbonen, broccoli of bloemkool
- 1 kop groene thee

Tussendoortjes
- 2e portie fruit
- 1 ijsje (mager)

Dag 10

Ontbijt
- ½ cup (50 g) gekookte havermout
- ½ grapefruit
- 1 kop groene thee

Lunch
- *Salade Niçoise*
- 1 kop groene thee

Diner
- Gebakken kalkoenfilet
- 1 medium gebakken zoete aardappel
- Sperziebonen, gestoomd of andere groente
- 1 kop groene thee

Tussendoortjes
- 2e portie fruit
- 2e portie probiotica, zuivel of zuivelvervanger

Dag 11

Ontbijt
- *Spaanse omelet*
- 1 medium appel of peer
- 1 kop groene thee

Lunch
- Mager gehakt, gebraden, vermengd met koolhydraatarme marinarasaus en geserveerd op ½ cup (ca. 50 g) volkoren of glutenvrije pasta
- 1-2 cups (40-80 g) gemengde sla met 2 eetlepels vetarme dressing
- 1 kop groene thee

Diner
- *Sesamvis*
- Gestoomde sperziebonen
- ½ cup (110 g) pompoen
- 1 kop groene thee

Tussendoortjes
- 2e portie fruit
- 2e porti probiotica, zuivel of zuivelvervanger
- 1 mager ijsje

Dag 12

Ontbijt
- Roerei van 4 eiwitten
- 1 plak Canadese bacon
- 1 cup (ca. 130 g) meloenballetjes
- 1 kop groene thee

Lunch
- Kipsandwich: gegrilde of gebakken kipfilet met 1 eetlepel mayonaise erdoorheen, fijngehakte bleekselderij en ui en geserveerd op 2 sneetjes volkorenbrood
- 1 verse peer
- 1 kop groene thee

Diner
- 2 gebakken lamskarbonaadjes
- Gestoomde broccoli of bloemkool
- Gekookte worteltjes
- 1 kop groene thee

Tussendoortjes
- Probiotica, zuivel of zuivelvervanger
- 1 ijsje van 100 calorieën

Dag 13

Ontbijt
- 1 cup (250 ml) suikervrije fruityoghurt
- 1 portie vers fruit bijvoorbeeld 1 perzik, ¼ cantaloupe, ½ grapefruit of 1 sinaasappel
- 1 kop groene thee

Lunch
- Kalkoensandwich: vetarme kalkoen, 1 plak pittige 20+ kaas, mosterd, sla, plak tomaat tussen 2 sneetjes roggebrood
- 1 medium appel
- 1 kop groene thee

Diner
- Gebakken kipfilet
- Courgette, gesauteerd met 1 eetlepel olijfolie en Italiaanse kruiden
- 1 kop groene thee

Tussendoortjes

- 2e portie probiotica, zuivel of zuivelvervanger
- 1 waterijsje
- 1 kop groene thee

Dag 14

Ontbijt

- Roerei van 2 eieren
- 1 sneetje volkorenbrood
- 1 cup (ca. 80 g) ananasstukjes, vers of uit blik in eigen sap
- 1 kop groene thee

Lunch

- *Slawraps*
- 1 kop groene thee

Diner

- Kalkoenburger
- Patat light (ovenpatat is een goede optie, maar er bestaat ook echt patat light uit de diepvries)
- 1-2 cups (40-80 g) gemengde sla met 2 eetlepels vetarme dressing
- 1 kop groene thee

Dag 15

Ontbijt

- *Yoghurtsmoothie*
- 1 sneetje volkorenbrood
- 1 kop groene thee

Lunch

- Caesarsalade met kip: gegrilde kipfilet in stukjes; 2 cups (ca. 90 g) Romeinse sla; andere saladegroenten naar wens; 2 eetlepels caesar-dressing light
- 1 portie vers fruit
- 1 kop groene thee

Diner

- Geroosterd varkenshaasje
- 1 medium zoete aardappel of ½ cup (110 g) pompoenpuree
- 1 kop groene thee

Tussendoortjes

- 1 portie probiotica, zuivel of zuivelvervanger
- 1 waterijsje met fruitsmaak

Dag 16

Ontbijt

- 1 cup (70 g) vezelrijke ontbijtgranen
- 1 cup (250 ml) magere, acidophilusmelk of sojamelk of een andere zuivelvervanger
- 1 banaan in plakjes
- 1 kop groene thee

Lunch

- *Tacosalade*
- 1 kop groene thee

Diner

- *In de oven gebarbecuede kip*
- Gestoomde groenten zoals asperges, snijbonen, broccoli of bloemkool
- 1 kop groene thee

Tussendoortjes

- 2e portie fruit
- 1 mager ijsje

Dag 17

Ontbijt

- 1 cup (250 ml) naturel yoghurt
- 1 cup (150 g) verse bessen

- 1 eetlepel jam voor in de yoghurt
- 1 kop groene thee

Lunch
- Gepelde garnalen (gekookt of gestoomd)
- ¼ cup (60 g) cocktailsaus
- ½ cup (80 g) maïs
- 1 kop groene thee

Diner
- Steak/biefstuk
- 1 medium gebakken aardappel met 1 eetlepel zure room
- 1-2 cups (40-80 g) gemengde sla met een dressing van 1 eetlepel olie en 2 eetlepels azijn
- 1 kop groene thee

Tussendoortjes
- 2e portie fruit
- 2e portie probiotica, zuivel of zuivelvervanger
- 1 kuipje magere pudding

Werkblad voor de Verandercyclus

Het werkblad hieronder kan je helpen bij het goed plannen van je maaltijden. Leg de voedingsmiddelenlijst ernaast en vul in wat je elke dag gaat eten.

Ontbijt
- Eiwit of probiotica
- Portie natuurlijk zetmeel
- Fruit

Lunch
- Eiwit of probiotica
- Portie natuurlijk zetmeel
- Reinigende groenten

Diner
- Eiwit
- Reinigende groenten

Tussendoortjes
- 2e portie fruit
- 2e portie probiotica
- Optionele snack

Aanvulling
- Vriendelijk vet

Als je nog meer wilt afvallen

Als je aan het einde van cyclus 3 nog meer wilt afvallen, heb je verschillende mogelijkheden:

- Ga terug naar de Versnelcyclus en doe die zeventien dagen, ga dan verder met de Verbetercyclus, ook zeventien dagen en volg die op met zeventien dagen Verandercyclus, of
- Ga terug naar de Verbetercyclus voor zeventien dagen en volg die op met de Verandercyclus, ook zeventien dagen, of
- Ga door met de Verandercyclus tot je je streefgewicht bereikt.

Suggestie: Als je aan het eind van je eerste Verandercyclus al heel dicht bij je streefgewicht bent, kun je het best zeventien dagen de Versnelcyclus doen om je doel zo snel mogelijk te behalen.

Als je klaar bent met de 3e cyclus, sta er dan eens bij stil hoe goed het voelt om af te vallen. Je hebt al die verloren kilo's vervangen door een nieuw gevonden gevoel van zelfbeheersing, betere gezondheid en fitheid, loszittende kleding, aanhoudende complimentjes, beter uiterlijk, opwinding en een groot gevoel van trots. Ik weet dat het niet gemakkelijk was. Maar het voor elkaar krijgen om af te vallen, zal je echte bevrediging brengen – iets wat een Happy Meal nooit zal kunnen.

De wetenschap zegt...

Slaap en val af

Onderzoekers leren steeds meer over hoe kritiek slaap is bij het afvallen. Een goede nachtrust houdt belangrijke gewichtsverlies- en hongerhormonen in evenwicht, zodat je tevreden blijft over wat je eet. Slaapgebrek gooit de spiegels van deze hormonen door de war. Mensen die moe zijn, zijn bovendien minder geneigd gezonde keuzes te maken. Artsen hebben een lange geschiedenis van slaapgebrek, wat wel eens zou kunnen verklaren waarom zo veel artsen te dik zijn. Slaapgebrek gaat helemaal terug tot onze opleiding waarvoor we soms dertig uur achter elkaar moesten opblijven. Ik ben ooit eens heel even in slaap gesukkeld en heb mezelf toen bijna gewurgd met mijn stethoscoop.

Als je 's nachts niet genoeg tijd hebt om te slapen, probeer dan een kort krachtslaapje overdag te doen. Even slapen kan bijdragen aan gewichtsverlies volgens een onderzoek in de *American Journal of Physiology, Endocrinology, and Metabolism* (Dat zou fantastisch nieuws moeten zijn tenzij je een pasgeborene in huis hebt of als je de kans loopt om ontslagen te worden wegens slapen op het werk).

Hoe dan ook, het onderzoek bekeek de hormoonspiegels van 41 mannen en vrouwen die deel uit maakten van een zeven-dagen-slaaponthoudingsexperiment. De mensen die twee uur een dutje mochten doen, gevolgd door een nacht zonder slaap, vertoonden een significante daling van cortisol, een hormoon dat in verband wordt gebracht met hoge stressniveaus en gewichtstoename rond het middel.

Dus vergeet dat calorieën tellen, ga schaapjes tellen.

Dokter, kunt u mij vertellen, a.u.b.?

Waarom kan ik geen dieetfrisdrank drinken bij het 17 dagendieet?

Dat kan wel. Je moet het mij alleen niet laten weten.

Dieetfrisdrank klinkt als een droom voor diëters: je kunt zoveel naar binnen gieten als je wilt en niets daarvan komt op je dijbenen terecht. Toch? Fout! Dit bubbeldrankje heeft een stiekeme manier van werken om jou aan te laten komen. En dat gebeurt zo: dieetfrisdrank wordt gezoet met kunstmatige zoetstoffen die vele malen zoeter zijn dan gewone suiker. Die superzoete smaak wakkert onmiddellijk jouw natuurlijke verlangen naar calorierijke, zoetige dingen aan. Hoe meer je drinkt, hoe erger die trek wordt, waardoor je op een bepaald moment het echte snoep pakt. Drink dieetfrisdrank met mate, maar richt je meer op het drinken van gewoon water, water met koolzuur of water waar je wat citroensap in doet. Deze zorgen ervoor dat je trek in balans blijft zonder dat je een junkfoodvreetbui krijgt.

Samenvatting

- Cyclus 3: Verander. Dit is een gematigd, liberaal voedingsplan dat je een grote verscheidenheid aan gezonde voeding biedt, die je in de juiste hoeveelheden eet om je gewichtsverlies door te laten gaan.
- Tijdens cyclus 3 kan je gewichtsverlies wat langzamer gaan, maar dat kun je weer verbeteren door 1) meer aerobicoefeningen; 2) na 14.00 uur geen koolhydraten meer te eten; en 3) de optionele alcohol te laten staan.
- Het doel van cyclus 3 is je te helpen goede eetgewoontes te ontwikkelen.

Cyclus 4: volharden

6

Het is je gelukt! Applaus voor iedereen!

Je bent met het 17 dagendieet begonnen en je hebt besloten om dat maar zeventien dagen te doen. En dat werkte fantastisch, dus heb je besloten om het nog eens zeventien dagen vol te houden, en nog eens. Je had zo'n goed gevoel over jezelf en je was zo trots op wat je had bereikt, dat je hebt besloten om door te gaan tot je je doel had bereikt. En door die cycli van zeventien dagen achter elkaar te volgen, heb je dat doel bereikt.

Je bent de strijd tegen het vet aangegaan, en die heb je gewonnen! Nu is het zaak om dat vet ver van je af te houden, maar hoe doe je dat? Dat doe je met wat ik de Volhardencyclus noem. Omdat je het hebt afgemaakt en omdat je je streefgewicht hebt bereikt. Dit is een enorme prestatie, die sommige mensen nooit zullen leveren. Nu is het belangrijkste dat je ook op dit gewicht blijft.

Op dit punt in dit boek moet ik echt, echt heel eerlijk zijn en het met jou hebben over een groot, onbespreekbaar gegeven. Iets wat niemand wil toegeven.

Je zult altijd op een soort dieet blijven.

Je kunt niet terug naar je vroegere eetgewoontes en het gewicht er toch afhouden, omdat diezelfde eetgewoontes – zoals supergrote fastfoodmaaltijden en inactief zijn – in de eerste plaats dat hoge gewicht hebben gecreëerd. Dus moet je altijd op dieet blijven, als je het gewichtsverlies wilt behouden. En in dieetterminologie betekenen onderhoudsplannen echt niets anders dan het volgen van een ander dieet.

Enwatmagdatdanwelbetekenen? Dat ik altijd op dieet moet blijven?

Ja, dat is zo, je zult altijd op je gewicht moeten blijven letten. Sorry. Gewicht eraf houden is een beer, een grote, hongerige, grommende beer. Eenmaal een diëter, altijd een diëter.

Heb je dit begrepen? Oké, maar laten we er dan wel lol in hebben.

Wat ik voorstel als 'houd-het-eraf-strategie'? De weekenden vrij! Laten we er niet omheen draaien: weekenden zijn nog nooit bevorderlijk voor diëten geweest. Je maakt vrijdags promotie, dus eet je. Of je installeert je lekker op de bank om op vrijdag of zaterdag een film te kijken, en je eet. Of je gaat naar een feestje, en je eet. Het probleem is dat je leven verandert van vrijdag 18 uur tot bedtijd op zondag. Je tijdschema is losser en dat maakt de kans voor tussendoortjes veel groter. En dan zijn er nog allerlei sociale verplichtingen. Etentjes buiten de deur, verjaardagen, brunch op zondag – die zorgen ervoor dat je dieet mislukt. Het lijkt erop dat je tape over je mond nodig hebt om al dat eten aan je voorbij te laten gaan.

Door de weekenden vrijaf te zijn, waardoor je jezelf een beetje mag verwennen, wordt het gemakkelijker om 's maandags weer op de juiste weg te raken. De meeste mensen kunnen zich van maandag tot en met donderdag behoorlijk gedisciplineerd gedragen, ze kiezen hun maaltijden zorgvuldig uit, doen aan beweging en zien op de weegschaal dat dit goede resultaten oplevert. De Volhardencyclus speelt op deze normale levensritmes in en bouwt daaromheen een onderhoudsplan dat goed is vol te houden.

In een notendop houd je je gewicht er zo af: blijf streng tijdens de werkdagen en geniet meer tijdens het weekend. De meeste mensen doen dit om af te vallen. Ik adviseer je dit ook te doen om het gewicht eraf te houden.

Ik geef je het beste dieetcadeautje dat er bestaat. Je eet doordeweeks een caloriegecontroleerd dieet en tijdens het weekend neem je waar je zin in hebt. Je zult heel wat kilo's kwijtraken en je zult je gewicht op peil kunnen houden omdat je door mijn weekendprincipe toe te passen, nooit uitgekeken raakt op het dieet.

De Volhardencyclus is ook nog strategisch voor je metabolisme. Je kunt je gewicht onder controle houden omdat je je metabolisme in actie laat komen. Waarom? Omdat je vijf dagen beperkt eet, gevolgd door twee dagen met een hogere calorie-inname. Door meer calorieën aan je maaltijden toe te voegen – met hamburgers, brood, ijs, wijn, kwarktaart, noem maar op – versnel je je metabolisme. En dan, als je metabolisme brandt als een oven, ga je 's maandags weer op dieet, terwijl je sneller dan ooit calorieën verbrandt. Waar het op neer komt, is dat de Volhardencyclus je metabolisme constant laat raden, dus krijgt het nooit de kans om in winterslaap te sukkelen. Omdat je metabolisme nu beter getraind is dankzij betere eetgewoontes en een betere gezondheid van je spijsvertering, zullen een paar zijstapjes tijdens het weekend geen averechts effect hebben.

De Volhardencyclus is echter geen vrijbrief als het op eten aankomt. Je mag bepaalde favoriete dingen eten, maar met mate. Bijvoorbeeld vrijdagavond: een maaltijd in een restaurant met een cocktail of twee vooraf. Zaterdag: twee punten pizza als lunch of diner en een dessert. Op zondag een ontbijt van pannenkoeken met stroop.

Een goede leidraad om te volgen om je gewicht stabiel te houden, is om niet meer dan een tot drie 'favoriete maaltijden' per weekend te nemen. Ik noem dat 'strategisch bedriegen'.

Ik moet je wel voor iets waarschuwen: als je alleen tijdens het slapen geen eten in je mond stopt, zou je wel eens een eetprobleem kunnen hebben of een voorgeschiedenis van eetproblemen. Als dat het geval is, dan is deze manier van diëten niets voor jou. Maar 99 procent van de mensen die het 17 dagendieet volgen, zijn er klaar voor en zijn gemotiveerd om volgens de Volhardencyclus te leven. Ik geef je ook nog een paar supergemakkelijke strategieën om er zeker van te zijn dat strategisch bedriegen tijdens de weekenden geen doordeweekse schranspartijen tot gevolg heeft.

Nu kun je opgelucht ademhalen. Het leven staat op het punt weer normaal te worden, met jou op een vast, normaal, gezond, prachtig gewicht.

Starten met de Volhardencyclus

De Volhardencyclus is uniek omdat hij je helpt je gewicht eraf te houden, terwijl je mag genieten en tijdens de weekenden 'vrij' mag eten van je favoriete dingen.

Zo werk de Volhardencyclus in de praktijk:

- Maandag ontbijt tot en met de vrijdag lunch: kies je maaltijdplan uit een van je favoriete cycli: Versnellen, Verbeteren of Veranderen.
- Vrijdagdiner tot en met zondagdiner: geniet van je favoriete eten en maaltijden tijdens het weekend. Maar wel met mate.
- Kies niet meer dan een tot drie favoriete maaltijden tijdens het weekend. Overeet je niet. Eet langzaam en geniet ervan.
- Als je het graag wilt: neem dan een alcoholisch drankje tijdens het weekend (1 tot 2 per dag): 50 ml sterkedrank, 150 ml wijn of 360 ml bier (dit staat voor 1 portie).

- Je mag soep opnemen in je dagelijkse menu, maar alleen als hij op basis van bouillon is gemaakt. Vermijd soep die met melk of room is gemaakt. Als je voor je maaltijd soep eet, dan helpt dat om je trek in toom te houden en voel je je langer verzadigd.
- Je mag een van je dagelijkse porties fruit vervangen door fruitsap (ongezoet), maar niet meer dan 200 ml per portie.
- Je mag zeker als tussendoortje 1 cup (250 ml) groentesap nemen.
- Blijf smaakmakers met mate gebruiken. Kies voor vetarme smaakmakers die weinig calorieën bevatten, zoals vetarme dressings, kruiden, specerijen, citroen- of limoensap, azijn en chilisaus.
- Doe aan beweging in de weekenden, net als door de week.
- Ik zou graag willen dat je elke maandag je betrokkenheid 'vernieuwt', voor jezelf en voor je fantastische lichaam. Als je dit doet, houd je je eten week na week onder controle met een strategie die gegarandeerd succesvol zal zijn.

De lifestyle van de Volhardencyclus

Laat me je een voorbeeld geven van de werking van deze cyclus in het echte leven. Roos is al zo'n veertien kilo afgevallen met het 17 dagendieet. Om deze kilo's er ook af te houden, volgt ze van maandag tot en met vrijdag de Versnelcyclus. En voor de weekenden plant ze maaltijden waarin haar favoriete voedingsmiddelen zijn verwerkt. Waar ze het meeste trek in heeft, staat ze zichzelf in deze weekenden toe. Planning is hierbij heel belangrijk; hierdoor voorkom je namelijk spontane uitspattingen.

'Voor mij was het belangrijk te weten dat die kleine verwennerijen eraan kwamen,' vertelt Roos. 'Maar nog veel belangrijker was dat ik wist dat ik met het 17 dagendieet op maandag weer helemaal op het juiste spoor zat. En dat heb ik ook altijd gedaan.'

Hieronder zie je hoe een typische week van Roos eruit ziet:

Maandag

Ontbijt

- 180 ml naturel yoghurt met 1 cup (150 g) bessen of ander fruit in stukjes
- 1 kop groene thee

Lunch
- Een grote salade met veel verschillende reinigende groenten en een beetje dressing op basis van lijnzaadolie
- 1 medium appel
- 1 kop groene thee

Diner
- Een ruime hoeveelheid gegrilde of gebakken zalm
- Een ruime hoeveelheid reinigende groenten, gestoomd of rauw
- 1 kop groene thee

Tussendoortjes
- 180 ml suikervrije yoghurt met fruitsmaak of 1 cup (250 ml) naturel yoghurt
- Babyworteltjes, rauw om te knabbelen

Dinsdag

Ontbijt
- Roerei van 2 eieren
- 1 medium peer of ander seizoensfruit
- 1 kop groene thee

Lunch
- Gebakken of gegrilde hamburger
- Gesneden rauwe, of gestoofde tomaten
- 1 kop groene thee

Diner
- Roerbak van groenten (broccoli, uien, reepjes wortel, rode paprika enzovoort) en reepjes kip met 1 eetlepel olijfolie
- 1 kop groene thee

Tussendoortjes
- 1 cup (150 g) verse bessen of aardbeien met 180 ml yoghurt
- 1 kom vetarme, zoutarme kippenbouillon met miso (zoutarm)

Woensdag

Ontbijt
- ½ cup (120 g) cottage cheese
- 1 medium sinaasappel
- 1 kop groene thee

Lunch
- Tonijn op een ruime hoeveelheid sla gemend met slagroenten en vetvrije saladedressing
- 1 medium appel
- 1 kop groene thee

Diner
- Gegrilde kipfilet
- Gestoomde asperges
- Salade met daar overheen een dressing van 1 eetlepel olijfolie of lijnzaadolie met 2 eetlepels balsamicoazijn en kruiden
- 1 kop groene thee

Tussendoortjes
- 180 ml yoghurt
- Rauwe groenten in stukjes om te knabbelen

Donderdag

Ontbijt
- 2 hardgekookte of gepocheerde eieren
- ½ grapefruit of ander vers seizoensfruit
- 1 kop groene thee

Lunch
- Gebakken kalkoenfilet
- Gesneden rauwe of gestoofde tomaten, met daaroverheen 1 eetlepel lijnzaadolie
- 180 ml yoghurt
- 1 kop groene thee

Diner
- Gegrilde zalm
- Gestoomde sperziebonen
- 1 kop groene thee

Tussendoortjes
- 1 medium sinaasappel
- 1 cup (250 ml) acidophilusmelk of 180 ml yoghurt

Vrijdag

Ontbijt
- *Kefirsmoothie*
- 1 kop groene thee

Lunch
- Gegrilde kip met vetarme saladedressing, geserveerd op een ruime hoeveelheid sla
- 1 kop groene thee

Diner
- Groentelasagne
- Gemengde sla met dressing van blauwe kaas (gorgonzola en dergelijke)
- Wijn, 2 glazen à 150 ml
- 1 portie tiramisu

Tussendoortjes
- 1 medium appel
- 180 ml yoghurt

Zaterdag

Ontbijt
- Roerei van 2 eieren
- ½ grapefruit
- 1 kop groene thee

Lunch

- Gegrilde zalm of een ruime hoeveelheid sla met vetarme sladressing
- 1 kop groene thee

Diner

- Gegrilde ribeye steak
- Caesarsalade met dressing
- 1 gebakken zoete aardappel (medium)
- Twee glazen wijn à 150 ml

Tussendoortjes

- 1 cup (150 g) verse bessen of aardbeien
- 1 cup (250 ml) acidophilusmelk

Zondag

Brunch

- Bosbessenflensjes met 2 eetlepels stroop
- Kalkoenworstjes (of burgers) 2 stuks
- 1 cup (250 ml) sinaasappelsap

Diner

- Gegrilde kipfilet
- Gestoomde broccoli
- 1 kop groene thee

Tussendoortjes

- 180 ml suikervrije yoghurt met fruitsmaak of 1 cup (250 ml) naturel yoghurt
- Babyworteltjes om te knabbelen

Bekijk de week van Roos eens goed. Wat opvalt, is dat het een redelijke, gematigde manier van eten te zien geeft. Ze houdt zich tijdens de weekdagen aan haar dieet, maar staat zichzelf in de weekenden wat meer toe. 'Ja, ik verwen mezelf. Ik houd van Italiaans eten en van goede wijn, en daar mag ik in de weekenden van genieten. Maar als het maandag is, ga ik rechtstreeks terug naar fruit, groenten en kip en vis,' vertelt ze.

Roos plant haar drie favoriete maaltijden voor het weekend. De rest van de tijd eet ze strikt volgens de Versnelcyclus. De meeste dagen van de week wandelt Roos stevig en tijdens het weekend elke dag. Voor haar is het een uitgemaakte zaak: ze kijkt wel uit dat ze weer zwaarder wordt. En soms verliest ze nog gewicht ook.

Tijdens de Volhardencyclus gaat het om gezonder zijn en verstandiger worden bij de keuzes die je maakt. En niet om vreetbuien. Als je in het weekend trek hebt in gefrituurde kip, dan kun je die nemen. Je compenseert dat met de gezonde voeding die je door de week eet. Niet alles is verloren. Je hoeft deze voedingsmiddelen echt niet te schrappen. Het gaat meer om gematigdheid en hoe je deze dingen in je dieet met gezonde voeding opneemt.

Maak jezelf niet wijs dat je weer terug kunt vallen op je oude eetgewoontes. Het is belangrijk je nieuwe eetgewoontes vol te houden en verstandig te eten. Net als Roos kun jij je favoriete cyclus volgen en dan vijf dagen per week met de weekenden vrij. En vergeet niet te bewegen!

Strategieën voor de Volhardencyclus

Ik wil je graag een flinke hoeveelheid trucs voor de Volhardencyclus leren om je op het juiste spoor te houden. In mijn ervaring met patiënten zijn de volgende factoren essentieel om de vetrollen op een afstand te houden.

Let op het 5-pond-stopteken

Weeg je tijdens de Volhardencyclus alleen in de weekenden. Elke keer als je ziet dat de weegschaal 3 tot 5 pond over je streefgewicht aangeeft, ga je 's maandags direct terug naar je favoriete cyclus: Versnellen, Verbeteren of Veranderen. Let op: je zult altijd veel sneller op je normale (streef-) gewicht komen als je kiest voor de Versnelcyclus. Als je om een of andere reden veel bent aangekomen (misschien wel tijdens de vakantie), is je oplossing het 17 dagendieet van begin af aan te doen en vervolgens alle cycli te doorlopen.

Ik hoor het je zeggen: pffff, maar laat me uitspreken. Wetenschappers hebben naar duizenden mensen gekeken die in de National Weight Control Registry waren opgenomen, en die dertig kilo of meer waren afgevallen en het er ook af hebben weten te houden. Zij concludeerden dat 44 procent van de mensen zich elke dag wogen. Nu hoef je zo ver niet te gaan, maar ik wil je wel aanbevelen om je elk weekend te wegen. Het getal dat je 's morgens ziet, zou je wel eens kunnen behoeden om over de schreef te gaan. Een van de hoekstenen van permanent gewichtsverlies is verantwoordelijkheid, dus wil ik erop aandringen beide weekenddagen op de weegschaal te gaan staan.

Na het 'dieet' neemt het drukke leven van alledag alles in beslag en merken mensen vaak niet eens dat ze weer behoorlijk aankomen. Laat jou dat niet gebeuren!

Word een ontbijtliefhebber

Bij veel diëten hongeren mensen zich in de ochtend uit zodat ze meer kunnen eten bij lunch en diner. Dit werkt niet. Eet je ontbijt! Jeetje zeg, elke keer dat iemand zegt dat je moet eten, zou je ook echt moeten luisteren!

Het is echt nodig dat je ontbijt. Heb je 's morgens geen honger? Dat kan, maar eet toch maar omdat onderzoek aantoont dat als je 's morgens eet, je je de hele dag verzadigder voelt en minder calorieën binnenkrijgt. Zelfs tijdens het weekend. Bovendien heb ik zelf gemerkt dat mensen die hun ontbijt overslaan vreselijk hongerig worden tegen halfelf en dan alles eten wat er beschikbaar is. Zelfs als het dik makende junkfood is.

Maak van sla je beste vriend

Neem een salade als je uit eten gaat of als je thuis eet. Volgens een onderzoek van Penn State University zorgt een salade als begin van je avondmaal voor een lagere calorie-inname tijdens deze maaltijd. En over welke salade hebben we het dan? Ik denk dat je het antwoord wel weet. En nee, geen paar blaadjes sla met daarop een berg kaas en croutons. Ik heb het over sla en saladegroenten met een eetlepel lightdressing eroverheen.

Kies voor gezondere vervangers

Probeer bepaalde vetarme, suikerarme voedingsmiddelen te eten.

Bijvoorbeeld:

- Mosterd in plaats van mayonaise op de boterham
- Magere melk in plaats van de volle variant
- Namaak botersprays
- Salsa als dipsausje
- Suikerarme ketchup of steaksaus
- Vetvrij, suikervrij ijs en andere bevroren zoetigheden
- Vetvrije zure room op gebakken aardappelen in plaats van boter en volle zure room
- Vetvrije of caloriearme saladedressings
- Gegrilde kip- of kalkoensandwiches in plaats van burgers bij fastfood-eetgelegenheden

Alle beetjes helpen!

Leer je porties te beperken

Wat is de grootste eetblunder van de laatste tien jaar? Giga porties rijst en pasta en aardappelen en yams zo groot als rotsblokken. Grote porties en rijk voedsel in restaurants zijn de belangrijkste bron van extra calorieën voor Amerikanen, en inmiddels ook voor Europeanen. Een feit dat zeer waarschijnlijk niet snel zal veranderen. Meer hierover lees je in hoofdstuk 8. Het is belangrijk om dit te onderkennen en om verstandige keuzes te maken als je buiten de deur eet; beperk dus de grootte van je portie. Let op de hoeveelheid en neem geen tweede portie.

Beweeg en houd het eraf

Ik heb je verteld dat je tijdens de weekenden meer kon eten. Maar ik vertel je ook dat je meer van dat eten moet verbranden. Denk er maar eens over na: het weekend is typisch dat moment dat je meer tijd hebt, normaal gesproken dan, om te bewegen – dus profiteer van je vrije tijd. Zorg op zaterdag en zondag voor minstens een uur intensieve beweging die je hart sneller laat werken. Als je dat doet, is het een eitje om je gewicht eraf te houden. Beweging houdt je dun en fit.

Vind ook manieren om 'lifestyle-activiteit' in je dagelijkse leven te integreren, vooral in de weekenden. Een goed voorbeeld is tuinieren. Ik zie tegenwoordig mensen op een motormaaier zitten met een opvangbak erachter. Zo'n ding dat door de boeren werd gebruikt om hun verste stuk grond te maaien. Nu gebruiken mensen zo'n machine om een stuk gras ter grootte van een badmat te maaien. Grasmaaien is een perfecte beweging, maar alleen als je zelf die grasmaaier duwt. Je verbrandt er 387 calorieën per uur mee!

Hier zie je wat je per uur verbrandt met andere weekendkarweitjes:

De slanke 17

Zeventien weekendkarweitjes waarmee je calorieën verbrandt (per uur aangegeven)

1.	De planten in je hele tuin water geven, met de hand	102
2.	Schoonmaken, afstoffen en dergelijke	176
3.	Matig zwaar huishoudelijk werk	246
4.	Vloerbedekking leggen (gewone, geen parket, laminaat of iets dergelijks)	246
5.	Loodgieterswerk	246
6.	Tuinieren	281
7.	Gras in zakken doen	281
8.	Het pad aanharken	303
9.	Onkruid wieden of een tuin aanleggen	317
10.	Verven	317
11.	Dakgoten schoonmaken	352
12.	Houthakken, langzaam	362
13.	Verbouwen	387
14.	Sneeuwruimen	422
15.	Zware dingen verplaatsen (bijvoorbeeld verhuizen)	528
16.	Boerderijwerk, hooien of de schuur schoonmaken	562
17.	Bomen snoeien	633

Vermijd het 'overdrijfsyndroom'

Overeet je nooit. Vertaald: géén vreetbuien. Stop je niet vol tot je hoofd de omvang van een basketbal heeft. Zorg dat je je eten onder controle krijgt. Neem je voor dat deze manier van eten verandert.

Maak een lijst van het probleemvoedsel dat ervoor zorgt dat je je overeet. Ergens ver weggestopt weet je precies welke voedingsmiddelen dat zijn, dus is het het beste als je die dingen niet opneemt in je verwenmaaltijden voor het weekend.

Plan je weekmaaltijden van tevoren, waardoor je je hersenen en maag voorprogrammeert dat ze voedsel kunnen verwachten. Dit zal je helpen tegen het eten uit gewoonte.

Houd je tijdens de week aan één cyclus en geniet van je favoriete eten tijdens de weekenden. Maar houd wel je hoofd erbij. Ga je gang en neem gerust pizza op in je voedingsplan – maar kies dan voor één punt, en niet voor de hele pizza! Houd dit consequent vol en je zult de rest van je leven dun zijn.

Weg met dat schuldgevoel

Als je aan de Volhardencyclus bezig bent, hoef je echt niet te worstelen met de dieetmentaliteit dat één goede of slechte daad je pogingen om af te vallen maakt of breekt. Je hebt toestemming om jezelf lekkere dingen toe te staan – zolang het maar gepland is en je niet tijdens de weekdagen je controle verliest. Jij hebt alles onder controle; eten heeft geen controle over jou. Als je dat onthoudt, zul je op maandag weer snel in je ritme van verstandig eten zitten.

En als je je toch laat gaan? Dan raap je jezelf weer op en begin je weer aan het programma. Niemand is perfect, dus win je er ook niets bij om jezelf om de oren te slaan en maar weer te vervallen in ongezonde of zelfs vernietigende gedragspatronen. De gezondste optie is er hartelijk om te lachen en zo snel als je kunt weer te beginnen. Probeer niet alles tot in de puntjes te doen. Doe het gewoon.

Blijf gefocust

Vaak herhaal ik de zin: 'Als je altijd doet wat je deed, dan zul je altijd krijgen wat je kreeg.' Deze mantra helpt je eraan herinneren dat de kilo's er vanzelf weer aan vliegen als je terugvalt in je oude gewoontes. Bedenk hoe fantastisch je er nu uitziet. Bewaar foto's van je nieuwe zelf, thuis, op je werk en zelfs in je portefeuille. Kijk naar deze foto's als je een excuus verzint om niet te bewegen of als je overweegt even naar de snoepautomaat te lopen. Uiteindelijk zul je daarmee stoppen en denk je vanzelf na, elke keer als je op het punt staat je dieet te ondermijnen. Maar voor het zover is, helpen die foto's je om te aarzelen. En maak ook een lijst met redenen waarom je nooit meer dik wilt worden en bewaar die lijst op verschillende plaatsen naast de foto's van je slanke zelf. Ook een goede truc is strakke kleding te dragen (die zou nu goed moeten passen), waardoor je stopt met eten als je je dik voelt. Dit is een truc die ik van veel van mijn patiënten heb gehoord.

De waarheid van de Volhardencyclus is dat die meer omvat dan het volgen van een dieet. De cyclus gaat om het tot stand brengen van blijvende gedragsveranderingen. Dit is een lifestyle-verandering, een nieuwe manier van leven. Je kunt nu controle krijgen over levenslange goede voeding, genieten van eten en voorkomen dat het vet er weer aan komt.

Samenvatting

- De Volhardencyclus is het deel van het 17 dagendieet dat draait om gewichtsstabilisatie.
- Het zorgt voor een realistische manier om je voeding en lifestyle te managen.
- Het fundament onder de Volhardencyclus is dat je van maaltijdplannen uit een van je favoriete cycli: Versnellen, Verbeteren, Veranderen of Volharden geniet – van het maandagontbijt tot en met de vrijdaglunch. Vanaf het diner op vrijdagavond tot en met het diner op zondag kun je van je favoriete eten genieten, natuurlijk met mate.
- Kies tijdens het weekend niet vaker dan een tot drie favoriete maaltijden. Overeet je niet. Eet langzaam en geniet van je eten.

De slanke 17

'Gezonde voeding' waar je dik van wordt

Bepaalde voedingsmiddelen die een gezonde reputatie hebben, zijn in feite slechter voor je gewicht dan je zou denken. Kijk maar eens.

Voeding — **Vetmakende factoren**

1. *Gedroogd fruit* — Gram na gram bevat gedroogd fruit tonnen meer calorieën dan de verse variant omdat het gedroogd is en dus veel compacter is. Verse druiven bijvoorbeeld zijn 60 calorieën per cup (150 g), terwijl 150 g rozijnen 460 calorieën bevatten.
2. *Granola (krokante muesli)* — Zit boordevol gezonde noten en granen,

maar ook met olie en suiker om er meer smaak aan te geven. Een kom bevat maar liefst 500 calorieën. Probeer dus de vetarme (en suikerarme) variant.

3. *Volkoren muffins* De meeste volkoren muffins zijn in feite niets anders dan een ronde plak cake. Een muffin kan ongeveer 20 g vet bevatten, 420 calorieën en 34 g suiker.
4. *Bagel* Veel bagels wegen maar liefst 120 tot 150 g. En met 80 calorieën per 30 g, komt dat neer op een stuk brood van 320-400 calorieën. Houd het bij kleine, volkoren bagels of nog beter: een volkoren boterham; die bevat slechts ca. 85 calorieën.
5. *Halfvolle koffiemelk* Het lijkt zo onschuldig, want je doet maar een héél klein scheutje in je koffie of thee! Maar een paar eetlepels halfvolle koffiemelk, twee tot drie keer per dag, is bij elkaar toch al gauw zo'n 200 calorieën, inclusief evenveel vet als een flink stuk boter.
6. *Koffie met een smaakje* Koffie van koffiehuizen saboteren je dieet sneller dan jij 'frappuccino' kunt zeggen. Sommige van deze koffies halen de 700 calorieën.
7. *Thee uit een flesje* De meeste soorten die je in de winkel koopt, zijn op smaak gebracht met suiker of honing. En één flesje bevat twee of meer porties, waardoor je zomaar aan de 200 calorieën zit. Net zo veel als een blikje frisdrank.
8. *Rijstwafels* Deze lightsnacks zijn vetvrij en bevatten weinig calorieën, maar ze bevatten ook helemaal geen vezels of eiwitten – ingrediënten die jouw honger in toom kunnen houden. Dit betekent dat als je er twee of drie eet, dit niets meer doet dan meer calorieën aan je dagelijkse totaal toevoegen, terwijl je gewoon trek blijft houden in iets wat wel wat voor je doet.
9. *Sap* Sap bestaat uit weinig meer dan suiker en calorieën. Een fles sinaasappelsap of appelsap van een halve liter, bevat 55 g koolhydraten, evenveel als in 5 sneetjes brood. En het meeste is nog suiker ook: een verbijsterende hoeveelheid van maar liefst 12 eetlepels vol!
10. *Vetvrije diepvriestoetjes* Op het etiket mag dan wel staan dat er maar 60 calorieën in een klein bekertje zitten: laboratoriumtesten hebben uitgewezen dat het eerder 270 calorieën zijn.

11. *Vetarme koekjes* Drie van deze koekjes leveren je 150 calorieën op. Maar bedenk wel dat drie gewone koekjes met chocoladestukjes erin 160 calorieën bevatten: maar 10 meer dus.
12. *Energierepen* De gemiddelde snackreep bevat 250 calorieën, en dat geldt ook voor energierepen. Energierepen zijn incognito snackrepen, vermomd door wat extra toegevoegde vitamines (die je veel beter uit fruit kunt halen). Persoonlijk heb ik dan liever een Snickers.
13. *Energiedrankjes* Op het etiket mag dan wel staan dat er verschillende kruiden, mineralen en het aminozuur taurine in zitten, speciaal gemaakt om jouw energie op te peppen. Maar als je naar de ingrediënten kijkt, gaat het vooral om cafeïne en suiker, waardoor ze nauwelijks meer zijn dan veel te hoog geprijsde frisdrankjes.
14. *Dieetdrankjes* De kunstmatige zoetstoffen die deze drankjes bevatten, maken het moeilijker voor mensen om hun calorie-inname te reguleren. Zoete smaken vertellen je hersenen dat je op het punt staat om veel calorieën binnen te krijgen.
En als dat dan niet gebeurt, ga je meer eten om dat te compenseren.
15. *Tacosalade* Een tacosalade kan zomaar meer dan 900 calorieën bevatten (als je ook de moeilijk te weerstane tacoschelp opeet). Probeer in plaats daarvan mijn recept voor een tacosalade.
16. *Trailmix* Je hebt maar drie kleine eetlepels van deze snack nodig om aan 140 calorieën te komen. De meeste mensen werken echter veel meer naar binnen, waardoor het een snack is die heel erg veel calorieën levert.
17. *Groentechips* Het woord groenten, betekent hier niet dat je je erop kunt storten!
Groentechips bevatten per 30 gram, en dat is een portie van slechts 14 chipjes, 150 calorieën, waarvan er 80 afkomstig van vet. En 16 g koolhydraten. Dus als je een zak leegeet van 150 g, dan heb je 600 calorieën weggewerkt, 64 g koolhydraten en 320 vetcalorieën! Lekker gezond? Nee, het klinkt alleen zo.

De 17-minuten-workout

Zeventien manieren om meer calorieën te verbranden dan met joggen

Activiteit **Dit levert het je op**

1. *Boodschappen doen* Met flink doorlopen als je naar de stomerij gaat of boodschappen doet, kun je in 30 minuten 120 calorieën verbranden.
2. *Vaak wriemelen* Onderzoek heeft uitgewezen dat je door te wriemelen, zoals tikken met je tenen en handgebaren maken, maar liefst 800 calorieën per dag verbrandt!
3. *Jij bovenop* Sla de geijkte missionarishouding over en klim er bovenop. Deze positie kost je 4,5 calorie per minuut.
4. *Neem de trap* Elke minuut dat je trappenloopt, doodt 7 calorieën.
5. *Neem er twee* Als je trappenloopt en je slaat steeds één tree over, verbrand je 55 procent meer dan wanneer je elke traptree neemt.
6. *Rock out* Onderzoek wijst uit dat mensen die bewegen op de maat van muziek, 25 procent langer aan beweging doen.
7. *Liefdesmassage* Een uur lang masseren kost je 230 calorieën.
8. *Seks* Met een uur gepassioneerde speeltijd dood je 270 calorieën.
9. *Op en neer lopen* Je kunt op een werkdag van 8 uur, ongeveer 100 calorieën extra verbranden als je in je kantoor op en neer loopt, bijvoorbeeld tijdens het telefoneren.
10. *Kussen* Elke minuut dat je iemand zoent, verbrand je 1 calorie.
11. *Bestel geen eten* Kook thuis. Met een uur koken verbrand je al 150 calorieën. Je kunt dus (bijna) de helft van je avondeten al bij voorbaat verbranden als je zelf kookt.
12. *Slaap* Als je ongeveer 7 uur slaapt, verbrand je 200 calorieën.

13. *Voetjes van de vloer* Met dansen verbrand je 200 of meer calorieën per uur, afhankelijk van de soort dans.
14. *Doe de hoelahoep* Dit is niet alleen maar voor kinderen. In maar 10 minuten verbrand je al 44 calorieën. En je krijgt tegelijkertijd ook nog eens een mooie buik.
15. *Touwtjespringen* 15 minuten touwtjespringen kost je 170 calorieën!
16. *Speel met je kinderen* Met een spelletje hinkelen verbrand je in 30 minuten al 222 calorieën.
17. *Word sportcoach* Als je de club van je kind coacht, verbrand je per uur tussen de 281 en 372 calorieën.

De 17-minutenworkout

Verander in een menselijke krakeling en houd dat gewicht eraf
Met het langzame stretchen en mediteren tijdens yoga verbrand je geen calorieën zoals je doet door te rennen op de loopband. Maar volgens een nieuw onderzoek kan yoga helpen om het gewicht eraf te houden, vooral als je van middelbare leeftijd bent. Mensen van middelbare leeftijd met een normaal gewicht, worden de komende tien jaar over het algemeen zwaarder, maar mensen die aan yoga deden, kwamen minder aan dan zij die dit niet beoefenden.
Het verband tussen yoga en gewichtscontrole heeft niets te maken met calorieverbranding, omdat je met yoga niet echt vet verbrandt. Wetenschappers denken dat yoga mensen helpt om meer afgestemd te blijven op hun lichaam en eetgewoontes en dat mensen zich bewuster zijn van slechte gewoontes, zoals eten door stress, verveling of depressie. Ook hebben mensen die aan yoga doen de neiging om junkfood en overeten te vermijden omdat ze hun lichaam willen respecteren.
Bron: *Alternative Therapies in Health and Medicine*

Deel 2

Bijzondere overwegingen

Het 17 dagencultuurdieet

7

Ik zie er Italiaans uit. Mensen denken dat ik een Italiaan ben, behalve de Italianen zelf natuurlijk, die denken dat ik uit Brazilië, Spanje of Argentinië kom. Maar mijn voorouders komen uit Mexico; ikzelf ben geboren en getogen in Amerika. Dankzij mijn afkomst ben ik in staat om met mijn patiënten uit verschillende culturen te communiceren. En omdat ik Spaans spreek, kan ik ook zonder tolk met mijn latinopatiënten praten.

Op medisch terrein is taal erg belangrijk. Veel mensen die medische hulp zoeken, spreken geen Engels en krijgen dan soms de verkeerde behandeling. Dat kan zowel heel duur als beschamend zijn. We hadden een man in de praktijk die op het punt stond te worden behandeld voor rugklachten. Alleen bleek hij geen rugproblemen te hebben; hij had last van verstopping. Hij probeerde te vertellen dat er iets met zijn 'achterkant' was, maar de assistente dacht dat hij 'rug' bedoelde. Het kan ook zijn dat hij zich schaamde om naar dat deel van zijn lichaam te wijzen.

Op voedingsgebied heb ik sterk het idee dat veel mensen vanwege hun geschiedenis en afkomst niet de juiste voedingsadviezen krijgen om af te vallen. Dat is een heel groot probleem. Als mensen uit andere landen naar Amerika komen, laten ze hun traditionele voedingsmiddelen achter en adopteren het Amerikaanse dieet dat veel koolhydraten bevat, veel suiker en veel vet – vaak met levensbedreigende gevolgen. Latino's hebben bijvoorbeeld de neiging om als dertigers en veertigers diabetes type 2 te ontwikkelen, en wel ongeveer tien jaar eerder dan de gemiddelde bevolking. Dit wordt bevorderd door gewichtstoename, gebrek aan beweging en door roken. Hartaandoeningen vormen een ander risico. Veel voedingsadviezen die de Spaanstalige bevolking over het algemeen in Amerika krijgt, komen niet overeen met hun ideeën over voeding en hun culturele gewoontes. Hetzelfde geldt voor andere culturen.

Ik kan dat probleem niet in één hoofdstuk oplossen, maar ik geef je wel een lijst voedingsmiddelen uit allerlei culturen die je in alle vier de cycli van het 17 dagendieet kunt eten, of je afkomst nu latino is, Aziatisch, mediterraan, Indiaas of Iraans.

De latinokeuken

Ik herinner me nog uit mijn jeugd dat gefrituurd voedsel, vet en zout dagelijkse ingrediënten waren van het typische latinodieet én de oorzaak waren van levensbedreigende ziekten bij mannen, vrouwen en zelfs kinderen.

Het goede nieuws is dat je als latino je etnische voorkeuren niet de rug hoeft toe te keren. Je moet alleen de ingrediënten en de bereidingswijze nauwkeurig onder de loep nemen. Kijk maar eens naar de voedingsmiddelenlijst.

Cyclus 1: Versnellen

Houd je aan de lijst van toegestane voedingsmiddelen, die in het eerste deel van dit boek bij deze cyclus is opgenomen en voeg deze cultuurselectie toe:

Magere eiwitten

- Ceviche (witvis gemarineerd in citroensap met stukjes tomaat, uien, chilipepertjes en koriander)
- Rode snapper (huachinango)

Reinigende groenten

Richt je vooral op de traditionele voorkeuren zoals tomaten, uien, zomerpompoen, bloemkool, knoflook, sperziebonen en chilipepertjes (daar heb je letterlijk honderden varianten van); kerstomaatjes en koriander.

Cyclus 2: Verbeteren

Houd je aan de lijst van toegestane voedingsmiddelen, die in het eerste deel van dit boek bij deze cyclus is opgenomen en voeg deze cultuurselectie toe:

Magere eiwitten
- Vetarme chorizo
- Geitenvlees

Natuurlijk zetmeel
- Richt je vooral op alle varianten bonen en peulvruchten
- Gebruik bruine rijst in plaats van witte
- Pompoen
- Yucca (cassavewortel of maniok)
- Arracache
- Yautia
- Bakbanaan
- Yams (zoete aardappel, de witte soort)

Cyclus* 3: *Veranderen
Houd je aan de lijst van toegestane voedingsmiddelen, die in het eerste deel van dit boek bij deze cyclus is opgenomen en voeg deze cultuurselectie toe:

Magere eiwitten
Je kunt nu als bron van eiwitten kaas in latinostijl toevoegen aan je dieet. Je kent hem als *queso fresco*, verse witte kaas. Deze bevat minder calorieën, minder vet en minder cholesterol dan andere kaassoorten zoals cheddar, mozzarella of bewerkte kaasproducten. En gelukkig is het ook geen namaakkaas. Mijn voorstelling van de hel is een plek waar Mexicaans eten wordt bereid met namaakkaas.

Natuurlijk zetmeel
- Koolhydraatarme tortilla's
- Maïstortilla's
- Bolillos (zuurdesembrood)

Reinigende groenten
- Chayote (squash – pompoensoort)
- Jimaca (knol die lijkt op de aardappel maar de structuur van radijs heeft en een frisse, wat zoetige smaak; is rauw heerlijk in salades)
- Nopales (cactusbladeren)

Algemene tips

- Veel Mexicaanse gerechten zoals bonen, tortilla's, Spaanse rijst en aardappelen, zijn een goede bron van koolhydraten. Bonen bevatten bovendien veel vezels. Het is echter wel nodig om met de traditie te breken als het aankomt op frituren en dubbelbakken. De lang gekoesterde gewoonte is om veel voedsel in reuzel te bakken. Probeer gewoon alles te koken.
- Probeer om bij dubbelgebakken bonen minder olie te gebruiken (en gebruik olijfolie, geen reuzel), of doe ze eerst in de foodprocessor en sauteer ze dan in een pan die is ingespoten met plantaardige cooking spray.
- Gebruik minder zure room (neem in plaats daarvan Griekse yoghurt). Of neem salsa of *pico de gallo* (zéér hete rode pepersaus) om over je hoofdgerecht te doen.
- Verminder de hoeveelheid vet die je bij het koken gebruikt. Neem in plaats daarvan verschillende soorten cooking sprays – en dan voor meer dan alleen maar sauteren. Probeer eens sprays met botersmaak om tortilla's zachter te maken of om ze te bakken, of olijfoliespray op gegrilde groenten, vis of gevogelte.
- Gebruik kruiden en chilipepertjes als smaakmakers in plaats van vet en olie.
- Gebruik vetarme of vetvrije roomkaas. Vetvrije roomkaas of vetarme ricotta geven een crèmige textuur aan bonen en sauzen. Combineer vetvrije roomkaas met magere karnemelk om een zure roomsaus te maken. Vermijd vetvrije zure room omdat die meestal een heel nare smaak heeft.
- Gebruik vetarme kaas in kleine hoeveelheden. Ze worden smakelijker als je ze mengt met ingrediënten met een sterke smaak zoals chilipepertjes, specerijen en salsa.
- In plaats van tortilla's te bakken in olie of ander vet, kun je ze ook onder de grill bruin laten worden en ze daarna een paar minuten in de oven bakken om ze met de ingrediënten erin, op te warmen.
- Richt je op het eten van eenvoudig bereide schotels die met traditionele kruiden op smaak zijn gebracht zonder de koolhydraatrijke, vetrijke sauzen. Salsa is immers een favoriet die je maakt van heel fijngehakte tomaten, uien en chilipepertjes. Deze rode of groene chilisaus geeft pit aan een maaltijd, maar voegt weinig calorieën toe.

Veel latino's zijn niet gewend om voedsel zonder vet of zout te eten. Maar met de juiste specerijen, kun je de smaken bijna verdubbelen.

De mediterrane keuken

Eigenlijk bestaat er helemaal geen 'mediterraan dieet'. Er grenzen minstens zestien landen aan de Middellandse Zee. De regiokeukens omvatten Italiaans, Grieks en Spaans eten. De diëten tussen deze landen variëren en datzelfde is ook het geval tussen bepaalde streken in bepaalde provincies. Het gebruikelijke mediterrane dieetpatroon kent wel de volgende karakteristieken:

- Een hoge consumptie van fruit en groenten.
- Een hoge consumptie van brood en andere graanproducten, aardappelen, bonen, noten en zaden.
- De nadruk ligt op olijfolie als een belangrijke bron van enkelvoudig onverzadigd vet (enkelvoudig onverzadigd vet laat je cholesterolspiegels niet stijgen, zoals verzadigd vet doet).
- Beperkt tot middelmatig gebruik van rood vlees, vis en gevogelte.
- Beperkt tot middelmatig gebruik van kaas en yoghurt.
- Middelmatig gebruik van rode wijn.

Klinkt gezond. Betekent dit nu dat je met een mediterraan dieet de aanbevelingen van het 17 dagendieet volgt?

Behoorlijk, maar niet helemaal. Over het algemeen bevat het dieet van mensen rond de Middellandse Zee een relatief hoog percentage calorieën dat afkomstig is van vet. Men denkt dat er daarom in deze landen ook een stijgende lijn in obesitas te zien is. En dat is een reden tot bezorgdheid.

Voor het grootste deel is het mediterrane dieet vers en smakelijk door het gebruik van knoflook, tomaten en verse kruiden en andere groenten. Daarom is het ook enorm rijk aan antioxidanten.

Veel voedingsmiddelen die je in het 17 dagendieet vindt, vind je ook in de mediterrane keuken. Hieronder zie je er een paar die je kunt toevoegen.

Cyclus 1: Versnellen

Houd je aan de lijst van toegestane voedingsmiddelen, die in het eerste deel van dit boek bij deze cyclus is opgenomen en voeg deze cultuurselectie toe:

Reinigende groenten

- Broccoliraapjes (*vertaler*: dit zijn dunne stengeltjes met een klein 'kopje' broccoli erop. Je ziet ze bij supermarkten en buitenlandse winkels; de smaak is pittiger dan van gewone broccoli)
- Venkel
- Italiaanse platte peterselie
- Suikervrije marinarasaus (½ cup = 125 ml = 1 portie)

Cyclus 2: Verbeteren

Houd je aan de lijst van toegestane voedingsmiddelen, die in het eerste deel van dit boek bij deze cyclus is opgenomen en voeg deze cultuurselectie toe:

Natuurlijk zetmeel

- Gerst
- Polenta
- Risotto
- Tabouleh (geplette graankorrels die voorgekookt zijn en waar fijngehakte tomaten, peterselie, munt, olijfolie en citroensap doorheen zijn gemengd

Cyclus 3: Veranderen

Houd je aan de lijst van toegestane voedingsmiddelen, die in het eerste deel van dit boek bij deze cyclus is opgenomen en voeg deze cultuurselectie toe:

Natuurlijk zetmeel

- Platbrood dat gemaakt is van volkoren, volkoren tarwe en meergranen volkoren Italiaans brood.

Algemene tips

- Serveer warme gegrilde kip op een bedje van gestoomde broccoliraapjes, besprenkeld met citroensap en peper.
- Gebruik gerust veel bliktomaten. Gekookte tomaten leveren meer gunstige antioxidanten zoals kankerbestrijdend lycopeen, dan rauwe tomaten.
- Laat de met vet afgeladen botersauzen staan en houd het bij

groentesauzen op tomatenbasis. Het aantal calorieën pakt hierdoor veel lager uit.

- Probeer eens reepjes venkel, gesauteerd met een beetje olijfolie tot ze glazig zijn. Voeg witte bonen toe en leg daar een stuk zalm bovenop. Bestrooi met fijngehakte Italiaanse platte peterselie en je hebt een fantastische Versnelcyclusmaaltijd!
- Gebruik volkorenpasta's, spaghetti gemaakt van squash (pompoen) of shirataki noedels (pasta met een laag koolhydraatgehalte) in plaats van gewone pasta.
- Gebruik minder olie als je hummus en baba ghanoush maakt, of gebruik het helemaal niet.
- Dip komkommerschijfjes in hummus, in plaats van brood.
- Gebruik volkoren pitabrood in plaats van witbrood.
- Voor een voedingsrijke, vezelrijke, vetarme lunch gebruik je een volkoren pitabroodje gevuld met Griekse salade.
- Hoofdgerechten die gezond voor je hart zijn, zijn onder andere shish kebab, souvlaki (Griekse fastfood bestaande uit kleine stukjes vlees, soms met stukjes groenten, gegrild op een spies), of plaki (vis gebakken of gegrild met knoflook en tomatensaus). Dolma's (gevulde groenten) zijn een uitstekende keuze omdat ze meestal gestoomd of gebakken worden.
- Wat smaakmakers betreft: in het mediterrane dieet zijn bepaalde kruiden populair: oregano, peterselie en basilicum. Deze kruiden kunnen heel wat smaak toevoegen aan je kookkunst, net als bepaalde (allium-)groenten zoals uien en knoflook.

De Aziatische keuken

Aziatische diëten worden geassocieerd met de beste levensverwachting van de hele wereld. Deze lange levensverwachting kan worden toegeschreven aan een typisch gezond, vetarm dieet, waarvan men wijd en zijd denkt dat dit een lagere frequentie in hartinfarcten en hersenbloedingen tot gevolg heeft. Bovendien eten Aziaten hun maaltijden op vaste tijdstippen, kauwen ze hun eten goed, krijgen ze heel veel vezels binnen via hun groenten en fruit en drinken ze regelmatig thee. Hierna kun je zien hoe je het 17 dagendieet aan de Aziatische standaard kan aanpassen.

Cyclus 1: Versnellen

Houd je aan de lijst van toegestane voedingsmiddelen, die in het eerste deel van dit boek bij deze cyclus is opgenomen en voeg deze cultuurselectie toe:

Reinigende groenten

- Arame, een soort kelp, dat bekend is geworden door het gebruik in de Japanse keuken (*vertaler*: bruine, wat sprietige zeewiersoort die vrij taai is en geweekt moet worden voor het koken; bevat heel veel mineralen en vitamine B2)
- Bamboescheuten
- Taugé
- Bok Choy
- Chinese broccoli
- Dulce, zeesla (*vertaler*: is in feite een rode algensoort en wordt in veel internationale keukens gebruikt)
- Kousenband
- Nori, eetbaar zeewier dat meestal wordt gebruikt om sushirolletjes heen (*vertaler*: je maakt sushi nog smakelijker door de velletjes nori heel kort boven de gasvlam te roosteren; hierdoor wordt de smaak iets krachtiger)
- Peultjes
- Snow peas

Cyclus 2: Verbeteren

Houd je aan de lijst van toegestane voedingsmiddelen, die in het eerste deel van dit boek bij deze cyclus is opgenomen en voeg deze cultuurselectie toe:

Magere eiwitten

- Tofoe, alle varianten
- Biologisch bizonvlees (*vertaler*: helaas niet of nauwelijks te krijgen in Nederland, wel in Frankrijk; bizonvlees bevat meer vitamines en mineralen dan gewoon rundvlees, en is ook nog eens vrij mager)

Natuurlijk zetmeel

- Edamame (*vertaler*: soort ongedopte erwten die bij de Aziatische

winkels vers of in diepvries zijn te krijgen. Je eet het meer als bijgerecht of als snack. Even koken, grof zeezout erover, eventueel wat geroosterd sesamzaad, peultje openknijpen en dan eet je de erwten eruit. Komt geen mes of vork aan te pas)
- Vervang witte rijst door bruine rijst

*Cyclus 3: **Veranderen***

Natuurlijk zetmeel

Voeg de volgende bronnen van natuurlijk zetmeel toe
(1 portie = ½ cup)

- Sooba-noedels: deze typisch Japanse noedels zijn gemaakt van boekweitmeel, maar er is wel wat gewoon tarwemeel toegevoegd om het deeg wat sterker te maken.
- Ramen-noedels: hoewel over het algemeen wordt gedacht dat deze noedels uit Japan komen, vindt deze variant kronkelige tarwenoedel (soms met ei bereid) zijn oorsprong in China.
- Rijstnoedels: zoals de naam al zegt, worden deze delicate noedels gemaakt van rijstebloem. Rijstnoedels worden in heel Zuidoost-Azië gegeten.
- Chinese tarwenoedels: een grote verscheidenheid noedels die gemaakt worden van tarwe en soms van eieren.
- Udon-noedels: een typische tarwenoedelsoort die populair is in de Japanse keuken.

Algemene tips

- Gezonde technieken waarbij je slechts een minimale hoeveelheid vet hoeft te gebruiken als je zeevruchten-, kip-, groente- en tofoegerechten maakt, zijn licht roerbakken, bakken, grillen of stomen.
- Probeer ook eens om gerechten traditioneel te stomen (vaak boven water met kruiden erin) in een meerlaagse bamboe stoommand. Je kunt zo verschillende vetvrije gerechten in één stoommand bereiden (minder gedoe en afwas) in maar tien tot vijftien minuten. Een bonus hierbij is dat groenten, vis en ander voedsel hun vorm, textuur, smaak en voedingswaarde behouden.
- Frituur niet! Gebruik een pan met antikleeflaag en spuit deze in met plantaardige oliespray of cooking spray zoveel als nodig is (en

dat is meestal erg weinig!). Je krijgt hierdoor hetzelfde effect alleen gebruik je maar een fractie van de olie.

- Vermijd dikke sauzen die bol staan van aderverstoppende hoeveelheden vet en zout.
- Vervang eieren in recepten door tofoe.
- Vervang rundvlees door kalkoen wanneer dat maar mogelijk is. Kalkoen bevat heel wat minder verzadigd vet vergeleken met rood vlees. En eet meer vis dan vlees.
- Geniet van de groene thee die ik aanbeveel in het 17 dagendieet. Groene thee bevat krachtige antioxidanten die cholesterolspiegels kunnen verlagen, hartaandoeningen bestrijden, je immuunsysteem een oppepper geven en misschien zelfs kanker- en vetcellen vernietigen.
- Als je smaakmakers wilt gebruiken, experimenteer dan eens met exotische vetvrije smaken: sojasaus light, vissaus, oestersaus, zwarte bonensaus, miso* (gefermenteerde Japanse bonenpasta dat een probioticum is), zeewier, chilipepertjes, wasabi (Japanse mierikswortelpasta), kimchi* (een Koreaanse smaakmaker die wordt gemaakt van in zuur ingelegde kool en pepers, ook een probioticum), curry's (favoriet in Thailand), knoflook, bosuitjes, gember, citroengras (sereh), basilicum en koriander.
- En wat is dat dan met gelukskoekjes? Dat is een heuse Amerikaanse uitvinding, die komt niet uit Azië!

* *Noot van de vertaler*: Miso en kimchi staan in het rijtje gegiste voedingsmiddelen dat ervan wordt verdacht een bijdrage te leveren aan het ontstaan van maagkanker. Koreaanse vrouwen geven een driemaal hogere incidentie van maagkanker te zien dan westerse vrouwen. Onderzoek naar kimchi en andere gefermenteerde sojaboonproducten wordt al jarenlang uitgevoerd, en het blijkt dat veelvuldig gebruik inderdaad een rol speelt in het ontstaan van maagkanker. Artsen stellen dat je deze producten 'veilig' kunt gebruiken als je ze niet meer dan eenmaal per week gebruikt én alleen als je verder heel gezond eet.

De Indiase keuken

Over het algemeen zijn Indiase maaltijden gezond en goed in balans. Ze zijn gebaseerd op diverse antioxidantrijke groenten, vlees, vis en gevogelte, waarvan de drie laatste altijd mager zijn en in kleine porties worden gegeten. Het hoofdbestanddeel van de maaltijd is echter vaak vegetarisch. De unieke specerijen en kruiden die in Indiase schotels worden gebruikt, voegen smaak toe zonder dat daar vet voor nodig is. Hierna lees je hoe je het 17 dagendieet aan de Indiase voedingsstandaard kunt aanpassen.

Cyclus 1: Versnellen

Reinigende groenten

- Zeegroenten zoals arame, dulce en nori

Cyclus 2: Verbeteren

Natuurlijk zetmeel

- Chapati's (ongezuurd platbrood dat van volkorenmeel wordt gemaakt)
- Elke soort platbrood dat gemaakt is van volkorenmeel en meergranen

Algemene tips

- Groentecurry's, salades met raita (in stukjes gescheurde groenten) en linzen zijn geweldige vezelrijke toevoegingen aan je maaltijden.
- Probeer eens kip tandoori of vis tandoori als vetarme maaltijd met een smakelijke *bite*.
- Als je groenten gaat grillen, gebruik dan yoghurt in marinades als 'zachtmaker', samen met gemberwortel, knoflook en currykruiden.
- Gebruik ook yoghurt als vetarme vervanger van room en als verdikkingsmiddel in curry's.
- Vervang geklaarde boter door olijfolie of lijnzaadolie.
- Specerijen maken integraal deel uit van de Indiase manier van koken en zorgen ervoor dat je veel minder vet nodig hebt. De meest gewone specerijen die je spijsvertering verbeteren, zijn onder andere gember, komijn, koriander, venkel, zwarte peper en kaneel. Kurkuma is alomtegenwoordig in de Indiase keuken en wordt gewaardeerd om zijn vermogen de spijsvertering te stimuleren, de leverfunctie te verbeteren, ontgifting te bevorderen en de immuniteit te versterken.

De Perzische keuken

Hoewel de Perzische manier van koken exotisch mag lijken voor westerlingen, zijn er ook in onze dagelijkse keuken elementen van te vinden. Als we bij het koken bijvoorbeeld sinaasappel gebruiken, pistachenootjes, spinazie of saffraan, dan gebruiken we voedingsmiddelen die in de regio rond Perzië (nu Iran geheten) zijn ontstaan. En als we basilicum, koriander, komijn en karwij gebruiken, borduren we voort op een eeuwenoude traditie van het koken zonder vlees, zoals die door de Perzen werd overgenomen uit Soemer, Babylon, Mesopotamië en Assyrië.

De Perzische keuken heeft duizenden jaren van verfijning ondergaan, maar haar wortels nooit verlaten. Als thuisland van veel gewone kruiden en specerijen, was Perzië ook de bron van zoetzure sauzen, gevulde druivenbladeren, gebak en noodles. Sommige historici denken dat pasta in Perzië is ontstaan en niet in Italië. Het is ook goed om te benadrukken dat yoghurt veel in de Perzische kookkunst voorkomt.

Hieronder lees je hoe je het 17 dagendieet kunt aanpassen aan de Perzische voedingsstandaard.

Cyclus 1: Versnellen

Houd je aan de lijst van toegestane voedingsmiddelen, die in het eerste deel van dit boek bij deze cyclus is opgenomen en voeg deze cultuurselectie toe:

Reinigende groenten

- Aziatische aubergine
- Courgette
- Druivenbladeren

Fruit

- Perzische citroen
- Zure druiven

Cyclus 2: Verbeteren

Houd je aan de lijst van toegestane voedingsmiddelen, die in het eerste deel van dit boek bij deze cyclus is opgenomen en voeg deze cultuurselectie toe:

Fruit
- Berberis (zuurbes), wordt in de Perzische keuken gebruikt voor de zure smaak
- Granaatappel

Reinigende groenten
- Gele erwten

Probiotica
- Labne, een verdikte yoghurt die je maakt door yoghurt in kaasdoek of een koffiefilter 's nachts te filteren.

Cyclus 3: Veranderen

Houd je aan de lijst van toegestane voedingsmiddelen, die in het eerste deel van dit boek bij deze cyclus is opgenomen en voeg deze cultuurselectie toe:

Natuurlijk zetmeel
- Dun platbrood (lavash)
- Naan (ook platbrood, wordt eveneens in India en Pakistan gegeten)

Algemene tips

- Focus je op traditionele schotels zoals torshie hazeri (mengsel van azijn of citroensap en groenten), die zich uitstekend lenen voor het 17 dagendieet. Een ander voorbeeld is sabzi khordan, een schotel van rauwe groenten, bosuitjes en waterkers, munt en basilicum – die met de handen wordt gegeten, of in platbrood wordt gestopt met een stuk feta erbij.
- Sauteer groentemengsels zoals borani met een minimale hoeveelheid olie of gebruik plantaardige bakspray en een pan met antikleeflaag.
- Maak frittatas (kuku) met eivervanger* in plaats van met hele eieren om calorieën en vet te verminderen.
- Gebruik bruine rijst bij hoofdgerechten in plaats van witte rijst.
- Geniet van de klassieke tzatziki als probioticum. Tzatziki is een yoghurt-komkommerdip die je maakt van yoghurt, komkommer (waarvan je eerst het zachte midden hebt verwijderd, anders wordt het te waterig) en knoflook.

* *Noot van de vertaler:* In Nederland is eivervanger nauwelijks te vinden, terwijl het in Amerika en veel andere landen big business is, omdat het van echte eieren is gemaakt, maar geen cholesterol bevat. In Nederland wordt wel eivervanger verkocht, maar dat is een poeder dat je bij het bakken en koken kunt gebruiken, maar je kunt er geen smakelijke omelet mee bakken of roerei mee maken, zoals met de Amerikaanse eivervanger. Dus worden het frittatas van gewone eieren, waarvan je het cholesterolgehalte kunt verlagen door niet van elk ei de dooier te gebruiken (als je bijvoorbeeld vier eieren nodig hebt, neem je twee hele eieren en van twee eieren alleen het eiwit).

Nu kook je... en val je af

Het 17 dagendieet werkt bij iedereen, ongeacht je cultuur of land van herkomst. De belangrijkste reden is dat het voor het grootste deel natuurlijke voeding bevat en die vind je in elke keuken. Ik denk dat je ook wat voedingslogica moet gebruiken: als je te veel vettige taco's eet, gefrituurde loempia's of met vet afgeladen pastasauzen, dan leidt dat tot meer kilo's, verhoogde cholesterolspiegels, verstopte aderen en uiteindelijk tot hartziekte.

Gelukkig betekent het niet dat je al je traditionele favoriete dingen hoeft op te geven, terwijl je toch goed zorgt voor je lichaam, je gezondheid en je hart. Gebruik vetarme kooktechnieken, concentreer je op fruit en groenten in hun meest natuurlijke staat en vertrouw op probiotica zoals yoghurt (een pijler in veel culturen). Wees innovatief, gebruik je vindingrijkheid en voeg wat creativiteit toe en je zult afvallen.

Samenvatting

- Het 17 dagendieet is aan elke keuken aan te passen. Een van de redenen is dat de nadruk ligt op groenten, fruit, magere eiwitten en volkoren granen: voedingsgroepen die deel uitmaken van iedere cultuur.
- Het bereiden van voedsel is heel belangrijk. Gebruik minder vet om te koken en minder zetmeelhoudende voedingsmiddelen, waardoor je veel etnische schotels een make-over kunt geven zodat ze bij jouw dieet passen.

- Wees verstandig: eet kleinere porties en vermijd frituren of een andere manieren van koken waarbij je veel vet nodig hebt.
- Het 17 dagendieet is geschikt voor iedereen; het maakt niet uit wat je culturele achtergrond of je land van oorsprong is.

8 Het PMS-uitzonderingsdieet

Op elke regel is wel een uitzondering, maar meestal wil ik dat je gewoon de regels volgt. PMS echter, het premenstrueel syndroom, vraagt erom de regels een beetje te versoepelen.

Vrouwen, ik geloof absoluut dat jullie gelukkig en goed aangepast zijn... totdat jullie een paar dagen voor de menstruatieperiode veranderen in Atilla de Hun en iedereen zonder duidelijke reden afsnauwen. Familie en vrienden mijden jullie en wie kan ze dat kwalijk nemen?

En dan volgt het fysieke gedoe, bijvoorbeeld je lichaam dat zo opzwelt dat het zou moeten worden opgenomen op de navigatiesystemen. Als dan uiteindelijk je menstruatie komt, komen de krampen eveneens. De liefde-haatverhouding die je met je menstruatieperiode hebt (je houdt van de regelmaat waarmee het komt, maar je haat al het andere) zorgt de komende week voor een onvervalste vijandigheid.

Daar komt nog bij dat het in die periode moeilijk is om je aan je dieet te houden. Als je niet dubbelgevouwen ligt van de buikkramp, steek je je vinger een aantal keren per dag in de jampot of eet je in één maaltijd meer dan Paris Hilton weegt.

Wij artsen weten nog steeds niet precies waarom je zo geïrriteerd bent als je menstruatieperiode eraan komt, maar de gangbare theorie is dat schommelende oestrogeen- en progesteronspiegels het stemmingsverbeterende hormoon serotonine beïnvloeden. Serotonine is een hormoon in je hersenen dat ervoor zorgt, als het aanwezig is in de juiste hoeveelheid, dat je je gelukkig voelt. Als de serotoninespiegels dalen – en dat gebeurt dus bij PMS –, voel je je humeurig en ellendig.

Maar ik heb nieuws: je hoeft geen slaaf van je menstruele cyclus te zijn. Je kunt je vast wel die ene vervelende week per maand aan een redelijk dieet houden – en toch afvallen. Dit is belangrijk, omdat als je aan overgewicht lijdt of aan obesitas, je PMS-symptomen verergeren. Je kunt dit voor elkaar krijgen door het volgen van wat ik het PMS-uitzonderingsdieet noem. Het is een combinatie van PMS-voedingsmiddelen en supplementen.

Er zijn veel gelukkige vrouwen die niet lijden aan PMS en dit dieet dus ook niet nodig hebben. Je moet dus eerst vaststellen of je aan PMS lijdt. Je zou nu kunnen denken dat dit een domme opmerking is, en misschien is dat ook wel zo. De meeste vrouwen weten wel of ze PMS hebben of niet. Maar, doe me een lol. Wij artsen hebben een opleiding van acht jaar gedaan en we houden ervan onze medische opleiding in de praktijk te brengen. We houden ervan vragen te stellen die tot een diagnose leiden. Soms gooien we er zelfs wat ongerelateerde vragen tegenaan, zoals 'Wat voor shampoo gebruik je?' of 'Wie speelde Carrie's Californische vriendje in *Sex and the City*?'

Doe alsjeblieft de volgende test. Het duurt maar even.

Checklist

Lijd je aan PMS?

Ervaar je deze symptomen (allemaal of een deel ervan) net voor en/of tijdens je menstruatieperiode? Vink alle symptomen aan die van toepassing zijn.

- ☐ Depressie
- ☐ Hoofdpijn
- ☐ Trek in bepaalde voedingsmiddelen
- ☐ Opgeblazen gevoel
- ☐ Krampen
- ☐ Bedroefde gevoelens
- ☐ Neiging tot terugtrekken
- ☐ Geïrriteerdheid
- ☐ Vermoeidheid
- ☐ Angstgevoelens
- ☐ Nachtmerries
- ☐ Misselijkheid
- ☐ Stemmingswisselingen
- ☐ Gevoelige borsten
- ☐ Huilbuien
- ☐ Slaapproblemen
- ☐ Opvliegers
- ☐ Gewichtstoename

Het is gemakkelijker om de diagnose voor een gebroken arm te stellen dan voor het premenstrueel syndroom, maar als je zes of meer van bovenstaande symptomen ervaart, lijd je waarschijnlijk aan PMS. Heb je er minder dan vijf, dan heb je waarschijnlijk gewoon te maken met menstruele narigheid.

Of je nu te maken hebt met emotionele symptomen of juist met lichamelijke – trekaanvallen, je opgeblazen voelen en rugpijn – PMS kan een noodzakelijk kwaad lijken. Maar je hoeft dat niet voor lief te nemen. Als je je wapent met wat scherpe voedingsadviezen en een beetje aan planning doet, kun je zaken gemakkelijk zo draaien dat jouw menstruatieperiode niet langer de hoofdrol speelt in jouw leven. En je kunt gewoon blijven afvallen, zonder dat je je dieet verwaarloost. Ik zal je laten zien hoe je dit aanpakt. Allereerst kijken we naar voeding die helpt om de symptomen te verminderen; ten tweede laten we zien welke voedingsmiddelen de symptomen verergeren en daardoor zouden moeten worden vermeden en ten derde hoe je het 17 dagendieet een week lang kunt aanpassen zodat je toch blijft afvallen.

Dokter, kunt u mij vertellen, a.u.b.?

Zijn er geen medicijnen tegen PMS die mijn huisarts kan voorschrijven?

Vrouwen lijden al jaren aan PMS en vaak worden ze behandeld met kalmeringsmiddelen, antidepressiva en diuretica. Pijnstillers die je bij de drogist kunt kopen, zoals ibuprofen, zijn effectief bij kramp. Maar om eerlijk te zijn, is aangetoond dat eenvoudige veranderingen in je lifestyle (een gezond dieet) even effectief zijn als medicijnen om de symptomen aan te pakken.

Eet en versla PMS

Ik geef mijn vrouwelijke patiënten een lijst aanbevelingen en ik help ze te beslissen welke ze ter harte willen nemen. Artsen en voedingsdeskundigen zijn het erover eens dat van alle veranderingen die je kunt maken om je premenstruele gezondheid te verbeteren, je het snelst resultaat ziet als je gezonde eetgewoontes aanneemt. Hieronder zie je een overzicht van de dingen die je in het PMS-uitzonderingsdieet kunt opnemen.

Zalm en andere vis

Vis zoals zalm, tonijn, heilbot, sardines, makreel en haring bevatten naast een hoog eiwitgehalte, ook veel goede omega-3-vetzuren, die kramp en andere symptomen kunnen verlichten. Deze vetten stabiliseren ook de hormoonpiek die PMS zo uitgesproken maakt.

Een van de omega-3-vetzuren is DHA, DocosaHexaenoic Acid (docosahexaeenzuur). Lage DHA-spiegels worden gerelateerd aan depressie. Een onderzoek dat werd gepubliceerd in het medische tijdschrift *The Lancet*, liet zien dat in gebieden waar mensen meer vis aten, er minder gevallen van depressies optraden. Een ander onderzoek, dat werd gepubliceerd in de *American Journal of Clinical Nutrition*, liet zien dat de vastgestelde stijging van depressies in de laatste eeuw in Noord-Amerika parallel liep met de verminderde hoeveelheid DHA in onze diëten. Gezien dit bewijs denk ik dat het een goede zaak is om meer vis te eten. Het lijkt een goede, natuurlijke behandeling van depressie.

Andere cadeautjes van ons zeevoedsel zijn onder andere calcium, magnesium, ijzer en zink: allemaal van belang om de symptomen te verminderen.

Recept voor Een Week PMS-uitzonderingsdieet: streef ernaar om elke week twee tot drie porties vis en schaaldieren te eten, als je te maken hebt met de symptomen van PMS.

Andere magere eiwitten

Magere eiwitten zoals mager vlees en kip, helpen je om selenium binnen te krijgen, een belangrijk anti-PMS-mineraal. Angst wordt geassocieerd met een tekort aan dit mineraal. Vijf weken nadat psychologen aan het University College in Wales begonnen met het uitdelen van een dagelijks supplement van 100 microgram selenium aan een groep van vijftig vrouwen en mannen, rapporteerden de mensen dat ze zich beter in balans voelden en een betere stemming hadden. De mensen die aan het begin van het onderzoek het grootste tekort hadden, gaven aan dat ze een geweldige stemmingsverbetering ervoeren. Het U.S. Department of Agriculture heeft gelijke bevindingen gerapporteerd.

Andere bronnen van selenium zijn vis en schaaldieren (vooral tonijn) en volkoren granen. Je kunt je totale dagbehoefte aan selenium in een keer binnenkrijgen als je elke dag drie paranoten eet.

Neem zeker deze week de volgende eiwitten op in je dieet:

- Kipfilet
- Mager rundvlees
- Mager rundergehakt
- Drie paranoten

Recept voor Een Week PMS-uitzonderingsdieet: neem elke dag minstens twee porties magere eiwitten. En eet tijdens je menstruatie elke dag drie paranoten.

Soja-eiwitten
Tofoe, tempeh, sojamelk en edamame (gekookte, lichtgezouten sojabonen in de dop) bevatten plantenhormonen die isoflavonen worden genoemd, die PMS-symptomen kunnen verminderen. Er is bewijs dat deze natuurlijke bestanddelen je lichaam helpen om de extra oestrogenen en progesteron op te nemen die een rol spelen in je gevoelens van humeurigheid, je opgeblazen voelen en krampen.

Recept voor Een Week PMS Uitzonderingsdieet: neem tijdens je menstruatie een aantal keren per week sojavoedingsmiddelen als snack.

Natuurlijke koolhydraten
Koolhydraten zijn de dagelijkse voedingsbouwstenen van serotonine, dat fantastische goed-gevoel-hormoon in je hersenen. Maar niet alle koolhydraten blijken even goed te zijn om serotonine op te bouwen. Veel vrouwen met PMS rapporteerden dat ze minder symptomen hadden na het eten van complexe koolhydraten (volkoren granen, groenten, fruit) omdat die langzamer door het lichaam worden afgebroken, waardoor ze de bloedsuiker, en waarschijnlijk de bron van serotonine, gelijkmatig hielden. Enkelvoudige koolhydraten, ook wel lege koolhydraten genoemd (suiker, stroop, honing) geven je bloedsuiker en serotoninespiegel een tijdelijke oppepper, zodat je na de aanvankelijke kalmteperiode, je je weer geïrriteerd of humeurig voelt. Alcohol (zie dat maar als een supersuiker!) kan dezelfde effecten hebben.

Koolhydraten zoals limabonen en zwarte bonen bevatten veel potassium en magnesium, twee mineralen die helpen om stemmingswisselingen, vermoeidheid, trekaanvallen en een opgeblazen gevoel te voorkomen. Zoete aardappelen zijn rijk aan vitamine B, een voedingsstoffeningrediënt dat ook helpt om PMS-symptomen binnen de perken te houden.

Recept voor een week PMS-*uitzonderingsdieet: maak elke dag een keuze van drie porties uit deze voedingsmiddelenlijst:*

- ½ cup (50 g) gekookte havermout
- 1 cup (70 g) ontbijtgranen met een hoog vezelgehalte
- 1 snee volkorenbrood
- ½ cup (45 g) gekookte peulvruchten
- 1 medium zoete aardappel
- ½ cup (45 g) gekookte maïs
- ½ cup (45 g) gekookte gerst
- ½ cup (45 g) gekookte bruine rijst

Waterafdrijvende groenten

Van een aantal voedingsmiddelen wordt aangenomen dat ze vochtafdrijvend werken, waardoor je lichaam van het teveel aan vocht af komt. De meeste bevatten magnesium, potassium, calcium en andere voedingsstoffen die PMS kunnen verlichten. Asperges zijn een van de beste voedingsmiddelen op dat gebied. Deze groente bevat een aminozuur dat asparagine wordt genoemd dat als een diureticum werkt door overtollig vocht uit je systeem te spoelen. Groenten bevatten ook veel vezels die helpen om je opgeblazen buik te elimineren en te verlichten.

Eet tijdens je menstruatieperiode de volgende groenten:

- Asperges
- Bietjes
- Komkommers
- Sla, alle soorten
- Peterselie
- Spinazie
- Tomaten
- Waterkers

Recept voor een week PMS-*uitzonderingsdieet: Eet elke dag een ruime hoeveelheid vochtafdrijvende groenten.*

Fruit met een hoog suikergehalte

Net als bepaalde soorten groenten, is er veel fruit dat bomvol potassium zit, een anti-PMS-ingrediënt. Om een paar bekende te noemen: bananen, cantaloupe, druiven en mango's. En ja, dat fruit bevat ook veel suiker, maar voor dit eetplan is dat juist een plus. Fruit is het snoep van de natuur en helpt je om tijdens je menstruatieperiode je trek in zoete dingen te temmen.

Richt je meteen op vezelrijk fruit, zoals appels, peren en bessen. Eet je fruit en drink het niet, omdat fruitsap bijna pure suiker is.

Recept voor een week PMS-uitzonderingsdieet: Geniet elke dag van drie porties vers fruit, met de nadruk op het fruit dat ik hierboven heb genoemd.

Probiotica en calciumrijke voeding

Bij het 17 dagendieet eet je al probiotica. Raad eens? Deze goede bacteriën zorgen ook voor een regelmatige stoelgang en voorkomen dat je opgeblazen raakt. Uit onderzoek bleek dat vrouwen die buikpijn hadden, zich opgeblazen voelden, aan verstopping leden en/of diarree hadden na het innemen van probiotica in supplementvorm gedurende vier weken, zagen dat ze minder opgeblazen waren dan de vrouwen die een placebo kregen.

Probiotische voedingsmiddelen, zoals yoghurt, zorgen voor een belangrijk anti-PMS-mineraal: calcium. Onderzoek laat zien dat vrouwen die elke dag, de hele maand lang, 1000 tot 1200 mg calcium binnenkregen, minder menstruatiegerelateerde stemmingswisselingen hadden dan de vrouwen die minder zuivel aten. Calciumtekort lijkt hormoonschommelingen te verergeren, dus als je voldoende van dit mineraal binnenkrijgt, zorgt dat ervoor dat je hormonen stabiel blijven en het serotoninegehalte hoog. Je zult je beduidend minder nerveus, geïrriteerd, terneergeslagen en humeurig voelen.

Recept voor een week PMS-uitzonderingsdieet: Neem elke dag twee porties probiotica. Kies ze uit de 17 dagendieetlijst.

Anti-PMS-vet

Om hormonen efficiënt te metaboliseren, heeft je lichaam essentiële vetzuren nodig. Essentiële vetzuren zijn een collectie meervoudig onverzadigde vetten die van vitaal belang zijn voor je lichaamsfuncties. 'Essentieel' betekent dat je lichaam ze zelf niet kan maken, dus moeten we ze dagelijks uit ons dieet halen.

Essentiële vetzuren worden omgezet in prostaglandines zodat ons lichaam er zijn voordeel mee kan doen. Prostaglandines zijn hormoonachtige substanties die verantwoordelijk zijn voor het regelen van de bloeddruk en het uitzetten van de bloedvaten voor een betere circulatie. Ze voorkomen dat het bloed stolt, ze verminderen ontstekingen en regelen de insulinespiegels. Ze treden ook als waakhond op voor het immuunsysteem.

Het toevoegen van essentiële vetzuren door middel van supplementen, die het vetzuur gamma-linoleenzuur (GLZ) bevatten en/of omega-3-vetten, heeft aangetoond dat ze helpen bij het onder controle krijgen van PMS-symptomen. Teunisbloemolie bevat veel GLZ en is een effectief anti-PMS-supplement dat je in capsulevorm kunt innemen (zie hieronder). Lijnzaadolie is afgeladen met omega-3-vetzuren en daardoor een fantastisch voedingsmiddel om tijdens je menstruatieperiode te gebruiken. Het helpt bij het regelen van je hormonen.

Recept voor een week PMS-uitzonderingsdieet: Neem een tot twee eetlepels lijnzaadolie per dag als vriendelijk vet. Praat met je arts over het innemen van vetsupplementen.

Chocolade

De aanbeveling een stuk chocolade tijdens je menstruatieperiode te eten, is controversieel. Sommige artsen zeggen: 'natuurlijk', andere artsen zeggen: 'nee!' Ik behoor tot de groep die gelooft dat chocolade hét middel tegen chagrijnigheid is. Iedereen die chocolade eet, voelt zich gelukkig. Het geeft je hersenen een oppepper om serotonine te produceren en chocolade bevat ook nog eens fenylethylamine, het zelfde hersenhormoon dat in hogere concentraties wordt aangemaakt als je verliefd bent.

Chocolade heeft veel andere eigenschappen. Het is rijk aan magnesium, een kalmerend mineraal. Als je relatie met chocolade is gebaseerd op gezondheidsoverwegingen, dan is hoe donkerder, hoe beter. Pure chocolade bevat de meeste cacao, en cacao is het magische goedje; het is rijk aan flavonoïden, een groep hormonen die hart en bloedvaten beschermen tegen weefselschade. Melkchocolade is zoeter en minder intens dan pure chocolade, maar bevat ook veel minder flavonoïden.

Dus ga je gang, laat chocolade je gelukkig voelen, maar beperk je wel tot dagelijks 15 tot 30 g pure chocolade of wat chocolademelk met weinig calorieën. Voel je de drang om chocolade te eten, wees dan verstandig: je hoeft je niet vol te proppen met een chocoladekonijn van 1 meter 80 hoog. Elk voordeel van chocolade wordt van tafel geveegd als je je er te buiten aan gaat en erdoor aankomt. Ontken je trek tijdens je menstruatieperiode niet, maar houd hem wel onder controle.

Recept voor een week PMS-uitzonderingsdieet: Geniet elke dag van 15 tot 30 g pure chocolade of een beetje chocolademelk met weinig calorieën tijdens de week van je menstruatie. Als je tenminste behoefte hebt aan chocolade.

Andere voedingstips om PMS te bestrijden

Meer maaltijden. Zorg dat je vijf tot zes maaltijden per dag eet (ontbijt, lunch, diner en tussendoortjes). Het doel is je bloedsuiker stabiel te houden. Een continue inname van voedingsmiddelen die rijk zijn aan complexe koolhydraten helpt om je bloedsuiker hoog te houden, waardoor je minder last zult krijgen van geïrriteerdheid die door hormonen wordt veroorzaakt. Probeer niet langer dan drie uur niet te eten. Maaltijden die een goede balans hebben van natuurlijke koolhydraten en een gemiddelde hoeveelheid eiwit, schijnen hét antwoord voor tal van vrouwen te zijn.

Geef je body water. Om opgeblazenheid te voorkomen, besluiten sommige vrouwen juist geen extra water voor hun menstruatieperiode te drinken. Een opgeblazen lichaam van nog meer vocht te voorzien lijkt wel het laatste wat je wilt doen, maar in feite is water drinken een van de beste manieren om je lichaam aan te zetten om zich van overtollig vocht te ontdoen. Als je vermijdt om water te drinken, reageert je lichaam daarop met het opslaan van vocht, waardoor je nog veel erger opgeblazen raakt. Drink daarom minstens acht glazen water per dag.

Wat moet je vermijden?

Een aantal voedingsmiddelen en stofjes verergeren je symptomen. Dus kun je ze beter vermijden.

Frisdrank. Dit drink je toch al niet bij het 17 dagendieet en je wilt het zeker niet drinken tijdens je menstruatieperiode. De belletjes in koolzuurhoudende frisdrank zullen ervoor zorgen dat je maag uitpuilt. Houd het bij gewoon water.

Kauwgom. Als je kauwgom kauwt, slik je veel overbodige lucht in en dat verergert de opgeblazenheid. Spuug die kauwgom dus maar uit.

Middagkoolhydraten. Bij het 17 dagendieet eet je na 2 uur 's middags geen koolhydraten meer. Dit is een goede oefening om ook tijdens je menstruatieperiode te doen. Zetmeelachtige voedingsmiddelen zoals brood en pasta kunnen ervoor zorgen dat je vocht vasthoudt. Eet ze dus niet voor je 's avonds naar bed gaat om te voorkomen dat je pafferig opstaat.

Zout. Zelfs een klein beetje kan genoeg zijn om opgeblazen te raken en om gevoelige borsten te krijgen. Je zoutinname verminderen is vrij gemakkelijk en kan je echt helpen met je symptomen. Maak je eten smakelijker door kruiden, specerijen, smaakmakers met weinig of geen zout, zoutarme sojasaus, zeezout of kelp.

Cafeïne. Voeding en dranken die cafeïne bevatten kunnen de gevoeligheid van je borsten verergeren, je angst, je geïrriteerdheid en je stemmingswisselingen. Cafeïne kan ook nog eens je lichaam beroven van zijn vitamines B, die juist belangrijk zijn om je hormoonspiegels in balans te houden. Recente onderzoeken hebben aangetoond dat hoe meer koffie een vrouw drinkt, hoe erger haar PMS-conditie is. Ga nu niet meteen drastisch minderen, want dan kun je weer te maken krijgen met afkickverschijnselen. Verminder de hoeveelheid koffie die je drinkt elke paar dagen met een half kopje of meng je koffie met cafeïnevrije koffie, waarbij je stapsgewijs de hoeveelheid cafeïnevrije koffie vermeerdert, en de gewone koffie vermindert. Dit moet in een paar weken gepiept zijn. Pak meteen de vermindering aan van andere cafeïnebronnen, zoals sommige soorten thee en cola.

Geraffineerde suiker. Dit is echt een *no-no*! Witte suiker houdt de absorptie van de belangrijke voedingsstof magnesium tegen, waardoor er grote schommelingen in je bloedsuiker ontstaan, je je moe kunt voelen en je lichaam ook nog eens wordt beroofd van vitamines B. Als je je niet goed voelt, stop je dan niet vol met troosteten dat afgeladen is met suiker. Je zult je veel beter voelen als je zoetigheid laat staan. De directe oppepper die je krijgt van suiker wordt meestal gevolgd door vermoeidheid, en als je ook al ontvankelijk bent voor depressie, dan kunnen dingen veel erger lijken dan ze zijn omdat je zo moe bent.

Alcohol. Beperk je tijdens je menstruatieperiode tot niet meer dan één drankje per dag of sla alcohol helemaal over. Het kan fungeren als stemmingsbederver en je geïrriteerd maken.

Eieren. Vervang tijdens je menstruatieperiode eieren door alleen de eiwitten. Het vetgehalte van eieren kan de absorptie van magnesium in de war schoppen.

Dokter, kunt u mij vertellen, a.u.b.?

Mijn spijsvertering is helemaal in de war tijdens mijn menstruatieperiode. Wat kan ik daaraan doen?

Wat je nu omschrijft, komt behoorlijk vaak voor. Een slechte spijsvertering kan PMS zelfs verergeren en daar kun je de volgende maatregelen voor nemen:

1. Eet veel verschillende 'volledige' voedingsmiddelen, zodat je alle voedingsstoffen binnenkrijgt die je nodig hebt. Vermijd voedsel uit blik, diepvries en ander bewerkt voedsel.
2. Eet zo veel mogelijk vers bereid voedsel.
3. Eet je zwaarste maaltijd tussen de middag. Hoe later je eet op de dag, hoe lichter je maaltijd zou moeten zijn. Dit helpt je trouwens ook om je gewicht onder controle te houden.
4. Kauw je eten heel goed, zodat het gemakkelijker verteerbaar wordt.

5. Als je je maaltijd bereidt, zorg dan voor een vredige, ontspannen atmosfeer in je keuken om je eten te voorzien van een gezonde energie.
6. Eet, als het mogelijk is, elke dag op hetzelfde tijdstip.
7. Warm of heet voedsel eten zorgt voor een betere spijsvertering.
8. Drink geen koude dranken; deze verminderen het verteringsvermogen van je maag. Probeer eens gewoon warm water te drinken dat je op smaak hebt gebracht met vers geperst citroensap.

Het PMS-uitzonderingsdieet

Hieronder laat ik je een effectieve manier zien om je maaltijden tijdens je menstruatieperiode te plannen. Gebruik deze voorbeeldmaaltijden als een richtlijn om je eigen week voor een symptoomvrij leven te plannen.

Dag 1

Ontbijt

- Havermout met appel en kaneel. Schil een medium appel, snijd hem in blokjes of rasp hem. Kook de appel samen met de havermout (½ cup = 45 g gekookt). Serveer het en strooi er kaneel overheen. Kaneel helpt je bloedsuikerspiegel stabiel te houden.

Lunch

- Kalkoensandwich: verdeel een eetlepel dijonmosterd over 2 sneetjes volkorenbrood en leg daar plakken magere kalkoenfilet en tomaat op
- 180 ml vetvrije of suikervrije yoghurt met 1 cup (150 g) mangostukjes

Diner

- Gegrilde zalm
- Grote salade van sla, tomaat en peterselie, met een dressing van 1 eetlepel lijnzaadolie en 2 eetlepels kruidenazijn

Tussendoortjes

- 3 paranoten
- 15 g donkere chocolade
- 180 ml vetvrije of suikervrije yoghurt, of 1 cup (250 ml) sojamelk
- ½ medium cantaloupe

Dag 2

Ontbijt

- Kaasparfait: combineer ½ cup (120 g) cottage cheese met 1 cup (150 g) bessen of aardbeien en 3 fijngehakte paranoten

Lunch

- 1,5 cup (ca. 210 g) gekookte volkorenpasta (dit telt meteen voor alle 3 je dagelijkse porties natuurlijk zetmeel) met suikervrije marinarasaus
- 1 medium appel of peer

Diner

- Gegrilde of gebakken kip
- Ruime hoeveelheid gestoomde asperges
- Gesneden tomaat, besprenkeld met 1 eetlepel lijnzaadolie en kruiden
- ½ cup (125 ml) vetarme chocoladepudding

Tussendoortjes

- 180 ml vetvrije gewone of suikervrije yoghurt
- 1 medium banaan

Dag 3

Ontbijt

- 1 cup (250 ml) chocolademelk gemaakt met sojamelk
- Roerei van 2 eiwitten
- 1 sneetje volkoren toast
- ½ medium cantaloupe

Lunch

- Tonijnsandwich: meng een blikje van 150 g tonijn met een eetlepel lightmayonaise en 3 eetlepels fijngehakte bleekselderij. Verdeel dit mengsel over 2 sneetjes volkorenbrood en leg daar plakken tomaat bovenop
- 180 ml vetvrije gewone of suikervrije yoghurt met 1 cup (150 g) mangoblokjes

Diner

- Gegrilde steak
- Grote salade van sla, tomaat en peterselie, met een dressing van 1 eetlepel lijnzaadolie en 2 eetlepels kruidenazijn

Tussendoortjes

- 1 medium appel of peer
- 3 paranoten
- Grote kom edamame

Dag 4

Ontbijt

- 1 cup (ca. 75 g) vezelrijke ontbijtgranen
- 1 medium banaan in plakjes voor over de ontbijtgranen
- 1 cup (250 ml) sojamelk

Lunch

- Grote spinaziesalade van spinazieblaadjes, met daarbovenop ½ cup (50 g) tofoeblokjes, 2 plakken gebakken kalkoenbacon (verkruimeld), ½ cup (60 g) garbanzobonen en gehakte peterselie, besprenkeld met vetvrije dressing
- 1 sneetje volkoren brood
- 180 ml vetvrije gewone of suikervrije yoghurt met 1 cup (150 g) bessen of aardbeien

Diner

- Gegrilde varkenskarbonaadjes
- Tomaat-komkommersalade. Snijd een halve komkommer in plakjes en combineer dat met 1 cup (125 g) kerstomaatjes en sprenkel daar 1 eetlepel lijnzaadolie met 2 eetlepels kruidenazijn overheen

Tussendoortjes

- 3 paranoten
- 30 g donkere chocolade
- 180 ml vetvrije gewone of suikervrije yoghurt
- 1 medium appel of peer

Dag 5

Ontbijt

- Open kaastosti: neem 2 sneetjes volkorenbrood en verdeel daar 3 eetlepels zeer grof geraspte pittige 20+ kaas over. Onder de grill laten roosteren tot de kaas bijna helemaal is gesmolten
- 1 cup (125 g) meloenballetjes

Lunch

- Salade van de chef: veel sla, stukjes komkommer, ½ cup (60 g) garbanzobonen, zoetzure bietjes in plakjes en stukjes gebakken kip of kalkoen met daaroverheen een dressing van 1 eetlepel lijnzaadolie en 2 eetlepels kruidenazijn
- 180 ml vetvrije gewone of suikervrije yoghurt met 1 cup (150 g) verse bessen of aardbeien

Diner

- Gegrilde of gebakken zalm
- Gestoomde asperges
- ½ cup (125 ml) vetarme chocoladepudding

Tussendoortjes

- 1 cup (160 g) verse ananasstukjes
- 3 paranoten
- Grote kom edamame

Dag 6

Ontbijt

- Smoothie: doe ½ cup (125 ml) sojamelk in de blender, samen met 180 ml light of vetarme gewone yoghurt, 1 banaan in plakjes, een klein beetje vanille-extract en 4 ijsklontjes
- 1 sneetje volkorentoast

Lunch

- Gekookte of gestoomde garnalen
- ½ cup (50 g) gekookte limabonen
- ½ cup (80 g) maïs
- 1 medium appel of peer

Diner

- Gegrilde steak
- Gemengde groene salade met peterselie, stukjes komkommer en kerstomaatjes, met daaroverheen een dressing van 1 eetlepel lijnzaadolie en 2 eetlepels kruidenazijn of balsamico
- 1 glas (130 ml) rode wijn

Tussendoortjes

- 3 paranoten
- 30 g donkere chocolade
- 180 ml vetvrije gewone of suikervrije yoghurt
- ½ medium cantaloupe of 1 cup (150 g) aardbeien

Dag 7

Ontbijt

- Roerei van 2 eiwitten
- ½ cup (45 g) gekookte havermout
- 1 cup (150 g) bessen

Lunch

- Magere hamburger of tartaartje
- 1 cup (160 g) gekookte bruine rijst

- Gestoofde tomaten
- 180 ml vetvrije gewone of suikervrije yoghurt
- 1 medium appel of peer

Diner
- Geroosterde kalkoenfilet
- Gestoomde asperges
- Komkommer-tomaatsalade: snijd een halve komkommer in plakjes, doe daar een cup (ca. 125 g) kerstomaatjes bij en sprenkel daar een dressing van 1 eetlepel lijnzaadolie met 2 eetlepels kruidenazijn overheen
- 1 glas (130 ml) rode wijn

Tussendoortjes
- 3 paranoten
- 30 g donkere chocolade
- 180 ml vetvrije gewone of suikervrije yoghurt
- 1 medium banaan

Weet welke supplementen je slikt bij PMS

De pillen die ik het liefst in de strijd gooi bij medische problemen, zijn voedingssupplementen. Er zijn veel supplementen die je regelmatig kunt innemen die je kunnen helpen. Vraag advies aan je arts als je de volgende supplementen overweegt:

Multivitamines/mineralen. Neem er elke ochtend een in bij je ontbijt (als je kindervitamines slikt, neem er dan twee). Als je een multi tegelijk met voedsel inneemt, dan worden de vitamines en mineralen veel beter opgenomen, vooral B6, magnesium en potassium – voedingsstoffen die helpen om premenstruele narigheid te verlichten. Vitamine B6 is belangrijk voor de lever om de te hoge oestrogeenspiegels te reguleren en heeft bewezen te helpen bij het voorkomen van menstruele krampen.

Vitamine D. Voldoende dagelijkse inname van vitamine D (400 IU) zou ook PMS-symptomen kunnen verlichten, vooral geïrriteerdheid.

Calciumcarbonaat. Minstens 1200 mg. Het dagelijkse dieet van vrouwen voorziet in slechts 600 tot 800 mg calcium per dag, en niet de 1000 tot 1200 mg die nodig is om PMS-symptomen af te zwakken. Een onderzoek wees uit dat vrouwen die deze dosering innamen, de ernst van hun PMS-symptomen met maar liefst 48 procent zagen afnemen. Calcium schijnt de verwerking van serotonine door de hersenen te verbeteren.

Magnesium. Tweemaal 400 mg per dag. Dit mineraal heeft een kalmerend effect en gaat geïrriteerdheid tegen. Volkoren granen en linzen zitten er boordevol van, maar je kunt het ook als supplement innemen. Magnesium kan je stemming verbeteren en onderzoek heeft aangetoond dat het belangrijke verlichting kan bieden bij vrouwen die lijden aan menstruele hoofdpijn. Magnesiumcitraat, -aspartaat en -glycinaat worden beter opgenomen dan magnesiumdoxide.

Visolie. 3 g per dag. Verhoog je dosering tot 5 g per dag als de PMS-symptomen beginnen.

Teunisbloemolie. Dagelijks 1000 mg. Het verlicht een van de meest voorkomende PMS-symptomen: gevoelige borsten.

De slanke 17

Zeventien opblaasdoorprikkers

Het is zaterdagavond en je trekt je meest sexy jeans aan. Eén probleempje: je buik is zo opgezwollen dat je de rits niet dichtkrijgt. Klinkt bekend? Opgeblazenheid is een normaal, maar wel erg vervelend PMS-symptoom dat veel oorzaken heeft. Vocht vasthouden bij vrouwen is vaak het gevolg van de hormonale veranderingen, die optreden vlak voor je menstruatieperiode begint. Er zijn hersenhormonen en hersenchemicaliën die je darmen beïnvloeden; oestrogeen en progesteron zijn in feite hersenchemicaliën. Ze hebben invloed op de hersenen en op het zenuwstelsel en hebben ook invloed op de beweeglijkheid van de darmen. Gelukkig bestaan er eenvoudige manieren om van opgeblazenheid af te komen. Probeer een van deze trucjes uit om je jeans weer te laten passen.

1. Houd op met het eten van zoutrijke voeding, vooral soep in blik, fastfood en gedroogd vlees. Zout zorgt ervoor dat je lichaam vocht vasthoudt.
2. Drink meer water. Geloof het of niet, extra vocht zal je helpen om zout weg te spoelen en daarmee die opgeblazenheid.
3. Vermijd gewone koolhydraten (denk aan witbrood, witte pasta, witte rijst enzovoort). Koolhydraten worden afgebroken in onder andere glucose en in het lichaam opgeslagen als glycogeen voor energie. Om te kunnen worden opgeslagen moet een watermolecuul zich eerst aan de glucose hechten. Dus hoe meer opgeslagen koolhydraten je hebt, hoe zwaarder je je zult voelen.
4. Kies voor vezelrijke koolhydraten zoals groenten en fruit. Hoe langer je voedsel in je ingewanden blijft zitten, hoe meer je geneigd bent om vocht vast te houden.
5. Beweeg! Hierdoor verdwijnt overtollig vocht door transpiratie en je spijsvertering gaat sneller. Als je beweegt, stimuleer je je spieren die helpen om voeding en water sneller door je systeem te voeren. Bestrijd constipatie door elke dag minstens 17 minuten te lopen, zodat je eten zich door je darmstelsel kan bewegen. Bewegen tot je transpireert, is ook een manier om van vocht af te komen. Daarbij heeft onderzoek uitgewezen dat je krampen kunt bestrijden door matig te bewegen, en dat geldt ook voor hoofdpijn en lage rugpijn. Je slaap verbetert én je vermoeidheid wordt minder. Dat is nog niet alles, want door beweging worden je endorfinespiegels hoger en die zorgen weer voor een beter humeur.
6. Neem calcium en magnesium in, zoals ik hiervoor al heb aanbevolen. Beide strijden met zout om opname in je lichaam, dus als je van beide de juiste hoeveelheid inneemt, wordt je lichaam gedwongen om het zout dat niet goed is opgenomen, eruit te spoelen.
7. Wees voorzichtig met diuretica (ook wel plaspillen genoemd). Als je ophoudt met het slikken van een diureticum, zal je lichaam meer vocht vasthouden, waardoor je nog een tot twee weken daarna opgeblazen kunt raken. Dit kan leiden tot fysieke afhankelijkheid zodat je lichaam dat medicijn nodig heeft om zichzelf van overtollig vocht te ontdoen, in plaats van dat dat op de natuurlijke manier kan plaatsvinden.

8. Vermijd frisdrank. Ik kan deze aanbeveling niet genoeg benadrukken. Door de cafeïne in frisdrank droog je uit, terwijl fosfor, een algemeen frisdrankingrediënt, voor ontsteking van de binnenkant van je darmen zorgt, waardoor je je nog opgeblazener zult voelen.
9. Praat eens met je arts over de pil. De pil kan zorgen voor een stabiele progesteronspiegel. Progesteron is een hormoon dat voor opgeblazenheid kan zorgen. Dus hoe stabieler, hoe minder kans je loopt om je een luchtballon te voelen.
10. Geef je B6 een oppepper. Veel PMS-symptomen, inclusief vocht vasthouden, worden aangestuurd door het onvermogen van je lichaam om vitamine B6 goed om te zetten. Neem elke dag 50 tot 100 mg B6 om te zien of het helpt.
11. Stop met het eten van junkfood. Verminder de hoeveelheid voedingsmiddelen die moeilijk te verteren zijn, zoals suikerige, vettige en gefrituurde rotzooi die in je darmen blijft zitten waardoor je constipatie en uitgezette darmen krijgt.
12. Geniet van vochtafdrijvende groenten.
13. Om van dat opgeblazen gevoel af te komen, zou je een natuurlijk diuretisch drankje kunnen proberen, zoals een kop kamille- of paardenbloemthee of een glas gewoon water met citroen of limoen (wel water zonder koolzuur).
14. De kunstmatige zoetstof sorbitol die in suikervrije kauwgom en snoep zit, kan bijdragen aan opgeblazenheid. Net als het nuttigen van alcohol, cafeïne en zelfs nicotine.
15. Vermijd ook zuivelproducten die lactose (melksuiker) bevatten omdat die ook je opblaassymptomen verergeren.
16. Zorg voor meer proteïne (eiwit) voor en na je menstruatieperiode. Proteïnen hebben een diuretisch effect op je lichaam.
17. Neem probioticasupplementen.

Als de veranderingen die ik hier voorstel je iets te veel van het goede zijn, probeer er dan steeds een paar tegelijk. Mijn patiënten hebben me verteld dat het grootste verschil tot stand kwam door regelmatiger te eten, geen geraffineerde suiker meer te gebruiken en door meer te bewegen. Wat je ook kunt doen, is de symptomen aanpakken die jou het meeste last bezorgen: als je echt last hebt van je borsten bijvoorbeeld, neem dan teunisbloemolie in of gebruik even geen zout meer om te kijken of dat helpt.

Om te bepalen of het PMS-uitzonderingsdieet echt voor jou is, zou je het minstens zes cycli moeten volgen. En schrijf op wat je ervaart. Als je symptomen afnemen, zul je veel gemotiveerder zijn om je aan het nieuwe plan te houden. Als een symptoom echter blijft voortduren of als je blijft aankomen, maak dan een afspraak met je huisarts. Houd de ultieme beweegredenen steeds in je achterhoofd: het verlichten van je PMS-symptomen én aanhoudend gewichtsverlies.

Samenvatting

- Bepaalde kleine aanpassingen in het 17 dagendieet kunnen je helpen met je menstruatieperikelen. Voeg meer omega-3-rijke voeding aan je dieet toe, zoals zalm, verhoog je dagelijkse natuurlijke koolhydraatinname tot drie porties per dag, eet meer vochtafdrijvende groenten en geniet van fruit met een hoger suikergehalte.
- Probiotica en calciumrijke voeding helpen je met spijsverteringsproblemen en stemmingswisselingen.
- Eet tijdens je menstruatieperiode een stukje donkere chocolade. Dat helpt tegen stress!
- Eet meer maaltijden (vijf tot zes elke dag) om een gelijkmatige bloedsuikerspiegel te houden.
- Vermijd frisdrank, kauwgom kauwen, koolhydraten na 1 uur 's middags, te veel zout, cafeïne, geraffineerde suiker en eieren (behalve het wit van eieren).
- Diverse supplementen kunnen je helpen: een multivitamine/mineraal; vitamine D; calcium, magnesium, visolie en teunisbloemolie.
- Pas anti-opblaasstrategieën toe, inclusief de hele dag door veel water drinken.

De 17-minutenworkout

Zonlicht verzacht je PMS-symptomen

Aerobicactiviteiten kun je het beste buiten doen als je PMS-narigheid wilt verlichten. Zonlicht heeft al bewezen depressies terug te kunnen dringen, net als trek in koolhydraten, vermoeidheid en geïrriteerdheid bij vrouwen met PMS. Als je te veel tijd in kunstlicht doorbrengt, kunnen je PMS-symptomen juist verergeren.

Probeer daarom wat stevige wandelingen, tennis, hardlopen of fietsen. Dit zijn de activiteiten die bijdragen aan een verhoogd gevoel van ontspanning en welbevinden. Aerobicbeweging verbetert over het algemeen de productie van endorfinen, hersenhormonen die een kalmerend effect hebben. Het helpt ook om je hart en botten gezond te houden en om spierspanning te verzachten.

Als aanvulling op de bekende aerobicactiviteiten, is yoga het op een na beste bewegingsvoorschrift voor PMS. Hiermee stretch je je spieren, recht je je ruggengraat en verbeter je je mentale focus. Beweeg echter niet fanatiek, omdat dat juist zorgt voor onregelmatige menstruatieperiodes of voor het helemaal stoppen van je menstruatie, en voor ongezonde omstandigheden die leiden tot vroegtijdig botverlies.

Deel 3

Zorg dat het eraf blijft!

Uit eten met het 17 dagendieet

9

Niemand zit tegenwoordig elke dag thuis. Waar dan wel? In een restaurant. Nederlanders gaan minder dan een paar jaar geleden uit eten. Wie destijds nog een of twee keer in de week uit eten ging, doet dat nu eens in de twee weken of zelfs nog maar eenmaal per maand. En dan hebben we het over privé uit eten gaan. Voor veel zakenmensen (m/v) is er weinig veranderd. Wat wel ongeveer hetzelfde is gebleven, zijn de bezoeken aan fastfoodzaken. En iedereen weet dat dit geen gezonde gewoonte is, want hoewel er ook salades worden aangeboden, zijn het toch meestal de friet, de burgers en de enorme cola's die over de toonbank gaan. Om van de ijsjes maar te zwijgen. Het is hier nog niet zo erg als in Amerika, waar je zelfs fastfoodrestaurants in ziekenhuizen aantreft! Zogenaamd voor de bezoekers, maar elke patiënt die kan wandelen, kan daar ook naar binnen lopen. En anders neemt het bezoek wel iets voor ze mee.

Dat het overgewichtprobleem steeds groter wordt, is voor veel mensen niet echt alarmerend, maar zou dat wel moeten zijn. De WHO, de Wereldgezondheidsorganisatie, denkt dat over tien jaar overgewicht wereldwijd het belangrijkste medische probleem zal zijn, waar meer mensen aan overlijden dan aan de gevolgen van roken. Het mag ondertussen toch wel duidelijk zijn dat overgewicht geen vrijblijvend iets is wat zich beperkt tot 'mijn broekband zit zo strak'. Je gezondheid én je leven staan op het spel. In Nederland leed in 2010 maar liefst 50 procent van de volwassen mensen aan overgewicht, en 14 procent aan obesitas (ernstig overgewicht); 1,5 procent leed aan morbide obesitas (levensbedreigend overgewicht). Onder jongeren van vijf tot zestien jaar leed ruim 13 procent aan overgewicht en 7 procent aan kinderobesitas. Er zijn zelfs kinderen vanaf twee jaar die al aan (ernstig) overgewicht lijden.

Hoewel dit geen onbekende gegevens zijn, zul je versteld staan als je weet hoeveel calorieën je naar binnenkrijgt bij een doorsnee restaurantbezoek. Zo kan een gezond klinkend gerecht als een kip-tortilla-omelet, 1360 calorieën bevatten. Ben je op dieet dan zit je al bijna aan je totale dagelijkse calorie-inname.

En als je in het vegetarische restaurant kiest voor het dessert met die gezonde groenteklank: worteltjestaart, dan kan dat stuk taart variëren van 1200 tot maar liefst 1550 calorieën als er glazuur op zit. Wie in het buitenland een Taco Bell binnenstapt en daar een Kip Ranch Taco Salade bestelt in een tacoschelp, krijgt 995 calorieën binnen, en ook nog eens 55 g vet. Au! En sinds Starbucks hier ook steeds populairder wordt: een medium Starbucks mokkakoffie (mochaccino) met een scone met kaneel, mag op 770 calorieën waarvan 30 g vet, rekenen. Bestel je een frappuccino, en die zijn er in veel verleidelijke varianten, dan zit je gemiddeld op 400 calorieën, waarvan maar liefst een derde wordt geleverd door verzadigde vetten! Oh, ze hebben ook gewone, heerlijke koffie, en zonder suiker en melk levert dat 0 calorieën op. Lijkt mij niet moeilijk kiezen.

Dit zijn geen geheime cijfers. Je kunt ze vinden op de websites van restaurants. In de komende jaren zullen er steeds meer restaurants toe over gaan ook het aantal calorieën van een gerecht, inclusief het vet- en koolhydraatgehalte, op de kaart te zetten. Er zijn al restaurants die dat doen. Een heel goede ontwikkeling. In Amerika is dat sinds 2010 zelfs verplicht voor restaurantketens met twintig of meer vestigingen.

Veel restaurantvoeding is het perfecte recept voor obesitas en uiteindelijk zelfs aandoeningen als je vaak en verkeerd uit eten gaat. Maar, we hebben onszelf getraind om uit eten te gaan. We hebben het immers véél te druk om te koken…

Dus wat is het antwoord? Alleen gestoomde groenten eten? Weigeren om nog uit eten te gaan? Absoluut niet. Integendeel. Je kunt bij het 17 dagendieet zeker heerlijk uit eten gaan en de ervaring die je inmiddels met het dieet hebt opgedaan, toepassen bij je menukeuzes. Veel restaurants bieden tegenwoordig vetarme, caloriearme gerechten aan, waardoor het gemakkelijker wordt om te genieten van een verrukkelijke én voedingsrijke restaurantmaaltijd. Als je maar weet waar je om moet vragen. Ik geef je wat tips die je helpen om verstandige keuzes te maken in een restaurant.

De slanke 17

17 dikmakers* in het restaurant**

Menukeuze	Calorieën
1. Kaasfrietjes (4 cups = ca. 350 g) en acht eetlepels ranchdressing	3010
2. Bloeiende ui (ui in de vorm van een bloem, gepaneerd en gefrituurd)	2400
3. Gemengde visschotel, gefrituurd (met vier eetlepels tartaarsaus, frietjes, Amerikaanse koolsla en stokbrood met twee kuipjes boter)	2170
4. Gefrituurde kipschotel, met stokbrood en aardappelpuree	2000
5. Combinatieschotel Lo Mein-noedels	1820
6. Kung Pao kip met rijst	1600
7. General Tso's kip met rijst	1600
8. Fettuccine Alfredo	1500
9. Kwarktaart	1500
10. Gesmolten chocoladecake met ijs	1270
11. Spaghetti met gehaktballetjes	1200
12. Biefreepjes en broccoli met rijst	1200
13. Lo Mein	1100
14. Gevulde aardappelschil (acht schillen met vijf eetlepels zure room)	1120
15. Grote fastfoodshake	1010
16. Gefrituurde inktvisringetjes	1000
17. Kaasquesadilla of een kipburrito	1000

* De hoeveelheid calorieën kunnen bij bepaalde restaurants verschillen.

** *Noot van de vertaler*: Een aantal van deze gerechten is typisch Amerikaans, maar raken in Nederland ook steeds meer ingeburgerd. Omdat in Nederland de porties kleiner zijn, kun je ongeveer 25 procent van de calorieën aftrekken, maar dan nog!

Wat je moet weten voor je de deur uitgaat

De meeste restaurants hebben een website waarop je ook de menukaart vindt. Kijk voordat je er naartoe gaat welke gezonde gerechten ze hebben – gegrilde gerechten, maaltijdsalades, bijgerechten zoals salades en groenten enzovoort. Neem voordat je ernaartoe gaat, de beslissing wat je gaat bestellen en blijf daar dan ook bij. Verzamel de menu's van de restaurants die je het vaakst bezoekt zodat je gemakkelijker je menukeuze kunt maken.

Kies een rustige plaats uit

Niemand weet het, maar mensen die op een plaats in het restaurant zitten waar het druk is en waar veel afleiding is (bij een raam of voor een televisie), eten aanzienlijk meer. Drukte en afleiding maken het moeilijker om bij te houden hoeveel je in je mond stopt. Als je reserveert, vraag dan om een rustige tafel. Als je binnenloopt zonder reservering en ze willen je een tafel geven op een drukke plek, vraag dan om een rustiger plaats. Het is het wachten waard!

Bestel als eerste

Je hebt al besloten om iets lichts van het menu te kiezen, maar als je tafelgenoot dan die decadente steak friet bestelt, denk jij meteen aan die saaie gegrilde zalm. Om niet in verleiding te worden gebracht door de minder gezonde keuze van je tafelgenoot, moet jij als eerste je bestelling opgeven. En als je niet als eerste kunt bestellen, maak dan je keuze, doe het menu dicht en herhaal je keuze in gedachten zodat je ook bij deze keuze blijft. Als je eet bij een restaurant waar je vaak komt, vraag dan om een van je favoriete gezonde keuzes, zonder het menu zelfs maar te bekijken.

Het gaat erom wat jíj wilt

Vraag de ober, voordat je je bestelling opgeeft, naar de bijzonderheden van de maaltijd. Dit helpt je om een weloverwogen keuze te maken. Een paar vragen die je kunt stellen zijn

- Hoe wordt dit bereid? Kan dat worden aangepast?
- Welke ingrediënten worden er gebruikt?
- Hebt u ook een vetarme versie of een met minder calorieën?
- Wat zit er bij dit gerecht?

- Kan ik dingen vervangen?
- Hoe groot zijn de porties?

Wees niet bang om speciale verzoeken op tafel te leggen. Je kunt bijvoorbeeld vragen of de gerechten die jij hebt uitgekozen met een heel kleine hoeveelheid boter, margarine of olie kunnen worden bereid. Vraag of een specifiek gerecht ook geroosterd of gebakken kan worden in plaats van gefrituurd. En vraag ook of ze geen zout aan je eten willen toevoegen.

Meestal kun je wel dingen laten vervangen. Als de ingrediënten op de menukaart staan, kan de chef zeker aan jouw wensen voldoen. Een verzoek dat vaak wordt gedaan, is het vervangen van friet door een gepofte aardappel, of een dubbele portie groenten in plaats van zetmeel. En als het gerecht dan niet op tafel komt zoals jij het hebt besteld, wees dan niet bang het gewoon terug te sturen. Als je niets ziet op de kaart wat je graag wilt eten, vraag dan welke mogelijkheden er zijn. Als betalende klant heb je niet alleen het recht om te eten wat goed smaakt, maar ook wat goed voor jou is. Wees assertief als het om je gewicht gaat.

Laat je niet verleiden door de menukaart

Omschrijvingen waar het water je van in je mond loopt, zoals 'malse, sappige kippenborst', of 'rijpe tomaten met de smaak van vroeger', tref je steeds vaker aan op de menukaart. Wees vooral bedacht op termen die een beroep op je zintuigen doen, zoals 'fluweelzachte mousse' en nostalgische zoals 'legendarische spaghetti met gehaktballetjes'. Onderzoek wijst uit dat woorden die smaak en textuur promoten, of die refereren aan de emotie van de klant, de verkoop met 23 procent verhogen, en zelfs de manier waarop we denken dat het eten smaakt, beïnvloeden. Woorden als deze bereiden je smaakpapillen voor op de verwachting dat de kip sappig smaakt, dus tot op zekere hoogte doet het dat ook.

Maak er een spelletje van om de meest kleurrijke bijvoeglijke naamwoorden op de menukaart te vinden. Kijk wie aan tafel binnen drie minuten de meeste heeft gevonden. Als jij wint, betalen de anderen voor jouw diner. Dat zijn de regels van het spel.

Niet snacken

De meeste schade wordt aangericht voordat de echte maaltijd begint. De voorgerechtjes zitten meestal bomvol vet. Bovendien zorgen ze ervoor dat je trek in het gezonde hoofdgerecht dat nog op tafel moet komen, verdwijnt. Vermijd ze dus. Zelfs de gratis hapjes zoals chips en salsa in Mexicaanse restaurants, een mandje brood met boter bij andere eetgelegenheden, kunnen vet en calorieën opstapelen die je echt kunt missen. Als je weet dat je je niet kunt inhouden als het toch op tafel staat, vraag de ober dan of hij het weg wil halen.

Maak van voorgerechten je hoofdgerecht

Er zijn bepaalde voorgerechten die een uitstekende keuze zijn als hoofdgerecht. De portiegrootte is meestal veel beter dan de extreem grote porties die je als hoofdgerecht krijgt. Overweeg de gezonde keuzes zoals gestoomde zeevruchten (bijvoorbeeld een garnalencocktail), salades die niet overladen zijn met vette ingrediënten (zoals kaas en bacon), gegrilde groenten en soep op bouillonbasis. Ook heerlijk is een combinatie van een voorgerecht met een salade; door de salade voel je je verzadigd, zonder dat je veel calorieën binnenkrijgt. Je moet je er wel van bewust zijn dat sommige voorgerechten, vooral de gefrituurde voorgerechten of gerechten die zijn overladen met kaas, olie en roomsauzen, ook overladen zijn met calorieën en vet. Sommige gefrituurde voorgerechten kunnen de dagelijkse vetbehoefte van vier mensen bevatten!

Ken je salades

Een salade kan de beste vriend of de ergste vijand van je maaltijd zijn, afhankelijk van wat je erin doet. Stapel gerust een berg verse groene sla, sperziebonen en andere groenten op je bord, maar doe er dan geen vette dressing of andere dingen bovenop zoals kaas, eieren, bacon of croutons. Kies voor calorievriendelijke dressings (vinaigrettes, caloriearme dressing of zelfs een genereuze hoeveelheid vers citroensap).

Houd ook in gedachten dat je vet en calorieën van je salade onder controle kan houden door de dressing er apart bij te vragen. Meet een kleine hoeveelheid dressing af met je lepel, of gebruik de vorkdipmethode bij een dikkere saladedressing. Dip de punten van je vork in de dressing, en prik dan de sla aan je vork. Op die manier ervaar je bij elke hap de smaak van de dressing, terwijl je er heel weinig van binnenkrijgt.

En als je echt 'goed' wilt zijn, neem dan een van die saladespuitbusjes mee in je tas. Bestel je salade zonder de dressing. Haal je spuitbusje uit je tas en spray hem over je salade. Wees er wel op voorbereid dat je andere mensen in het restaurant angst kunt aanjagen omdat ze denken dat je je salade aan het desinfecteren bent!

Kijk ook uit voor aardappelsalade, macaronisalade, waldorfsalade en zelfs voor tonijn- en kipsalade, omdat deze meestal heel veel mayonaise, suiker en dus calorieën bevatten.

Wees voorzichtig met bijgerechten

Het is natuurlijk afhankelijk van de cyclus waarmee je bezig bent, maar vervang zoveel je kunt de calorierijke bijgerechten door vetarme, zoals gestoomde groenten, bruine rijst of vers fruit. Vergeet die frieten, en kies voor gebakken, gekookte of geroosterde aardappelen, maar laat dan wel de boter, kaas en room staan. Maak het in plaats daarvan smakelijker door salsa, peper of bieslook.

Kies voor vetarme bereidingsmethodes

De manier waarop je hoofdgerecht is bereid, heeft natuurlijk ook invloed op de calorieën en het vetgehalte. Kies voor geroosterd, gebakken of gegrild vlees en andere hoofdgerechten. Gefrituurde voeding zorgt voor extra vet waar je echt niet op zit te wachten. Door gevogeltefilet, vis en schaaldieren, mager vlees en groenten te roosteren, bakken, stomen, pocheren en te grillen krijg je alle smaak die je wilt, zonder al dat vet.

Gegrilde kip bijvoorbeeld bevat veel minder vet en calorieën dan gefrituurde kip. Als je kip met het vel er nog om krijgt geserveerd, dan kun je behoorlijk op vet en calorieën besparen door het vel eraf te halen! En omdat zo'n knapperig velletje wel heel erg verleidelijk is, kun je ook aan de ober vragen het eraf te halen voordat ze jou je bord brengen.

Het is niet gemakkelijk om bij restaurantmaaltijden van al het vet af te komen, maar je kunt wel proberen om het zo laag mogelijk te houden. Vraag aan de ober of de boter of de hoeveelheid olie die ze gebruiken om je hoofdgerecht te bereiden, kan worden verminderd of zelfs helemaal kan worden weggelaten. Zelfs aan een gegrild gerecht kan extra vet worden toegevoegd. Zo vragen bijvoorbeeld gegrilde rundvleesgerechten om extra olie.

Geniet van alcohol, maar houd je in

Drankjes kunnen de genadeslag voor je dieet betekenen. IJswater is gratis, maar hippe mixdrankjes bevatten heel veel lege calorieën en daarbij komt dat alcohol je inschattingsvermogen kan beïnvloeden. Omdat alcohol behoorlijk veel calorieën toevoegt, is het een goed idee om drank te beperken tot 150 calorieën. De volgende hoeveelheden alcohol bevatten allemaal 150 calorieën of minder:

- 150 ml wijn
- 45 ml sterkedrank
- 360 ml lightbier

Veel mensen vinden dat het helpt als je wijn per glas bestelt, in plaats van per fles, zodat ze hun inname beter onder controle kunnen houden. Je kunt vooraf gemakkelijk bepalen op welk tijdstip tijdens het diner je er het meest van geniet. Je kunt bijvoorbeeld je glas wijn bewaren voor je hoofdgerecht en water drinken als je op je maaltijd wacht. Als je alcohol bewaart voor een later tijdstip, beperk je meteen het effect dat alcohol heeft op je remmingen. Als je alcohol op een lege maag drinkt, kun je daar namelijk zo ontspannen van raken dat je het zicht verliest op wat je van plan was. Bepaal je persoonlijke limiet en plan wanneer je van je drank gaat genieten. Dat zou je moeten helpen om je aan je gestelde doel te houden.

Houd je porties onder controle

Restaurants serveren vaak bergen eten – twee- tot driemaal de hoeveelheid die we als maaltijd nodig hebben. Dit is niet echt een geheim. Probeer die megaporties niet helemaal op te eten. Overweeg om een maaltijd te delen met je tafelgenoot, of vraag om een doggybag, zodat je thuis een snelle maaltijd in de ijskast hebt staan. Eet tot je verzadigd bent, maar niet tot je je volgepropt voelt, en neem de rest mee naar huis. Als je eet volgens mijn honger/verzadigingsmeter, luister je naar de hongersignalen van je lichaam en stop je als je genoeg hebt gehad. Langzaam eten helpt om die signalen beter én eerder te voelen.

Houd bij hoeveel je eet en houd je aan het aantal porties dat je je hebt voorgenomen te eten. Je zult waarschijnlijk geen weegschaal meenemen naar het restaurant om je porties af te wegen, maar je kunt ze ook visueel 'afwegen'.

- Een portie bereid vlees, kip of vis is zo groot als je handpalm, of de afmeting van een kaartspel.
- Een portie groene salade past in je open hand.
- Een portie fruit of groenten is zo groot als je vuist of een tennisbal.
- Een portie gebakken aardappel heeft de grootte van een honkbal.
- Een portie kaas van 30 g ziet eruit als je middel- en je wijsvinger samen.
- Een portie saladedressing is zo groot als je duim.
- Een hamburger van ca. 100 g heeft de afmeting van een deksel van een grote pot mayonaise.

Oefen de drie-hapjesregel

Probeer je zoete trek onder controle te krijgen door het eten van vers fruit, en meer niet. Wuif dat dessertmenu maar weg. Bestel zelfs geen dessert, tenzij je aan cyclus 4 bezig bent en je van je 'vrije weekend' geniet.

Nu ik dat heb gezegd, kun je ook mijn 'drie-hapjesregel' bij desserts oefenen als je je calorieën een beetje strenger in de gaten wilt houden.

Er zijn overigens veel versies van de drie-hapjesregel. Moeders proberen die regel continu: 'Jantje, je moet minstens drie hapjes van alles op je bordje eten voordat je van tafel mag.' Dit werkt meestal niet. Moeders spenderen veel pijnlijke, tranenrijke uren aan dit conflict, terwijl kinderen met minstens 152 manieren op de proppen komen om het woord 'walgelijk' uit te drukken.

Mijn variatie op de drie-hapjesregel is anders. Als je echt die chocolade-kwarktaart wil, ga dan gerust je gang en neem hem, maar beperk je tot proeven. Neem drie hapjes en zet dan je bord een paar minuten weg. Je zult dan zeker minder de neiging hebben om het weer te pakken. Je zou zelfs wel eens kunnen ontdekken dat een paar hapjes van een verrukkelijk dessert heel bevredigend kunnen zijn en precies is wat je in eerste instantie wilde. Je kunt echt niet met drie hapjes van wat dan ook je dieet om zeep helpen. Na je drie hapjes vraag je de ober of hij je dessert wil weghalen, tenzij een van je tafelgenoten het nog wil wegwerken.

Obers passen de drie-hapjesregel vaak ook zelf toe. Nadat ze het eten hebben geserveerd, wachten ze tot je drie happen hebt genomen en komen dan terug om te vragen of alles naar wens is.

Als je je goed aan je dieet houdt, vraag je de ober de rest van je dessert weg te halen. Wees wel voorzichtig en leg uit waarom, zodat hij je begrijpt.

Kies verstandig bij elke maaltijd

Ben je op zoek naar gezondere ideeën als je uit eten gaat? Hieronder lees je algemene suggesties die je helpen om goede keuzes in vrijwel elk restaurant te maken.

Ontbijt

- Ontbijtgranen met magere melk met fruit er bovenop
- Havermout met fruit of rozijnen en magere melk
- Volkorentoast
- Eieren of alleen eiwitten (inclusief omeletten)
- Magere of light yoghurt
- Vers fruit

Voorgerechten

- Gazpacho of groentesap
- Bouillon of consommé
- Groentesoep zonder room
- Garnalencocktail
- Gestoomde of gekookte mosselen
- Groene salade (zonder vlees of kaas) met de dressing er apart bij

Groenten

- Gestoomde, gestoofde, geroosterde of gegrilde groenten zonder boter of sausjes

Zetmeel

- Gepofte of gekookte aardappelen
- Pasta of gestoomde rijst (bij voorkeur volkoren pasta en bruine rijst)

Hoofdgerechten

- Magere vleessoorten: gegrild, geroosterd of gestoofd met jus (snijd het zichtbare vet eraf)
- Vis of gevogelte zonder vel: gegrild, gestoomd, gebakken, geroosterd of gepocheerd in wijn, citroensap of limoensap (allemaal zonder dat er extra vet aan is toegevoegd)

Dranken

- Water, mineraalwater, thee of koffie (zonder suiker)
- Virgin Bloody Mary (Bloody Mary zonder alcohol; in Australië heet dit drankje 'Bloody Shame')
- Glas droge witte of rode wijn

Fastfood

- Gegrilde kipsandwiches (zonder het broodje!)
- Maaltijdsalades

Bioscoopsnacks

- Kinderportie popcorn
- Flesje water
- Zure bom (oppassen dat je er niet te hard in bijt, anders krijgt de persoon voor je het sap in zijn nek en heb je een probleem)

Hieronder nog meer suggesties om in bijna elk restaurant een verstandige keuze te maken

De beste keuze in etnische restaurants

Aziatisch

- Gestoomde rijst
- Gestoomde Chinese groenten
- Roerbakgroenten met kip/garnalen
- Teriyaki beef of kip
- Gestoomde of gebakken tofoe (wees er zeker van dat het niet gefrituurd is) en groenten
- Pikante (hot and sour) soep
- Misosoep

- Hoofdgerechten met kip of vis en groenten
- Gestoomde kip en groenten met ca. 80 g bruine rijst
- Alle gekookte, gestoomde of licht roergebakken zeevruchten en vis, kip, groenten groente- of sojabonenkaas (bean curd)
- Sushi
- Sashimi
- Edamame

Delicatessen

- Halve sandwich – geroosterde kalkoen of kipfilet met mosterd op roggenbrood
- Gerookte zalm met tomaat en ui
- Magere vleeswaren zoals magere kalkoenfilet of zelfs magere ham
- Salade met de dressing er apart bij
- Volkorenbrood, roggenbrood of Westfaals roggenbrood (pumpernickel)

Frans

- Hoofdgerechten met gepocheerde vis
- Geroosterd of gegrild mager vlees
- Bouillabaisse (zonder rouille)
- Salade Niçoise
- Soep op bouillonbasis
- Groenten zonder toevoegingen zoals boter of sausjes

Grieks/Midden-Oosters

- Dips op basis van yoghurt
- Vlees- en groentespiezen
- Hoofdgerechten met gegrild vlees
- Gevulde paprika's met vlees en rijst
- Koolrolletjes
- Tabouleh
- Groentegerechten en soepen

Indiaas

- Elk gerecht met bonen, rijst, granen, groenten
- Kip tandoori

- Groentecurry
- Garnalen bhuna
- Vis vindaloo
- Linzensoep
- Salade of groenten met yoghurtdressing

Italiaans

- Minestrone
- Antipasti van groenten
- Mosselen met marinarasaus
- Kip marsala
- Sint-jakobsschelpen met marinarasaus
- Kip cacciatore
- Kalfspiccata
- Hoofdgerechten met gegrilde kip of vis

Mexicaans

- Gegrilde gerechten met kip of vis
- Salsa
- Pico de gallo
- Tortillasoep
- Zwarte of rode bonen
- Zwartebonensoep
- Mexicaanse rijst
- Chili met bonen
- Salade met de dressing er apart bij

Blijf gezond, maar geef jezelf ook de ruimte als je uit eten gaat. Uit eten gaan is immers leuk en hoort bij het leven, en het leven is onvoorspelbaar. Een onverwachte verandering in je dagelijkse maaltijdplannen betekent niet het einde van de wereld. Het is zelfs zo dat je nog veel meer van uit eten gaan kunt genieten als je bedenkt dat je totale dieet telt. Niet iedere maaltijd apart. Je zult altijd wel naar een restaurant gaan om te eten, maar ik hoop dat je dan meestal een beetje anders zult eten.

Samenvatting

- Bereid je voor op een restaurantbezoek. Bekijk de menukaart op internet en bepaal thuis al wat je wilt gaan bestellen.
- Kies een rustige plek (mensen eten meer in lawaaiige restaurants) en bestel als eerste, zodat je niet wordt beïnvloed door de keuzes van je tafelgenoten.
- Wees assertief tegen de obers. Vraag hoe het eten wordt bereid, en vraag of je bestelling kan worden bereid volgens de vetarme, caloriearme bereidingsmethodes.
- Stel een maaltijd samen van voorgerechtjes, omdat de porties daarvan vaak kleiner zijn dan die van de hoofdgerechten.
- Vraag of de saladedressing er apart bij kan, of breng die zelf mee.
- Geniet met mate van alcohol, omdat alcohol je trek kan versterken en je drempels kan verlagen.
- Doe aan portiecontrole. Eet niet alles op: neem wat overblijft mee voor de lunch of het diner van de volgende dag.
- Oefen de drie-happenregel, vooral bij desserts.

Checklist

Dr. Mike's restaurantquiz –
Wat weet jij over voeding bij de populairste restaurants?
Als je probeert om calorieën en vet in je dieet te verlagen, dan kan uit eten gaan een heuse uitdaging zijn. Doe mijn quiz om jouw restaurantkennis* te testen.

** Noot van de vertaler:* Niet alle restaurants in Amerika zijn ook in Nederland gevestigd, maar Nederlanders komen wel vaak in deze restaurants als ze in Amerika zijn. Dus zijn er geen typisch Amerikaanse restaurants weggelaten.

1. Welke 15 cm lange Subwaysandwich bevat de *minste* calorieën?
   A. Subway Club Sandwich
   B. Tonijnsalade
   C. Rosbief
   D. Vlees en kaas

2. Welk ontbijtgerecht van McDonald's bevat de *meeste* calorieën?
   A. Steak, ei en kaasbagel
   B. Warme cakejes met stroop
   C. Ei McMuffin
   D. Worstburrito

3. Welke salade van Subway bevat de *meeste* calorieën?
   A. Schwarzwalderhamsalade met vetvrije Italiaanse dressing
   B. Kalkoenfiletsalade met vetvrije Italiaanse dressing
   C. Zoete ui-kip teriyakisalade met vetvrije Italiaanse dressing
   D. Groenten delight salade met vetvrije Italiaanse dressing

4. Wat bevat de *minste* calorieën bij TCBY?
   A. ½ cup (125 ml) vanille frozen yoghurt zonder suiker
   B. ½ cup (125 ml) sinaasappelsorbet

5. Welke van de pizza's bij de Pizza Hut bevat de *meeste* calorieën (gebaseerd op ⅛ van een medium 30 cm pizza)?
   A. Panpizza kaas
   B. Medium kaas pizza dun en knapperig
   C. Gemengde kaas pizza
   D. Groenteliefhebbers panpizza

6. Hoeveel calorieën bevat een gemiddelde 600 ml Stay Healthy smoothie bij de Smoothie King?
   A. 362 calorieën
   B. 248 calorieën
   C. 422 calorieën
   D. 159 calorieën

7. Welke muffin van Dunkin Donuts bevat de *meeste* calorieën?
   A. Maïsmuffin (Corn Muffin)
   B. Koffiecakemuffin (Coffee Cake Muffin)
   C. Bosbessenmuffin (Blueberry Muffin)
   D. Honingvolkorenrozijnenmuffin (Honey Bran Raisin Muffin)

8. Welke schotel die je kunt bestellen bij de Boston Market bevat de *minste* calorieën?
   A. Gebakken witvis
   B. Runderbrisket
   C. Halve rotisseriekip
   D. Kalkoenstoofgerecht met deegdeksel (Pastry Top Turkey Pot Pie)

9. Wat is het gemiddelde aantal calorieën van een vishoofdgerecht bij Captain D's?
   A. 223
   B. 758
   C. 589
   D. 350

10. Welke Starbucks drank van 500 ml bevat de *meeste* calorieën?
   A. Warme chocolademelk
   B. Latte met een smaakje
   C. Cappuccino
   D. Mokkakoffie

En, hoe heb je het ervan afgebracht? De juiste antwoorden zouden je wel eens kunnen verbazen

1. Het juiste antwoord is C (rosbief) met 310 calorieën. De Subway club sandwich bevat 320 calorieën; de steak en kaas sandwich 380 calorieën en de tonijnsalade 530.
2. Het juiste antwoord is A (steak, ei en kaasbagel). Die bevat 660 calorieën. Hot cakes 530, de ei McMuffin en de worstburrito bevatten elk 300 calorieën.
3. Het goede antwoord is C (zoete ui-kip-teriyakisalade met vetvrije Italiaanse dressing met 235 calorieën). De Schwarzwalderhamsalade met vetvrije Italiaanse dressing en de kalkoenfiletsalade met vetvrije Italiaanse dressing bevatten elk 145 calorieën en de groenten light salade met vetvrije Italiaanse dressing bevat 85 calorieën.
4. Het juiste antwoord is A (½ cup (125 ml) vanille frozen yoghurt zonder suiker) met 80 calorieën. De ½ cup (125 ml) sinaasappelsorbet telt 100 calorieën.

5. Het correcte antwoord is A (een punt panpizza kaas) met 240 calorieën, de medium kaaspizza dun en knapperig bevat 190 calorieën, de gemengde kaas pizza 220 en de groenteliefhebbers panpizza telt 230 calorieën.
6. Het goede antwoord is C (422 calorieën). De smoothie met de minste calorieën in de Blijf Gezond categorie is de Blueberry Heaven met 325 calorieën, de smoothie met de meeste calorieën op de kaart is de Kiwi Island Treat met 498 calorieën.
7. Het juiste antwoord is B (koffiecakemuffin) met 630 calorieën. De maïsmuffin bevat 470 calorieën, de bosbessenmuffin en de honingvolkorenrozijnenmuffin bevatten elk 480 calorieën.
8. Het correcte antwoord is B (runderbrisket, 120 g). Deze bevat 230 calorieën. De gebakken witvis telt 470 calorieën, de halve rotisseriekip 640 calorieën en het kalkoenstoofgerecht met deegdeksel (Pastry Top Turkey Pot Pie) 790 calorieën.
9. Het goede antwoord is A (223 calorieën). Hoofdgerechten met zeevruchten gaan van 28 calorieën voor 4 scampi's tot 770 calorieën voor 225 g clams (sint-jakobsschelpen) in dit restaurant.
10. Het goede antwoord is A (warme chocolademelk) met 300 calorieën. De latte met smaakje heeft 250 calorieën, cappuccino 120 en mokkakoffie 260.

Bron: *Nutritional guides at restaurants*, zoals begin 2011 vermeld.

De 17-minutenworkout

Zo krijg je die superburger er weer af.

De superburgers bij fastfoodetablissementen kunnen je per portie bijna 600 calorieën opleveren. En hieronder zie je hoe je die er weer af kunt krijgen.

- Doe mee aan negentig minuten aerobic-dansklas (vijf cycli van zeventien minuten).
- Joggen gedurende vier cycli van zeventien minuten (68 minuten).
- Heel hard fietsen op een hometrainer gedurende vier cycli van zeventien minuten (68 minuten).
- Sneeuwschuiven of sloten graven gedurende drie cycli van zeventien minuten (51 minuten).

- Lopen met gemiddelde snelheid gedurende acht cycli van zeventien minuten (ongeveer 2,5 uur).
- **Zou het niet veel gemakkelijker zijn om die superburger NIET te eten?**

Bron: Calculaties zijn gebaseerd op onderzoekgegevens van *Medicine and Science in Sports and Exercise*, het officiële tijdschrift van the American College of Sports Medicine.

10 Gezinsuitdagingen

Het 17 dagendieet kan erg bevredigend zijn en je moreel een flinke oppepper geven, vooral als de kilo's wegsmelten. Maar sta je er wel eens bij stil welke invloed jouw dieet heeft op de mensen die tegenover je aan tafel zitten? Je weet wel, je wederhelft die een beetje in de sperziebonen en kipfilet zit te prikken en smacht naar de dagen dat lasagne nog niet uit de keuken was verbannen.

Een onderzoek dat een paar jaar geleden werd gepubliceerd in *Journal of Nutritional Education and Behavior*, laat zijn licht schijnen over de toestand waarin de echtgenoot (m/v) van de diëter zich bevindt. De onderzoekers interviewden 21 paren – voor het grootste deel echtgenoten en één vader/dochter-duo – om te kijken hoe de beslissing van de ene persoon om af te vallen of gezonder te gaan eten, de ander beïnvloedde.

Het goede nieuws is dat de wederhelft zichzelf meestal als een positieve invloed zag in het gevecht tegen het vet van hun partner. Andere partners gedroegen zich echter meer als saboteurs, ze weigerden om hun junkfoodgewoontes op te geven en maakten in sommige gevallen uitsluitend snerende opmerkingen. Een paar waren openlijk sceptisch en kritisch over het vermogen van hun partner om te slagen met hun dieet.

Samengevat: jouw geliefden – echtgenoten, echtgenotes, je kinderen en zelfs je moeder – kunnen wel eens proberen je zover te krijgen dat je je dieet opgeeft. Zelfs als je hun heel duidelijk hebt gemaakt dat je vastberaden bent om het vol te houden. En soms realiseren ze zich niet eens dat ze je tegenwerken.

Er zijn een paar redenen voor dit gedrag op te noemen. Een heel grote reden (en vaak voorkomende) is jaloezie. Iemand kan bang zijn dat de relatie zal veranderen als de taille van een partner smaller wordt, het zelfvertrouwen groeit en het sociale leven verandert. Het kan je echtgenoot wel eens afschrikken dat je afvalt en een prachtig lichaam ontwikkelt. Hij kan bang worden dat andere mannen je aantrekkelijk zullen gaan vinden en dat je hem verlaat.

Een andere angst is verandering. Mensen willen de status quo in hun relatie niet veranderen. Koppels hebben onuitgesproken contracten waarover ze zich nooit uitlaten. Bijvoorbeeld: 'Als jij niet zeurt over mijn gewicht, zeur ik niet over jouw drinken.' 'Als jij niet zeurt over mijn gewicht, zeur ik niet over jouw roken. Als jij niet zeurt over mijn gewicht, zeur ik niet over seks.' Maar dan beslist de vrouw dat ze gaat afvallen en zegt de echtgenoot plotseling: 'O mijn hemel, nu moet ik zeker stoppen met roken?!'

Sabotage gebeurt op verschillende manieren: je partner eet voor je neus een hele doos koekjes leeg. Of weigert om jouw vetarme kookkunst aan te raken en eist dat je cheeseburgers voor hem maakt. Of biedt je een glas wijn aan en toastjes met kaas waardoor je je dieet elke avond weer laat voor wat het is. Of hij stelt zichzelf op als waakhond van jouw eetgewoontes en vertelt wat je moet eten. Deze onderdrukkende houding kan wel eens als een boemerang werken, waardoor jij je ontpopt als een rebel en meer gaat eten (vooral als hij niet dezelfde gezonde voeding wil eten). Dit is al bijna genoeg om je betrokkenheid bij je dieet en beweging maar op te geven, vooral als iemands actie voelt als een persoonlijke aanval.

Natuurlijk zijn het niet alleen echtgenoten en betere wederhelften die een spaak in het wiel van een gezond eetregime kunnen steken. Collega's of vrienden kunnen even destructief zijn. Collega's of vrienden die zelf zonder succes hebben geprobeerd af te vallen of collega's die op professioneel gebied met je concurreren, zullen je vaak het minst steunen. Toch bevindt de grootste uitdaging zich onder je eigen dak – van je eigen gezin – en daarom zal ik me daar verder op richten. Het vinden van de juiste manier om de steun van je partner te krijgen, is belangrijk omdat die steun een doorslaggevende factor kan zijn in het al dan niet slagen van je dieet.

Als je de enige in je gezin bent die op dieet is, bevind je je in een moeilijke situatie. Je hebt al besloten dat je geen chips of chocolade-ijs meer in huis haalt. Geen verleidingen meer omdat je vastbesloten bent om je gewoontes te veranderen en af te vallen. In mijn gesprekken met patiënten die willen afvallen, vertel ik ze altijd dat dat nog maar de helft van de strijd is.

Voor iedereen die probeert af te vallen en gezonder te eten, is het andere deel, het veel moeilijkere deel: het weerstaan van de pogingen van je geliefde om jouw nieuwe besluit te torpederen. Hierna zie je wat mijn gedachten over dit onderwerp zijn.

Saboterende opmerkingen...

...en hoe je daarop kunt reageren

Laat je niet overvallen door de opmerkingen die iemand maakt. Hier zie je wat suggesties voor reacties

Saboteur: Je verdwijnt helemaal. Weet je zeker dat je niet veel te snel afvalt?

Jij: Het lijkt alsof je bezorgd bent dat ik slank word (of bang, of van streek raakt). Maar voor mij is afvallen goed en gezond.

Saboteur: Weet je wel zeker dat je dat kunt eten?

Jij: Mijn dieet is gezond en gevarieerd. Ik eet kleinere porties. Of (als de opmerkingen aanhouden): totdat wij over mijn eetplan kunnen praten op een manier die voor mij goed aanvoelt, wil ik het niet meer over mijn dieet hebben.

Saboteur: Vind je mijn chocoladekoekjes nu ineens niet meer lekker?

Jij: Ik vind jouw chocoladekoekjes erg lekker. Maar ik heb nu niet zo'n trek, ik heb genoeg gegeten. (Of vraag of je wat koekjes mee naar huis mag nemen, maar gooi ze wel weg.)

Saboteur: Kijk eens, er is nog één donut over. Wil jij hem?

Jij: Ik werk echt heel hard. Ik voel me geweldig en het zou erg fijn zijn als je mij steunde. Is er iets dat ik kan doen om jou te helpen zodat je mij je steun kunt geven?

Saboteur: Je bent jarig vandaag. Eén stuk taart kan toch zeker wel?

Jij: Ja, ik weet het. Ik heb alleen genoeg gegeten, ik neem het wel mee naar huis voor later.

Saboteur: Geweldig dat je zo afvalt. Ik hoop dat je het er dit keer ook af kunt houden.

Jij: Misschien denk je dat je opmerkingen over mijn gewichtsverlies mij steunen, maar het zou me pas echt helpen als je... (vul zelf maar zoiets in als 'me niet meer herinnert aan vorige diëten').

Saboteur: Het gaat mij natuurlijk niets aan, maar krijgen hardlopers niet vaak knieproblemen?

Jij: Weet je, ik heb hierover met mijn trainer gesproken en mijn beweeggewoontes zijn gezond.
Saboteur: Ben je nog steeds op dieet? Ben je eigenlijk al afgevallen?
Jij: Ik stel je vragen op prijs, maar ik heb toch het idee dat je hiermee druk uitoefent en ik voel me gefrustreerd omdat ik niet elke keer als je dat vraagt met betere cijfers op de proppen kan komen.
Saboteur: Weet je, je bent niet jezelf meer sinds je bent afgevallen.
Jij: Die opmerking vind ik erg verwarrend. Ik zou heel graag willen dat je mij steunt in wat ik heb bereikt.

Beperk de blootstelling aan mannenvoedsel

Ben je pasgetrouwd? Sommige pasgetrouwde mensen zijn niet alleen verbaasd dat hun nieuwe echtgenoten Bart Simpson-schuimbad in huis hebben, maar ook dat ze van junkfood houden. Heel veel junkfood. IJs. Chips. Eten waarvan jij het bestaan al was vergeten, omdat jij als vrijgezel bestond op vier voedingsgroepen: Weight Watchers, Lean Cuisine, Healthy Choice en Slim-Fast.

Blootstelling aan mannenjunkfood kan je besluit afzwakken, zelfs als je probeert maar 4,5 kilo met het 17 dagendieet af te vallen. En vanuit mijn eigen mannenervaring kan ik je vertellen dat veel mannen anders eten dan vrouwen. De stereotiepe man eet zware, dik makende voeding. Maar ook als je samenleeft met een man is het mogelijk om af te vallen.

Ik denk dat je duidelijke regels moet opstellen. Bijvoorbeeld dat bepaalde voedingsmiddelen gewoon niet worden gekocht. Punt. Geef je echtgenoot een speciale plank (waar jij bij voorkeur niet bij kunt) om zijn junkfood weg te zetten. Of vraag hem om het te verstoppen. Uit het oog, uit het hart is een van de beste manieren om ermee om te gaan. Oké, zo nu en dan kom je wel eens koekjes tegen op een vreemde plek, tussen de kussens van de bank of zo.

Eet minder dan hij

Mannen eten meer dan vrouwen. Het is gewoon een feit: we eten als *linemen**. Zelfs de regering heeft dit onderzocht: volgens Amerikaans regeringsonderzoek eet de gemiddelde Amerikaanse man van 20 tot 59 elke dag 2758 calorieën. In Nederland ligt dat op hetzelfde niveau.

De gemiddelde Amerikaans vrouw van 20 tot 59, eet elke dag 1834 calorieën. In Nederland is dat ongeveer 2000. Maar wel heel wat minder dan mannen. Als je probeert hem bij te houden, zul je blijven aankomen. Houd ermee op om hem hap na hap te volgen! Het kan heel goed zijn dat je dit zelfs onbewust doet. Eet altijd minder dan je echtgenoot, vooral als jullie uit eten gaan. Schuif in een restaurant meteen de helft van je eten naar de kant van je bord en neem het mee naar huis in een doggybag.

* *Noot van de vertaler:* Linemen zijn die grote, zware mannen die zich in de eerste linie opstellen bij het begin van een aanvalspoging in Amerikaans en Canadees *football*.

Beweeg, terwijl hij tv kijkt

We eten niet alleen als linemen, we zien ze ook graag op tv. Als je de kans krijgt, zet dan wat fitnessapparatuur voor de televisie en step een halfuur op je stepper of fiets op je hometrainer terwijl hij naar sport kijkt. Deze strategie helpt je om dun te worden en dat ook te blijven.

Speel de baas over de keuken

Als je echtgenoot niet gelooft in vetarm, caloriearm eten of denkt dat hij er niet van houdt, maak je dan maar geen zorgen. Jij kunt gezond eten maken en hij zal echt nooit het verschil merken, behalve dan dat zijn broeken een beetje los en slobberig gaan zitten. In plaats van alleen gehakt, neem je de helft rundergehakt en de helft kalkoengehakt als je bijvoorbeeld spaghetti maakt. Maak pasta met verse groenten. Maak vegetarische chili met heel veel groenten en bonen, maar noem het vooral niet vegetarisch. Gebruik cooking spray om eten te sauteren; dit is een geweldige manier om heel veel vet en calorieën te besparen. Als je het goed doet en bepaalde dingen ruilt voor de juiste voedingsmiddelen, dan smaken vetarme maaltijden even goed, en soms zelfs beter, dan hun vette equivalent.

Word fitnessmaatjes

Even serieus: de beste strategie om gezond en fit te worden is om dat samen te doen. Elke expert zal je kunnen vertellen dat het veel gemakkelijker is om gezond, niet dik makend eten te eten als iedereen om je heen dat ook doet. Je kunt veel aandacht geven aan het succes van iedereen, waarbij iedereen elkaar steeds feliciteert. En zorg dat er weer gesprekken aan tafel worden gehouden, in plaats van dat iedereen zijn eten naar binnen schrokt. Doe samen aan beweging. Nodig je echtgenoot of partner uit om ook te fitnessen, om dit dieet te proberen of om gezond eten een kans te geven. Je kunt dat liefdevol brengen: 'Ik wil meer tijd met je doorbrengen omdat ik het fijn vind om samen te zijn. Laten we samen een fitnessprogramma gaan volgen, parentraining of parenyoga, of laten we na ons werk gaan fietsen. Zou dat geen mooie gelegenheid zijn om vaker samen te zijn?'

De beslissing om samen fit te worden, is ook een goede tijd om je definitie van liefde en affectie opnieuw te bekijken. Soms heeft degene die het vaakst kookt het idee alleen nog affectie te kunnen laten zien door rijke voeding op het bord van de partner op te stapelen. En daar bezwaar tegen maken, kan worden uitgelegd als afwijzing. Hierover moet je samen praten. Leg uit dat door gezond koken hetzelfde wordt bereikt: gezond koken = liefde. Je 'hervormde' echtgenoot ziet dan vanzelf dat niet dik makende maaltijden een veel groter cadeau zijn dan je te overladen met rotzooi, vooral als hij ziet hoe fantastisch je eruitziet nu je zo veel afvalt. Misschien zou iemand aan de bekende trouwgelofte een regel moeten toevoegen: 'In rijkdom en in armoede... in dunne en in mollige tijden...'

Door de gezondheids- en fitnessbeleving met een partner te delen, kun je de ander helpen om gemotiveerd te blijven. Partners moedigen elkaar aan om ongezonde gewoontes te vervangen door gezonde. Een onderzoek heeft uitgewezen dat vrouwen die samen met hun man aan beweging doen, meer geneigd zijn om fitnessprogramma's vol te houden dan getrouwde vrouwen die alleen fitnessen. Een ander onderzoek geeft aan dat mannen meer dan driemaal vaker op een gezond dieet blijven als hun echtgenotes ze hierbij aanmoedigen.

Het delen van je ervaringen op fitnessgebied geeft je ook iets om samen over te praten. Een betere communicatie is altijd een bron van een grotere verbondenheid, vooral in liefdesrelaties.

Zoek andere supporters

Als je alles uit de kast hebt gehaald om je echtgenoot of partner mee te laten werken, maar het je toch niet gelukt is, zoek dan andere hulp, bijvoorbeeld van een vriend of een collega. Of huur een persoonlijke trainer in. Zij kunnen je de nodige aanmoediging en inspiratie geven. En als je niemand meekrijgt, sluit je dan aan bij een groep, bijvoorbeeld een loopclub of een plaatselijke yogaklas. Dit zijn heel leuke activiteiten en je ontmoet daardoor meer mensen die ook met fitness bezig zijn.

Als je positieve steun krijgt, helpt dat jou om je dieet- en fitnessdoelen te halen. Teaminspanning werkt harmonieuzer. Als je met twee of meer mensen samenwerkt, krijg je ook meer stamina (uithoudingsvermogen) en raak je gemotiveerder om je doel te halen.

Het maakt niet uit hoe uitdagend jouw situatie is, blijf gefocust en houd jezelf voor ogen waarom je dunner en gezonder wilt worden. Stel je eens voor dat iemand je zou vertellen dat je langer kunt leven en minder pijn in je leven zult krijgen. Zou je dan luisteren? Bewegen en gezond eten brengen je vandaag de dag het dichtste bij de bron van de eeuwige jeugd.

Samenvatting

- Als je op dieet bent, heeft dat invloed op de mensen om je heen. Voor jouw succes is het belangrijk dat ze je steunen.
- Wees erop voorbereid dat je zult moeten reageren op saboteurs.
- Onderhandel met je echtgenoot en andere gezinsleden over junkfood in huis.
- Neem zelf de keuken over en leer om gezonde maaltijden te koken die iedereen lekker vindt.
- Vraag aan je echtgenoot of partner of hij/zij wil meedoen met je inspanningen om fit te worden.
- Bouw een steungroep op van andere mensen die zich ook op fitness richten.

Dokter, kunt u mij vertellen, a.u.b.?

Ik woon alleen en soms vind ik het moeilijk om op dieet te blijven. Wat kunt u mij aanraden?

In Nederland nam het aantal eenpersoonshuishoudens van ca. 600.000 begin jaren zestig toe tot 2,6 miljoen in 2010. Dat betekent dat ruim een derde van alle huishoudens in Nederland een eenpersoonshuishouden is.* Veel mensen die alleen eten, hebben te maken met een deficiëntie in calcium, ijzer en andere belangrijke vitamines en mineralen, omdat ze maaltijden overslaan, snacken in plaats van een diner te eten of omdat ze de vriezer openen en opwarmen wat eruit valt. Onderzoek heeft aangetoond dat mensen die alleen wonen veel vaker te maken hebben met vitamine- en mineralendeficiëntie. Alleen eten kan een aangename en gezonde bezigheid zijn, als je je leven eromheen plant. Hier zijn wat tips:

- Bevoorraad je keuken met een variëteit van belangrijke voedingsmiddelen met een lange houdbaarheid, zoals bruine rijst, havermout en volkorenvoedingsmiddelen.
- Houd voorgesneden broccoli bij de hand, sla in plastic zakjes en yoghurt, zodat je tijd niet als excuus kunt gebruiken om eten klaar te maken.
- Maak eenpansgerechten waar alle dingen in zitten die je nodig hebt – granen, vlees, groenten. Als je ovenschotels of soep maakt, is dat heel gemakkelijk te combineren. Bereid ze vooraf en vries ze in, zodat je niet elke dag hoeft te koken. Je kunt ook een recept maken dat voor meer personen is bestemd, en dan doe je de overige porties in een diepvriesdoos of -zak en heb je op andere momenten een heerlijke maaltijd.
- Kijk eens wat de saladeafdeling van jouw supermarkt te bieden heeft. Voor alleenstaanden, die meestal vers fruit en groenten mijden omdat ze ze niet op tijd op krijgen, is dit een uitkomst. Laat de salades op mayonaisebasis of vette dressing staan, maar kies voor veel verse groenten en fruit. Thuis kun je er wat vetarme kaas of mager vlees aan toevoegen, tonijn of kidneybonen en je eigen favoriete vetarme dressing.
- Onderschat nooit het gebruik van je vriezer en magnetron. Bevroren groenten kunnen een heel goed alternatief zijn als vers niet voorhanden is. Vooral rijst en pasta die zijn overgebleven, zijn goede kandidaten om te worden ingevroren en om later te worden gebruikt. Gebruik je magnetron voor het ontdooien, opwarmen of om de bereiding van vrijwel elke maaltijd te versnellen. Ook kunnen schotels die je in de magnetron doet vaak met minder vet worden bereid door er bouillon of wijn aan toe te voegen.
- Een diner moet plezierig zijn en een goede sfeer draagt bij aan een aangenamere maaltijd. Dek de tafel met mooi tafellinnen,

aantrekkelijke borden en een vaasje bloemen. Maak een heerlijke maaltijd met verse ingrediënten en geniet ervan met een beetje wijn, jazz op de achtergrond en een paar kaarsen of sfeerlichtjes. Ga aan tafel zitten en eet je maaltijd niet terwijl je tegen het aanrecht leunt.

- Probeer op regelmatige basis met vrienden samen te komen. Richt een donderdagavondeetclub op, waarbij iedereen een keer kookt in zijn eigen huis of probeer samen een keer per maand een ander restaurant uit.
- Start een kookclub. Of maak vaste afspraken met vrienden om eens per week of eens per maand bij elkaar te eten, waarbij iedereen een bepaald gerecht meeneemt.
- Kom samen met vrienden die van koken houden en maak voor een hele week goede maaltijden die je daarna onderling verdeelt.
- Wees niet bang om alleen uit eten te gaan. Ik eet zelf bijna altijd in een restaurant en ik houd van experimenteren. Ik ben me bijna niet bewust van de andere gasten dus ik vind het niet erg als ze naar me staren omdat ik alleen ben. Ik zet gewoon mijn iPad aan en krabbel wat dingen neer. Dat trekt altijd de aandacht van de obers, die denken dat ik een restaurantcriticus ben.

*Bron: *CBS Bevolkingsstatistiek*

11 Zo overleef je de feestdagen

De feestdagen. De tijd van het jaar dat de rits in je jurk en de veren in je weegschaal erg nerveus worden. Dat komt doordat het voor veel diëters een traditie is om met de feestdagen kilo's aan te komen. De statistieken op het gebied van gewichtstoename tijdens de feestdagen geven aan dat je ongeveer 2,5 kilo kunt aankomen als je niet van de marsepein en oliebollen kunt afblijven.

Ik heb hierover nagedacht: een gewichtstoename van 2,5 kilo, betekent héél véél voedsel als je je bedenkt dat er 3500 calorieën nodig zijn om een halve kilo aan te komen. Dit betekent dat je dagelijks gigantisch veel moet eten of bij een buffet een hele koe naar binnen moet werken. En je moet in die feestmaand dan ook niet van de bank komen...

Hoe dan ook, het is tijdens de feestdagen erg gemakkelijk om aan te komen, als je je realiseert dat een traditioneel kerstdiner met voorgerechtjes meer bedraagt dan 3000 calorieën!

Hoe zou je het vinden als we dit jaar eens breken met die traditie? Neem het besluit dat je dit jaar niet zult aankomen tijdens de feestdagen, voordat je oplossingen moet bedenken om (weer) van dat extra gewicht af te komen.

Voor alle duidelijkheid: als ik het over feestdagen heb, heb ik het niet alleen over de decembermaand, maar over de periode van Sinterklaas tot en met Pasen. Dus ook over Valentijnsdag, waarop je flink kunt aankomen door die grote doos chocolade.

Maar kun je met al die bedrijfsfeestjes, cocktailparty's en dineetjes nog wel eten, drinken, vrolijk zijn, fit blijven en toch het 17 dagendieet volgen?

Het antwoord is: absoluut! Als je je maar houdt aan mijn strategieën voor de feestdagen (die gemakkelijk te volgen zijn). Als je dat doet, heb jij dat goede voornemen op 1 januari om fit te worden, nooit meer nodig. Je begint dan elk jaar in topvorm.

Doe een pre-dieet voor de feestdagen beginnen

Om te voorkomen dat die feestkilo's eraan komen, kun je een tegenoffensief inzetten door op pre-dieet te gaan. Zo werkt het: doe de Versnel- of Verbetercyclus om er een paar pond vet af te krijgen vóórdat de feestdagen losbarsten. Je kunt dit gemakkelijk doen door alles wat je al hebt geleerd bij het 17 dagendieet.

Pre-diëten heeft in klinische onderzoeken laten zien dat je daardoor gewichtstoename tijdens de feestdagen, kunt voorkomen. Obesitasonderzoekers in Zweden hebben het effect van eten tijdens de kerst bestudeerd bij 46 obese patiënten die met een onderhoudsprogramma voor hun gewicht bezig waren. De diëters die tijdens de zes maanden voorafgaand aan kerst meer dan drie kilo verloren door een pre-dieet, kwamen minder aan (0,4 pond tot ruim 4,5 pond) tussen Kerstmis en Driekoningen, dan de mensen die geen pre-dieet volgden. Integendeel, de patiënten die meer dan drie kilo aankwamen in de zes maanden voorafgaand aan kerst, kwamen gemiddeld nog eens 2,5 kilo aan tijdens de feestdagen. De boodschap is helder: pre-diëten verhindert duidelijk dat de feestkilo's zich opstapelen.

Zoek vooral niet je heil in een of ander crashdieet, waarbij je vast of je calorieën verlaagt naar zevenhonderd of minder per dag. Dit kan resulteren in spierverlies, verminderde kracht en sterkte, een laag energieniveau, humeurigheid of geïrriteerdheid en het kan je immuunsysteem verstoren. Voor het beste resultaat houd je je gewoon aan de Versnel- of Verbetercyclus.

Partyplannen

Ik denk dat al die party's en etentjes het moeilijkste zijn.

Tijdens de feestdagen zie je overal eten. Je kunt nauwelijks ontsnappen aan bedrijfsfeestjes, schalen vol zelfgebakken koekjes en natuurlijk de bekende taarten en andere zoetigheid. Er is niet alleen veel meer eten, het zit ook nog eens bomvol calorieën, suiker en vet.

Dit zou ik je willen aanraden om te genieten, zonder dat je extra kilo's opstapelt.

- Ga vooral tijdens de feestdagen door met de goede gewoonte om te ontbijten, zodat je later op de dag je trek beter in de hand kunt houden (en nee, een advocaatje is géén goede vervanger van eieren bij het ontbijt).

- Houd wat gezonde tussendoortjes bij de hand. Eet die voordat je je op de andere dingen stort.
- Eet voordat je naar een party gaat eerst je diner (en probeer een ongezond diner te vermijden als je op de party bent).
- Bereid je eigen, caloriearme en vetarme eten en neem dat mee naar feestjes. Op die manier heb je tenminste één gezond alternatief.
- Kies twee of drie van de gezondste voorgerechtjes die je kunt vinden (wat garnalen, wat groenten of fruit enzovoort) en leg die op een klein bord of doe ze in een servetje, en loop dan bij de tafel weg. Houd in gedachten dat dit twee of drie stukjes eten moeten zijn, en niet twee of drie servetjes of bordjes vol.
- Wees verstandig bij het buffet. Vul je bord voor twee derde met groenten en fruit, en de rest met eiwitten. Aardbeien in chocolade tellen niet als fruit en worteltjestaart is geen groente. De dingen op je bord opstapelen is geen acceptabele manier om je bord te vullen. Draai niet als een aasgier om de tafel met eten heen. Vul je bord en ga dan ergens anders zitten om te eten.
- Vermijd de verleiding. Zeg gewoon 'nee' tegen verpakte feestzoetigheid en taartjes. Of doe ze cadeau aan iemand die niet op dieet is.
- Blijf weg van plaatsen waar snacks en lekkere dingen worden aangeboden of opgeborgen. Zoals de kantine op je werk of de voorraadkast thuis.
- Sta jezelf toe om iets meer te nemen van alles wat normaal gesproken alleen tijdens de feestdagen wordt gegeten, maar doe dat met mate. Het zal je niet helpen om tijdens de feestdagen tien kilo af te vallen, maar als je jezelf kleinigheden toestaat (marsepein blijft verboden!) dan helpt het je wel om niet midden in de nacht op zoek te gaan naar eetbare dingen in de kerstboom.
- Spaar calorieën. Leg een voorraad ongegeten calorieën aan op de dagen dat je naar een party gaat of naar een feestelijk etentje. Eet een licht ontbijt en lichte lunch om calorieën voor later op de dag op te sparen. Als je voorzichtig bent, zal de calorieopname van een groot diner geen 'roodstand' veroorzaken.
- Houd je op niet-partydagen extra goed aan je dieet.
- Begrijp de reden van feestdagen. Het feestdagenseizoen is een tijd om goede tijden te vieren met familie en vrienden. Probeer om het zwaartepunt meer op sociaal contact te leggen dan op eten.

Voel je vol met vezels

Er is een ongelooflijk makkelijke manier, die niets met een sterke wil te maken heeft, om tijdens de feestdagen slank te blijven. We zouden het het hele jaar moeten doen, alleen doen we het niet: meer vezels eten. Als je je vezelinname verhoogt, helpt dat om je dieetpogingen tijdens de feestdagen om te buigen naar iets simpels en automatisch. Je zult je gewicht onder controle kunnen houden zonder er moeite voor te doen of er gek van te worden.

Vezels zorgen voor een vol gevoel. Daardoor heb je minder de neiging om jezelf vol te proppen met calorierijke voeding. Daar komt nog bij dat vezels, zoals die in zemelen, volkorenproducten en havermout, zich op een natuurlijke manier aan de vetten binden die je eet. Die vetten worden vervolgens door de vezels geholpen je lichaam te verlaten. Het netto resultaat is dat er minder calorieën overblijven die als vet kunnen worden opgeslagen.

Dus vul jezelf met peulvruchten, fruit en groenten.

Voorzichtig met alcohol

Tijdens de feestdagen vloeit de alcohol als lava. Bedenk echter dat bier, wijn en sterkedrank veel calorieën bevatten. In feite bevat elke gram alcohol 7 calorieën in vergelijking met 4 calorieën per gram voor andere koolhydraten. Ook stimuleert alcohol je trek. En je moet beseffen dat als er alcohol in je systeem zit, je lever overuren moet maken om dat te verwerken, waardoor hij niet genoeg tijd kan besteden aan het verwerken van vet. Een onderzoek dat werd uitgevoerd aan de University of Lausanne in Zwitserland wees uit dat door het toevoegen van slechts 90 g alcohol per dag aan een dieet tot gevolg heeft dat er een derde minder vet werd verwerkt.

Je kunt het drinken van alcohol vermijden en toch sociaal meedoen door club soda of mineraalwater met blokjes ijs en een citroenschilletje te drinken. Of je kiest voor bier of wijn zonder alcohol. Maar ga je ook daar niet aan te buiten want veel van die producten bevatten weer een lading suiker.

De wetenschap zegt...

Houd bij wat je eet, en houd de kilo's eraf

Houd tijdens de feestdagen bij wat je eet en hoeveel calorieën je elke dag binnenkrijgt, door deze informatie in een eetdagboek op te schrijven. In technische zin heet dit 'zelfmonitoren'. In onderzoeken is aangetoond dat deze handeling gewichtsverlies bevordert, zelfs tijdens de feestdagen.

In een onderzoek met 38 diëters (32 vrouwen en 6 mannen) hielden de deelnemers bij wat ze aten tijdens Thanksgiving, Kerstmis of Hannukah en oud en nieuw. De onderzoekers deelden de diëters in groepen in, afhankelijk van de consistentie waarmee ze hun voeding- en calorieconsumptie bijhielden. Ook het gewichtsverlies werd bijgehouden. De beste en meest consistente zelfmonitors verloren gemiddeld bijna 5 kilo meer dan de personen die niet trouw hun gegevens in het monitoringprogramma bijhielden.

Blijf bewegen

De feestdagen betekenen niet dat je nu vrijaf hebt van je workouts. Houd je aan je dagelijkse fitnessschema. Dit is een van de beste manieren om tegen toename van vet te vechten. Het maakt dus niet uit wat er tussen jou en je workout komt, geef het niet helemaal op! Als je niet verschilt van andere mensen, dan moet je tijdens de vaak stressvolle feestdagen ook stoom afblazen, en dan is bewegen een uitstekende manier om te ontstressen. En het zorgt er ook nog voor dat je die extra calorieën die je binnen hebt gekregen tijdens de etentjes, party's en bijeenkomsten weer verbrandt.

Als je de tijdens de feestdagen de luxe hebt te beschikken over vrije tijd, waarom besteed je dan niet wat extra tijd aan aerobics om die extra calorieën te verbranden? Steek wat meer energie in je normale aerobicoefeningen of probeer wat nieuwe dingen uit. Ga eens een middag naar de ijsbaan of naar een rollerskatepark. Mep eens goed tegen een bal met squashen. Ga eens naar een indoorskibaan om aan je skivaardigheden te werken of ga langlaufen als er sneeuw ligt. Daar verbrand je veel calorieën mee.

Als je niet zo avontuurlijk bent aangelegd, probeer dan om de duur en/of frequentie van je normale aerobicworkout een beetje op te voeren. De duur refereert aan de hoeveelheid tijd van een workout. Het is verbazingwekkend hoeveel extra calorieën je verbrandt als je lichaam zich net een beetje langer moet inspannen.

Een andere optie is de frequentie van je oefeningen verhogen: dus meer keren per week een workout doen om meer calorieën en vet te verbranden. Voeg wat meer sessies per week aan je normale routine toe.

Verhoog de intensiteit. Laat je inspanning het verschil maken. Voor optimale vetverbranding zou je moeten bewegen op een niveau dat hoog genoeg is om je hartslag tot 70 of 80 procent van je maximale hartslag te verhogen. Je maximale hartslag reken je als volgt uit: Trek je leeftijd af van het getal 220 en vermenigvuldig dat getal met 70 of 80 procent. Een extra bonus is dat als je je workout met een grotere intensiteit doet, je hongergevoel wordt onderdrukt.

Plof dus niet op de bank tijdens de feestdagen – houd dat lichaam in beweging!

Houd de feestdagenstress in de hand

Ik heb altijd gedacht dat de begrippen ‘stress’ en ‘feestdagen’ elkaars tegenpolen zijn. Zouden feestdagen niet eenvoudig gevuld moeten zijn met vreugde en een feestelijk gevoel?

Ja! Maar toch bestaat feestdagenstress, en veel daarvan heb je jezelf opgelegd. Wat geacht wordt een tijd van vreugde en goede stemming te zijn, begint aardig te lijken op de hectische voorbereidingen van een militaire invasie.

Tegelijk met de feestviering komen de verleidingen en voorbereidingen die stress en vermoeidheid kunnen veroorzaken. Het is geen wonder dat mensen in deze tijd van het jaar aankomen. Om jou voor de valkuilen van dat seizoen te behoeden, namelijk gewichtstoename en stress, zal ik je mijn ideeën vertellen over hoe je je leven kunt inrichten om tijd te maken voor wat echt belangrijk is. Laat de feestdagen je er niet onder krijgen. Door wat organisatie en goede planning kun je door het feestseizoen zeilen waarbij je gezondheid en emotionele welbevinden intact blijven en je waarschijnlijk zelfs nog een paar pondjes lichter wordt.

- Manage je tijd en je prioriteiten. Om te voorkomen dat de eisen van de feestdagen je kidnappen, moet je wat plannen. Beslis eerst welke gebeurtenissen en activiteiten het belangrijkste zijn en zet die in je agenda, samen met een planning voor wat 'persoonlijke' tijd. De feestdagen draaien om familie en vrienden, dus beslis ook welke mensen het belangrijkst zijn (zoals familie, echte vrienden en bezoekers van buiten de stad), en breng meer tijd met hen door. Het kopen van cadeautjes en kaarten schrijven kan een overweldigende taak zijn. Als je steeds kleine beetjes doet, maak je het niet alleen beter hanteerbaar, maar ook leuker. Probeer elke avond een stel kaarten te schrijven en niet allemaal in een keer. Bestel cadeaus via internet zodat je de jaarlijkse dodenmars door speelgoedwinkels, outlets en warenhuizen kunt vermijden.
- Zorg voor voldoende nachtrust. Stressmanagement en algemene gezondheid vragen om voldoende slaap en zouden boven aan je prioriteitenlijst moeten staan. De beste manier om je van een goede nachtrust te verzekeren is om regelmatige bedtijden aan te houden. Vermijd of verminder cafeïne, alcohol en tabak; deze zaken verstoren je slaappatroon, waardoor het moeilijker wordt om in te slapen of door te slapen. Ook heeft te veel eten laat op de avond invloed op je nachtrust.
- Stel haalbare doelen voor de feestdagen. Als je vet wilt verliezen, dan kunnen de feestdagen wel eens niet de beste tijd zijn om dat te doen. Er liggen nu immers overal veel te veel lekkere dingen te wachten. In feite is het zelfs onredelijk om te verwachten dat je tijdens de feestdagen kunt afvallen. Je huidige gewicht behouden, of maar 1 tot 2 pond aankomen in plaats van 3,5 kilo of meer, is een veel verstandiger doel.
- Houd op je schuldig te voelen. Als je, ondanks al je planning en vastberadenheid, je toch een keer laat gaan, probeer je dan niet schuldig te voelen. Schuld verzwakt je vastberadenheid om gezonde gewoontes te behouden. Daarbij komt dat schuldgevoel je plezier in de feestviering kan bederven en dit is de tijd van het jaar om vrolijk te zijn. Zelfs als je ver van je dieetprogramma afraakt, laat dat dan niet je ondergang worden. Kijk naar het grote plaatje, zonder geobsedeerd te raken over elke kleine zijsprong in

je plan. Ga over op die andere gezonde gewoonte: beweeg, neem een voedingsrijke maaltijd of doe wat ontspanningsoefeningen.
- Vrolijk anderen op. Stuur een bijdrage naar iemand die in nood zit, werk als vrijwilliger in een opvanghuis of draag bij aan een liefdadigheidsdoel* zoals speelgoed geven aan kinderen die niets of weinig hebben. Neem elke dag even de tijd om eenvoudig dankbaar te zijn voor wat je hebt. Laat woede, bitterheid en afkeer los. Probeer als een kind naar de feestdagen te kijken; dat zorgt voor meer verwondering en enthousiasme in je leven. Als laatste kun je elke dag koesteren. Het grootste cadeau is vandaag.

Als je maar een paar van mijn adviezen opvolgt, betwijfel ik of je zelfs maar visioenen krijgt van een stuk marsepein of verleid wordt om toch dat stuk taart te nemen.

* *Noot van de vertaler*: In Nederland zijn veel instellingen waar kinderen tijdelijk of permanent verblijven. Via fora op internet kun je er vaak wel achter komen waar ze bij jou in de buurt zitten. En de politie in je woonplaats kan je vertellen hoe en waar je bijvoorbeeld speelgoed en knuffels kunt doneren aan opvangcentra waar mishandelde kinderen zitten. Die hebben meestal geen speelgoed kunnen meenemen toen ze uit huis werden geplaatst.

Samenvatting

- Pre-dieet vóór de feestdagen. Op die manier ga je de feestmaand in met een lager gewicht. En zou je aankomen tijdens de feestdagen, dan is dat minder erg dan anders.
- Ben je op een party of familiebijeenkomst, eet dan strategisch zodat je jezelf niet laat gaan.
- Eet veel vezelrijke voeding waardoor je overeten voorkomt.
- Houd bij wat je eet tijdens de feestdagen, dus schrijf het op.
- Verwaarloos je fitness niet.
- Gebruik stressverminderende technieken tijdens de feestdagen.
- Herinner je de echte reden achter het feestseizoen.

De slanke 17

De zeventien meest dik makende feestgerechten en hoe je die kunt verminderen

Voedsel	**calorieën per portie**	**de slanke variant**
1. Gefrituurde kaasbal (250 g)	729	Kies magere kaas als voorgerecht.
2. Advocaat (275 ml)	343	Maak je eigen vetarme variant met gestoomde magere melk, rumextract en wat stevia als suiker.
3. Broodjes	84-201	Serveer volkorenbroodjes of helemaal geen brood.
4. Cranberrysaus (125 ml)	223	Serveer suikerarme cranberrysaus waardoor je ca. 150 calorieën bespaart.
5. Kastanjepuree (1 cup = 145 g)	395	Laat room en boter weg; gebruik vetarme melk en wat stevia in plaats van gewone suiker.
6. Aardappelpuree met jus, grote portie	240	Maak puree van 2 delen aardappelen en 1 deel selderijknol, worteltjes of bloemkool om de calorieën met 75 procent te verminderen. Gebruik een beetje gestoomde melk en laat de boter staan. Voorzichtig met de jus!
7. Aardappelkoekjes (2)	400	Gebruik extra vergine olijfolie in plaats van de vettere soorten zoals maïsolie en gebruik geen eidooiers voor het beslag.
8. Romige maïs (1 cup = 165 g)	184	Room weglaten is calorieën sparen.
9. Traditionele vulling, grote portie	640	Vervang broodvulling door wilde rijst en bak dat apart in een hapjespan. Vulling die gaar wordt tijdens het braden van kalkoen of eend, absorbeert te veel vet van het vlees.

Voedsel	calorieën per portie	de slanke variant
10. Geroosterde eend	434	Neem liever kalkoen.
11. Rib eye	569-854	Houd je porties in de gaten!
12. Geroosterd varken met ananas	466	Rooster een varkenslende in de oven. Gooi het vet weg en voeg bouillon, fruit of sinaasappelsap toe in plaats van olie om het sappig te houden. Serveer met ananas op water uit blik.
13. Vlees-kaas-flapjes (3)	459	Maak de flapjes met gezonde, plantaardige olie. Je bespaart veel calorieën door ze vegetarisch te maken met pittige kaas en doe er wat jalapeños in voor meer *bite*.
14. Lasagne met gehakt, 1 portie	377	Maak vegetarische lasagne en neem één stuk in plaats van twee. Of maak Amerikaanse lasagne met mager rundergehakt, mozzarella light, en vetarme ricotta en je hebt geen room of bechamelsaus nodig.
15. Witte chocoladetaart (1 punt)	625	Gewoon slagroomgebak is de helft in calorieën.
16. Appeltaart (1 punt)	411	Kies voor slagroomgebak (zie boven).
17. Kerstkoekjes, 3 à 4	200	Geen probleem als je er één neemt, maar wie kan er na eentje stoppen?

Noot van de vertaler: omdat Sinterklaas nog steeds razend populair is, en daarmee ook het traditionele sinterklaassnoep, zie je hieronder wat de calorieën zijn van al dat lekkers.

1. Marsepein. Per 100 g 360 calorieën. Dat lijkt mee te vallen, maar 1 ons bevat wel 64 g suiker! Dat is gigantisch veel, want een zakje marsepeinen aardappelballetjes weegt 200 g en is op voor je het weet.

2. Gevulde speculaas. 100 g is 488 calorieën, waarvan 52,8 g koolhydraten (suiker dus) en maar liefst 28 g vet.
3. Speculaas. Je zou denken dat daar minder calorieën in zit dan in gevulde. Vergeet het maar. Per 100 g 493 calorieën, 73 g koolhydraten en 20 g vet.
4. Banketstaaf. Per 100 g 461 calorieën, waarvan 43 g koolhydraten en 28,9 g vet. Voor kerstkrans gelden dezelfde getallen. De luxe uitvoering met gekonfijte vruchten erop en/of erin, leveren nog hogere getallen.
5. Schuimpjes zijn per 100 g een killer: 380 calorieën, waarvan 95 (!) g koolhydraten in de vorm van suiker.
6. Chocoladeletter. Melkchocolade en pure chocolade: per 100 g ca. 528 calorieën, waarvan 53 g koolhydraten en 31 g vet. Chocoladeletter met noten levert per 100 g 608 calorieën, waarvan 30 g koolhydraten en 49,6 g vet.
7. Last but not least de pepernoot. Zo'n zak van 500 g is zó leeg. En dan heb je 2445 calorieën binnengekregen, waarvan 341,5 g koolhydraten en 106,5 g vet. Dat is voldoende voor bijna 500 g gewichtstoename.

Dokter, kunt u mij vertellen, a.u.b.?

Ik houd van de feestdagen, maar ik zie er ook tegenop omdat als ik eenmaal begin te snoepen, ik niet meer kan ophouden. Hoe komt dat toch?

Van zoete dingen krijg je honger. Hoe meer je snoept, hoe meer je er trek in krijgt. Waarom? Als je suikerige dingen eet, gaat je bloedsuiker (glucose) omhoog. Insuline moet dan heel hard werken om dat weer naar beneden te krijgen, en snel. Maar door de snelle daling van je bloedsuiker wordt je trek groter. Daarom wil je na het eten steeds meer snoep. Ook wordt het goed-gevoel-hersenhormoon serotonine verhoogd.

Je moet echt minderen of je moet snoep helemaal vermijden. De trek wordt dan steeds minder en kan zelfs helemaal verdwijnen. Probeer geen boodschappen te doen tijdens de feestdagen. De dik makende dingen uit je vriezer verdwijnen dan het eerst. Na een paar dagen zijn de koekjes, het ijs en de witte chocoladetaart verleden tijd. Het enige wat overblijft, zijn de groenten. En dat kan je dwingen om op een gezonde manier te eten. Als je lang genoeg twijfelt voordat je boodschappen gaat doen, kan het wel eens zijn dat je alleen nog een rauwe biet hebt om te eten. Wat ik wil zeggen is: uit het oog, uit het hart. Als de feestzoetigheden jou bij je voornaam noemen, zorg dan dat je ze niet meer hoort – en daar slaag je perfect in als je ze niet in huis haalt.

Word dun – de snelle manier

Geen snoep van jouw sweetie. Een doos snoep of chocolade mag dan gezien worden als een romantisch cadeautje, maar je krijgt er wel in no time *love handles* van. Op Valentijnsdag houdt iedereen van snoep, maar de meeste mensen hebben geen idee van de hoeveelheid calorieën die ze wegwerken. De meeste bonbons (meestal zo'n 30 g per stuk) bevatten 150 calorieën. Het is ook niet uitzonderlijk dat een doos bonbons gemiddeld 10.000 calorieën, of meer, bevat. Als je de hele doos leegeet, stapelen die overtollige calorieën zich sneller op dan de lege zilverpapiertjes van de bonbons. En wat snel betreft: Valentijnsdag is niet kalendervriendelijk. De meeste mensen zijn dan nog bezig om de extra kilo's die ze zijn aangekomen in december en januari eraf te krijgen. Vraag jouw sweetie of hij je niet heel romantisch een boeket bloemen kan geven of een heerlijk geurtje of een speciale dag in een spa.

12 Op pad met het 17 dagendieet

Ik heb eens een patiënt gehad – ik zal haar Tina noemen – die af en toe het vliegtuig nam. Ze was ongeveer 1.77 meter en woog 70 kilo. Niet slecht voor haar lengte. Maar toen kreeg ze een baan waardoor ze heel vaak moest vliegen. Tina hield van reizen. Alleen, als ze van huis weg was, bewoog ze niet en at ze niet zoals ze zou moeten doen. Het resultaat was dat ze in het eerste jaar 2,5 kilo aankwam. Dat leek niet erg veel. Maar het jaar daarop gebeurde hetzelfde, evenals het jaar dáárna. In de loop van vijf jaar kwam Tina 2,5 kilo per jaar aan. Eén blik in de spiegel vertelde haar beter dan haar weegschaal dat ze te maken had met overgewicht.

Tina was niet van plan haar baan op te zeggen, maar ze was wel vastbesloten die extra 12,5 kilo kwijt te raken. Daar slaagde ze in. En, ze heeft het er ook af weten te houden. Ze voelde zich niet alleen beter, maar de spiegel vertelde haar dat ze er ook beter uitzag. En volgens de laatste medische statistieken zou ze ook nog eens langer leven. Het enige 'nadeel' was dat ze allemaal nieuwe kleding moest kopen!

Dat gewicht verliezen vroeg van Tina een langetermijnverbintenis en veel vastberadenheid. Maar ze deed het toch maar hoewel ze elk jaar zo'n 165.000 kilometer vliegt.

Als jij net zo'n 'wegpiraat' bent als Tina, dan is dit hoofdstuk voor jou! Ik heb adviezen voor je waarvan ik overtuigd ben dat ze werken om af te vallen als je je in het luchtruim bevindt, en op andere plaatsen tijdens je reis.

Op de luchthaven

Laten we eerlijk zijn: de meeste eetgelegenheden op luchthavens staan nu niet bepaald bekend om hun kwaliteit of om het assortiment dat ze te bieden hebben. Luchthavens staan bol van de vetrijke, suikerrijke snacks. Als ik iets te kauwen wil hebben, loop ik de junkfoodgelegenheden direct voorbij en zoek naar plaatsen waar ik fruit kan kopen, vetarme yoghurt of een salade.

Bestudeer nauwkeurig de menu's in luchthavenrestaurants. Meestal staat er wel een deel met vetarme, caloriearme dingen op. Als je echt op de luchthaven moet eten, probeer dan om je vezelinname te verhogen door fruit te kiezen (vooral bessen), salades, volkorenproducten en plantaardige soepen.

Wat doe je echter als je niets kunt vinden dat in de categorie 'gezond' valt? Soms had ik dan maar wat langer honger. En als ik iets ongezonds moest bestellen, at ik er maar een klein beetje van. Wees wel gewaarschuwd: deze tactiek vraagt ongelooflijke wilskracht.

Blijf actief. Neem niet de lange loopband, tenzij je anders je aansluitende vlucht dreigt te missen. Loop snel naar je volgende gate en laat je voeten de enige mechanische hulp zijn om er te komen.

Loop de vliegtuighal rond. Als je tijd hebt tussen twee aansluitende vluchten, loop dan in een comfortabele, snelle pas. Ik weet het, na een lange vlucht ben je moe en wil je liever niet de luchthaven rond, waarbij je ook nog eens je handbagage door de mensenmassa moet meezeulen. Geloof me, een kleine wandeling zorgt ervoor dat je je als herboren voelt en je voorkomt ermee dat de reiskilo's zich opstapelen. Probeer minstens tien tot twintig minuten stevig door te lopen.

Aan boord

Vliegtuigmaaltijden worden door bijna iedereen als slecht bestempeld. We kennen allemaal die UFO's (Unidentified Fried Objects) en we hebben allemaal die onvermijdelijke kipfilet gegeten die de aardbol al verscheidene malen heeft rondgevlogen. Als je een vlucht hebt die een maaltijdservice heeft, of als je zo veel geluk hebt dat je een upgrade hebt gekregen naar een klasse waar ze wel echte maaltijden serveren, maak dan dezelfde keuzes als in een restaurant. Dus kies voor caloriearme, vetarme gezonde dingen. Eet weinig van de koolhydraatrijke dingen zoals broodjes en desserts die nu eenmaal niet erg gezond zijn. En gebruik ook maar de helft van de saladedressing die je hebt gekregen en doe vooral geen boter op je broodje. Vraag of je wat vers fruit kunt krijgen als dessert. Kleine dingen zijn snel bij elkaar opgeteld!

Probeer te eten zoals je thuis doet. Dus als je thuis niet gewend bent om je driegangenmaaltijd af te sluiten met een gigantische coupe ijs met warme karamelsaus, doe dat dan ook niet in het vliegtuig. Ik kan je nu al garanderen dat dat niet het beste ijs is dat je ooit hebt gegeten, dus waarom zou je je dieet saboteren met zoiets middelmatigs?

Drink ook niet te veel calorieën. Als het drankenkarretje naast je staat, vraag dan om water, tomatensap of een calorievrij dieetdrankje. Zeg nee tegen alcohol en tegen drankjes die cafeïne bevatten omdat ze uitdroging in de hand werken. De snacks die je in vliegtuigen kunt kopen of die je krijgt, zijn ook niet geweldig, dus laat die aan je voorbijgaan. Ik wil je voorstellen om zelf gezonde snacks mee te nemen zoals vers fruit, stukjes groenten of een van mijn Power Cookies.

Heb je een lange vlucht, beweeg dan regelmatig. Ik bedoel niet dat je steeds het hele gangpad moet doorkruisen en het personeel in de weg moet lopen. Sta ongeveer elk halfuur op en stretch je benen, armen en andere spieren.

Dit helpt niet alleen om wat calorieën te verbranden, het kan ook helpen om diepe vaattrombose te voorkomen, een ernstige medische complicatie bij lange vluchten. Als je je benen langere tijd niet beweegt, kan het bloed zich in de onderbenen verzamelen en daar een prop in de vaten van je spieren vormen. Als die bloedprop zich naar je hart, longen of hersenen begeeft, kan dat fataal zijn. Je loopt een groter risico op diepe vaattrombose als je ouder bent, aan obesitas lijdt, aan kanker of een andere acute medische aandoening, als je kort daarvoor geopereerd bent, zwanger bent, de pil gebruikt of hormoonvervangende therapie krijgt.

Er zijn nog meer preventieve maatregelen die je kunt nemen als je tot de risicogroep behoort. Door een flinke, stevige wandeling van twintig tot dertig minuten op het vliegveld houd je je bloedcirculatie urenlang aan de gang. En zorg vooral dat je voldoende water drinkt, zodat je niet uitdroogt. Alcohol droogt uit en maakt je minder mobiel, waardoor de kans op bloedproppen groter wordt. Veel vliegmaatschappijen bieden al bewegingsoefeningen aan die je in je stoel kunt doen.

Autoreizen

Vergeet je koelbox niet en maak je eigen maaltijden, inclusief vetarme tussendoortjes. Kies voor de magerste vleeswaren die je kunt vinden, vers fruit en groenten, en water. Geniet van de rit door te stoppen bij de picknickgebieden in plaats van bij fastfoodketens. Als je toch bij een fastfoodrestaurant gaat eten, maak dan de verstandigste keuze. Laat de friet met mayonaise voor wat het is. Kies salades.

Eten in het hotel

Als je laat in de avond aankomt in je hotel na een lange dag reizen, is roomservice of een nachtrestaurant wel heel, heel aantrekkelijk. Niet aan toegeven! Je mag dan wel honger hebben, maar sla de maaltijd over. Vermijd te eten op de late avond. Als je zware voeding eet vlak voor je naar bed gaat, is dat een van de ergste dingen die je je taille-omvang kunt aandoen.

Als je echt iets moet eten, kijk dan of je hotel een mand met appels op de receptie heeft staan. Neem er een of twee mee bij het inchecken en eet die op voor je naar bed gaat.

Het kan een behoorlijke uitdaging zijn om je aan een gezond voedingsregime te houden als je van huis bent. Het maakt niet uit waar je naartoe gaat; een van de leukste dingen is om op verschillende bestemmingen uit eten te gaan. Gelukkig kun je op verschillende manieren genieten van lokale gerechten zonder de angst om te overeten.

Kijk online welke restaurants in een bepaald dorp of stad de gezondste menu's hebben. Dit is niet moeilijk omdat veel etablissementen trots zijn op hun specialiteiten, van verse vis en zeevruchten tot barbecues zoals thuis. Reisgidsen hebben ook vaak lijsten met de verschillende keukens en prijscategorieën.

Maak in je aantekenboek of agenda een lijstje met voorkeuren in de volgende categorieën: beste ontbijt, top-lunchgelegenheden en gezonde restaurants voor het diner. Zorg dat je dat lijstje altijd meeneemt, zodat je flexibel bent en voldoende keuze in elke categorie hebt. En bij het samenstellen van die lijst sla je de 'zoveel je kunt eten'-plaatsen natuurlijk over.

Begin de dag gezond

Als je de dag begint met verstandige keuzes, is de kans groot dat je die instelling de hele dag houdt. Ontbijtgranen met magere of vetarme melk, fruit, yoghurt, sap, bagels enzovoort zijn uitstekende keuzes. Als je in een hotel bent waar het ontbijt bij de kamerprijs is inbegrepen of waar een buffet is, laat dan de vettige of gebakken dingen links liggen, of beperk ze zo veel mogelijk. Zorg de hele dag dat je regelmatig lichte maaltijden eet om je energie op peil te houden en je calorie-inname binnen de perken te houden. Natuurlijk is het daarbij even belangrijk dat je voldoende drinkt. Houd een fles water bij de hand om te voorkomen dat je dorst krijgt en om je honger te bedwingen.

De slanke 17

Zeventien handige, reiswaardige tussendoortjes

1. kuipjes appelmoes (ca. 125 g per stuk)
2. kuipjes vetvrije pudding
3. kuipjes fruit in fruitsap (ca. 125 g per stuk)
4. appel of peer
5. magere granola
6. mijn Power Cookie
7. gesneden, rauwe groenten: worteltjes, bleekselderij, sugar snaps, paprika of komkommer
8. babyworteltjes
9. portieverpakking vezelrijke ontbijtgranen
10. reepjes kaas (mager)
11. een gekookt ei
12. kleine zak vetvrije popcorn
13. klein zakje druiven
14. gezonde sandwich met groenten
15. runder- of kalkoenjerky*
16. sinaasappel
17. edamame

* *Noot van de vertaler:* In Amerika is jerky in bepaalde gebieden een veel gegeten snack. Het zijn speciaal bereide vleesstrips die vrij taai zijn, je moet er lang op kauwen, ze zijn er in verschillende smaken en het is een goede eiwitbron. In Nederland te bestellen via internet.

Oefeningen voor onderweg

Boek een hotel met een fitnessruimte die bij voorkeur dag en nacht open is. Voor mij is dat een absolute must geworden. Op het ogenblik verblijf ik alleen nog in een hotel zonder fitnessfaciliteiten als het niet anders kan, bijvoorbeeld omdat ik in een specifiek hotel moet slapen vanwege een medische conventie of bijeenkomst waaraan ik deelneem.

Als het hotel niet over fitnessapparatuur beschikt, kan het verbonden zijn aan een lokale fitnessschool waar je voor weinig geld een dagkaart kunt kopen. Als je daar dan bent, kun je een nieuwe klas proberen en een nieuwe instructeur. Je zou wel eens verbaasd kunnen staan over hoe leuk het is om iets totaal anders in een andere stad te doen. Je zou ook kunnen zoeken naar yoga, indoorfietsen of stepklassen.

Zorg dat je elke dag (of nacht) dertig minuten op de loopband staat of op de hometrainer zit. Je zult verrast zijn hoe goed je je na dat halve uur trainen voelt. Je hoofd is helderder en je voelt je ook energieker voor je zakenbesprekingen.

Ik houd ervan om 's morgens te trainen. Op die manier heb je het meteen al gedaan. Aan het einde van de dag kunnen er allerlei reisobstakels op je pad komen. Daarbij komt dat als je 's morgens je workout doet, je de hele dag door beter presteert.

Wees creatief. De meeste hotels bieden genoeg ruimte om je kamer te veranderen in een minigym. Pak dus workout-dvd's in of een springtouw. Stapel telefoonboeken op voor een stepworkout die je kunt doen bij je favoriete fitnessvideo.

Neem elastische fitnessbanden mee. Leer de basisoefeningen door ze aan een body-sculpting instructeur te vragen of aan een personal trainer voor je de stad weer verlaat. Oefen, zodat je deze oefeningen goed kunt uitvoeren tijdens je reizen. Als je weer thuis bent, zijn die banden reuzehandig als het je bijvoorbeeld niet lukt om naar een fitnessschool te gaan.

Vergeet de gewichttrainingen niet zoals push-ups, squats met bagage in je handen om wat extra tegenwicht te krijgen en overhead presses met telefoonboeken als gewicht. Sit-ups, met of zonder bagage op je borst en crunches, helpen om elke onderwegworkout af te ronden. Als je 'licht' reist, stem dan af op een fitnesskanaal op televisie en ga meteen aan de slag.

Mix zaken en plezier. Ga eens dansen in een lokale club. Het is een gemakkelijke manier om calorieën te verbranden en om de lokale scene eens goed te bekijken.

En vergeet je zwemspullen niet! Als het hotel een eigen zwembad heeft, is baantjes trekken een geweldige manier om jezelf eens flink te laten zweten en de stress van de dag van je af te spoelen. En ja, je transpireert als je zwemt!

Een ander trucje is om een kamer op de derde of een nog hogere verdieping te vragen zodat je de trappen in het hotel kunt nemen als perfecte workout. Kijk op je horloge om zeventien minuten af te tellen. Loop door de hal van het hotel naar de trap. Loop een verdieping omhoog en vervolgens door de gang van die verdieping. Loop nu de trap op naar de volgende verdieping en weer door de gang. Dan neem je de trap weer naar de volgende verdieping en loop weer door die gang. Blijf dit 8,5 minuut lang doen, herhaal deze route en ga daarna weer naar je kamer. Zorg wel dat je op de goede verdieping bent en de goede kamer hebt. Ik heb die fout ooit eens gemaakt. Het is geen leuk gezicht om te proberen een kamer binnen te komen die niet van jou is.

Ook laat ik de lift voor wat hij is, zelfs als ik bagage draag en mijn kamer zich op de twaalfde verdieping bevindt. Het cardiovasculaire voordeel dat je behaalt als je elke keer de trap neemt in plaats van de lift, zou je versteld doen staan. Soms ben je zelfs sneller in je kamer via de trap dan met de lift.

Als je geen trappen wilt lopen, denk dan eens na over buiten. Hoe denk je over sightseeing door gewoon te lopen of op een gehuurde fiets? Als je een fiets huurt, huur dan meteen een helm. Vraag de lokale fietsverhuurder wat de beste en veiligste routes zijn en vraag hem ook hoe het terrein eruitziet; is het vlak of heuvelachtig? Lopen is een geweldige manier om een nieuwe plaats te ontdekken en tegelijkertijd fit te blijven. Het is mijn favoriete reisworkout omdat ik daardoor de lokale bijzonderheden kan zien, ruiken en horen. Draag schoenen die je voeten goed ondersteunen en die comfortabel genoeg zijn om lang op te lopen. Vraag de hotelconciërge of hij je aanbevelingen kan doen. Bovendien bespaar je veel op taxiritten als je loopt.

Poeh! Ik denk dat ik wel duizend calorieën heb verbruikt door dat allemaal op te schrijven.

Zo veel mensen vertellen me dat ze niet fit kunnen blijven als ze reizen, maar dat vind ik onzin – voor mij betekent dat alleen dat je het niet graag genoeg wilt. Als je een goede planning maakt, kun je fitness uitstekend in je reisschema inpassen.

Samenvatting

- Maak gezonde keuzes op de luchthaven en in het vliegtuig.
- Gebruik de luchthaven als 'gym' als je tijd hebt. Loop als oefening de vertrekhallen door.
- Maak wijze keuzes in je hotel en als je uit eten gaat.
- Begin je dag gezond met een voedingsrijk ontbijt en beweging.
- Boek een hotel met een fitnessruimte of maak van je hotelkamer een gym.
- Ga goed met je vakantie om door je aan je fitnessprogramma te houden, speciale voedingsbehoeftes te plannen, je te focussen op de aspecten van vakantie die niets met eten te maken hebben en maak gezonde keuzes.

Zo ga je goed om met vakanties

'Wilt u soep en salade bij uw maaltijd?'
'Wat voor dessert zou u willen hebben?'
'Waar zullen we vandaag eens gaan eten?'
'Laten we nog even naar het nachtbuffet gaan!'

Kort geleden werd ik op vakantie gebombardeerd met dit soort vragen. Er werden me twaalfgangendiners aangeboden, alles-wat-je-kunt-eten-ontbijten en lunchbuffetten, en een grill die 24 uur per dag open was.
Nadat ik dagenlang had genoten van heerlijk eten, kwam ik ook tot de conclusie dat vakantie niet per se een dieetramp hoeft te betekenen. Vakantie betekent dat je je vermaakt terwijl je op gewicht blijft. En ja, vakantie kan een extra uitdaging zijn als je probeert af te vallen en je aan je fitnessprogramma wilt houden. Een voorbeeld dat ik altijd weer krijg te horen: 'Ik vind het geweldig om op een cruise te gaan, maar elke keer als ik dat doe, is het resultaat dat ik er zelf naartoe werk om de rest van het jaar mijn dieet- en beweegprogramma te laten voor wat ze zijn.'
Wat zou jij in zo'n geval doen? Ik zou nooit suggereren dat je dan maar geen cruise moet doen of geen 'all inclusive'-vakanties moet boeken of geen bestemmingen moet kiezen waar eten zo duidelijk aanwezig is. Ik zou wel willen voorstellen te zoeken naar manieren om

actiever te zijn op zulke vakanties of plannen te maken om gezondere voedingskeuzes te maken of een van je jaarlijkse vakanties te vervangen door een actievere vakantie.

Vakanties en je dieet in de gaten houden, bijten elkaar niet. Vakanties kunnen altijd worden aangepast aan jouw lifestyle en dan hoef je niet bang te zijn dat je je elke keer als je een uitstapje maakt of op vakantie gaat, te buiten zult gaan aan eten. Er zijn altijd alternatieven te vinden. Hieronder lees je wat praktische suggesties die je door je vakantie heen helpen zonder dat je al dat harde werken dat je in het afvallen hebt gestoken, ongedaan maakt.

- Bepaal wat je wilt op vakantie. Wil je je huidige gewicht behouden of wil je doorgaan met afvallen? Als je voor afvallen kiest, dan moet je je calorieëninname in de gaten houden. Als je kiest om op je huidige gewicht te blijven, dan kun je je dagelijkse calorieën wat hoger stellen.
- Als je speciale dieetbehoeftes hebt, plan die dan ook in. Bepaalde cruisemaatschappijen bieden bijvoorbeeld maaltijden aan die gezond zijn voor je hart en die weinig vet en zout bevatten. Ook kun je er jouw speciale wensen kenbaar maken.
- Richt je meer op de andere prettige aspecten van de vakantie in plaats van alleen op het eten – de lokale bijzonderheden, sightseeing en alles wat er om je heen gebeurt.
- Maak zo veel mogelijk gezonde voedingskeuzes en leg de nadruk daarbij op fruit, groenten, volkorenproducten en magere eiwitten. Om je honger onder controle te houden kun je wat meer vezelrijke voedingsmiddelen kiezen en voeding die veel water bevat, zoals rauwe of gestoomde verse groenten en fruit. Door een verstandige benadering voorkom je dat je je overeet.
- Als je speciale wensen hebt die niet op het menu staan, vraag daar dan naar. Veel resorts bieden deze service aan.
- Houd de portiegrootte in de gaten en blijf je daar bewust van.
- Als je op een cruise bent of in een resort, sluit je dan aan bij programma's zoals lopen, dansen, aerobics en gebruik vooral de fitnessapparatuur in de gym. Neem deel aan de actiefste excursies aan wal, of bezoek de havensteden die je aandoet alleen en gebruik daarbij een reisgids om je eigen, mooie route te creëren.

- Met sightseeing-activiteiten zet je je spieren aan het werk, maar kies een tour waarbij je ook echt kunt bewegen. Als je bijvoorbeeld in een stad tijd voor jezelf hebt, betekent dat dat je kunt gaan joggen of een stevige wandeling kunt maken richting bezienswaardigheden en winkels natuurlijk. Vraag of de plaatsen waar je tijdens een tour overnacht ook de gelegenheid bieden om te fitnessen of te zwemmen. Als je je dan een keer te buiten bent gegaan aan te veel eten, zorg dan dat je direct weer op het goede spoor komt door een wandeling te maken of door de volgende keer een extra gezonde maaltijd te kiezen. Feliciteer jezelf dat je meteen weer je programma hebt opgepikt en alles op een gezonde manier doet. Als je dit een aantal keren hebt gedaan, zul je een positieve instelling ontwikkelen en ga je geloven dat je alles wat je wilt, ook kunt bereiken.

13 Onregelmatige dienst en het 17 dagendieet

Ik weet zeker dat je het liedje *9 to 5* kent. De tekst is aanstekelijk maar beschrijft niet de echte ervaring van 15 tot 20 procent van de werkende Nederlanders. En daar kun jij er een van zijn. Met onregelmatige dienst hebben bijvoorbeeld te maken: militairen en mensen die werkzaam zijn in de voedingsindustrie, het transport, productiebedrijven, industrie, politie, brandweer, beveiliging en gezondheidszorg.

Nachtdieren zoals uilen en muizen hebben nergens last van, maar de meeste mensen hebben toch wel enige moeite om zich aan te passen aan deze vreemde levensstijl van 's nachts werken en overdag slapen. Dit komt doordat onregelmatige dienst, inclusief nachtwerk, het 'circadiaanse ritme' verstoort – dat is de interne klok die gaat over eten, slapen, lichaamstemperatuur en andere regelmatige biologische processen die allemaal gereguleerd zijn en ingesteld op het opkomen en ondergaan van de zon.

Als je met die klok rommelt, kan dat serieuze gevolgen hebben voor je gewicht. Mensen die onregelmatige dienst hebben, lopen een grotere kans op overgewicht – een feit dat door onderzoek wordt ondersteund. Hier zijn vier redenen voor.

Ten eerste is het erg moeilijk om regelmatige eetgewoonten en fitness vol te houden bij onregelmatige diensten. Je kunt gemakkelijk verveeld raken zodat je de neiging krijgt om dan maar naar junkfood te grijpen. Volgens een onderzoek door het New York Obesity Research Center dat in 2000 werd gepubliceerd in *Nutrition*, kwamen mensen die late dienst hadden, gemiddeld 4,5 kilo aan, terwijl de mensen die de dagdienst deden nauwelijks één kilo aankwamen.

Ten tweede is er een hormonaal probleem. Als je op onregelmatige tijden eet en slaapt, wordt je metabolisme door de war gegooid. Als je 's nachts slaapt, gaat het insuline producerende proces op een laag pitje. Je eet niet, dus heeft je lichaam ook niet veel insuline nodig om de glucose uit je voeding te verwerken. Maar als je tijdens je late dienst eet, is er niet veel insulineactie aan de gang, dus drijft je lichaam zo laat op de dag de voedingsstoffen richting vetopslag.

Ten derde krijg je vrijwel altijd met spijsverteringsproblemen te maken. Mensen die onregelmatige diensten draaien, hebben twee tot drie keer zoveel spijsverteringsproblemen als hun collega's die de dagdienst doen. 's Nachts houdt je spijsverteringssysteem ermee op en scheidt het niet de normale enzymen uit. Daarbij komt dat je metabolisme 's avonds langzamer wordt. Veel mensen met onregelmatige dienst geven aan dat ze lijden aan diarree, verstopping, maag- en darmzweren, gastritis, misselijkheid en gewichtstoename.

Als laatste is er een slaapprobleem. Mensen met onregelmatige dienst behoren tot het grootste slaap ontberende deel van onze bevolking. Het is moeilijk om overdag goed te slapen, als je lichaamsklok schreeuwt dat je op moet staan en wat moet gaan doen. Gebrek aan slaap zorgt er ook voor dat er minder leptine wordt aangemaakt. Leptine is een hormoon dat in de vetcellen wordt geproduceerd en dat aan je hersenen vertelt dat je genoeg hebt gegeten. Tegelijkertijd zorgt de slaap, die beneden peil is, ervoor dat het ghrelin stijgt, een hormoon dat ervoor zorgt dat je het gevoel hebt alsof je laatste maaltijd twee maandagen geleden was. Talrijke onderzoeken hebben aangetoond dat mensen die minder dan acht uur per nacht slapen, lagere leptinespiegels hebben, hogere ghrelinspiegels en meer lichaamsvet dan mensen die langer slapen. Chronisch slaapgebrek kan dus je risico op gewichtstoename dramatisch verhogen.

De rare uren die je maakt vanwege onregelmatige diensten, brengen een berg voedingsgerelateerde landmijnen mee. Daarom volgen hier een aantal manieren om dieetvallen te vermijden, je aan je 17 dagendieet te houden, je lichaam in topvorm te houden en ook nog je werk gedaan te krijgen.

Vermijd junkfood

Een van de manieren om je energieniveau en je totale gezondheid te verbeteren, is het eten van een gezond dieet dat rijk is aan vitamines en mineralen. Die chocoladerepen en zakjes chips die in de snoepautomaat op je werk zitten, zijn wel verleidelijk, maar ze doen je hoogstwaarschijnlijk meer kwaad dan goed. Je energieniveau en uithoudingsvermogen worden er nog lager door. Donuts en koeken kunnen je wel een instant oppepper geven maar de keerzijde is dat je crasht en grote hoeveelheden geraffineerde suiker kunnen leiden tot extreme stemmingswisselingen.

Datzelfde geldt voor frisdrank. Verminder die blikjes cola en andere koolzuurhoudende frisdrank (zelfs de lightvariant) en vermijd drankjes die cafeïne bevatten omdat je zult merken dat je moeilijker in slaap kunt komen als je eenmaal thuis bent. Houd het bij water. Het is belangrijk om je lichaamsvocht op peil te houden, omdat uitdroging kan leiden tot hoofdpijn en vermoeidheid.

Eet kleine, lichte maaltijden tijdens je nachtdienst, met veel rauwe salades, fruit en groenten, zoals het 17 dagendieet aanbeveelt. Deze zullen je energie geven en maken je niet slaperig.

Soms duurt een dienst heel lang, dus als je dan een boterham wilt, neem dan volkoren. Probeer ook eens glutenvrij brood. Hoe ouder je wordt, hoe moeilijker gluten te verteren zijn, waardoor ze je darmen kunnen verstoppen. Een gezond, bewegend darmstelsel, geeft je ook meer energie.

Volg mijn voorbeeldmenu's voor onregelmatige diensten

Laten we deze suggesties eens concreet maken. Alle cycli van het 17 dagendieet kunnen aan onregelmatige diensten worden aangepast. Het kost alleen wat goede planning. Als het mogelijk is, kun je je maaltijden het beste elke dag op ongeveer hetzelfde tijdstip nemen, of 's middags of vroeg in de avond, dat hangt van je nachtdienst af. Als je onderstaande richtlijnen volgt, voel je je beter in evenwicht, val je af en ben je alerter.

Voorbeeldmenu onregelmatige dienst – namiddagdienst (Begintijd tussen 14 en 16 uur; eindtijd tussen 22 en 24 uur)

Als je namiddagdienst hebt, is het over het algemeen beter om je hoofdmaaltijd (diner) midden op de dag te nemen dan halverwege je dienst. Je verbrandt je eten dan beter en je blijft alerter tijdens je werk.

Op de volgende pagina zie je voor elke cyclus wat maaltijdsuggesties.

Tijd/ Maaltijd	Versnel-cyclus	Verbeter-cyclus	Verander-cyclus	Volharden-cyclus
8 – 10 uur/ ontbijt	Roerei van 2 eieren, vers fruit, 180 ml yoghurt.	½ cup (50 g) gekookte havermout; roerei van 4 eiwitten; vers fruit.	1 cup (75 g) vezelrijke ontbijtgranen met 250 ml magere of halfvolle melk, sojamelk of een andere zuivelvervanger; vers fruit.	Houd het bij volkorengranen en eiwitten.
13 – 14 uur/ diner (voor de dienst)	Gegrilde kipfilet met een ruime hoeveelheid gestoomde, gekookte of rauwe groenten; vers fruit.	Gegrild of geroosterd haaskarbonaadje; gestoomde groenten; ½ cup (80 g) gekookte maïs; 180 ml yoghurt of andere probiotica; vers fruit.	Gegrilde kip (zonder vel); gestoomde of gekookte groenten zoals asperges, sperziebonen, broccoli of bloemkool; vers fruit.	Richt je op eiwitrijke voeding want die houden je scherp.
19 – 20/ lunch tijdens pauze	Tonijn op een flinke hoeveelheid salade met een dressing van 1 eetlepel olijfolie en 1 eetlepel azijn; 180 ml yoghurt of andere portie probiotica die je spijsvertering helpt.	Garnalensalade: gekookte garnalen, 3 eetlepels gehakte uitjes, ruime hoeveelheid sla, 1 grote tomaat in plakjes en 1 eetlepel olijfolie; 180 ml yoghurt of andere portie probiotica die je spijsvertering helpt.	Pitasandwich: 1 volkoren pitabroodje gevuld met stukjes sla en tomaat; 2 eetlepels vetvrije of vetarme feta en 1 eetlepel Italiaanse sladressing; 10 babyworteltjes; 180 ml yoghurt of andere portie probiotica die je spijsvertering helpt.	Blijf je richten op eiwitrijke voeding; kauw op vers fruit en groenten. Eet niet te veel koolhydraten. Blijf je er bewust van dat je ook probiotica moet nemen om je spijsvertering op gang te houden.

Tijd/ Maaltijd	Versnel-cyclus	Verbeter-cyclus	Verander-cyclus	Volharden-cyclus
Na je werk/ voor bedtijd	Neem wat vers fruit uit de lijst.	Neem 1 of 2 porties koolhydraten: bananen zijn een goede keuze omdat ze je helpen te slapen.	Neem 1 of 2 porties koolhydraten: bananen zijn een goede keuze omdat ze je helpen te slapen.	Neem 1 of 2 porties koolhydraten: bananen zijn een goede keuze omdat ze je helpen te slapen.

Voorbeeldmenu onregelmatige dienst – nachtdienst (Middernacht – 8 uur)

Nachtdienstwerkers zouden over het algemeen licht moeten snacken tijdens hun dienst, een bescheiden ontbijt nemen en een diner voordat hun dienst begint.

Hieronder zie je hoe je je dieet kunt plannen.

Tijd/ Maaltijd	Versnel-cyclus	Verbeter-cyclus	Verander-cyclus	Volharden-cyclus
Bij het opstaan	Roerei van 2 eieren, vers fruit, 180 ml yoghurt.	½ cup (50 g) gekookte havermout; roerei van 4 eiwitten; vers fruit.	1 cup (75 g) vezelrijke ontbijtgranen met 250 ml magere of halfvolle melk, of sojamelk of een andere zuivelvervanger; vers fruit.	Omelet van alleen het eiwit met spinazie; 1 sneetje volkorentoast met jam; ½ cup (ca. 75 g) verse aardbeien; thee, koffie of water.

Tijd/ Maaltijd	Versnel-cyclus	Verbeter-cyclus	Verander-cyclus	Volharden-cyclus
18 – 20 uur/ diner voor diensttijd	Gegrilde kipfilet met ruime hoeveelheid gestoomde, gekookte of rauwe groenten; vers fruit.	Gegrild of geroosterd haaskarbonaadje; gestoomde groenten; ½ cup (80 g) gekookte maïs.	Gegrilde kip (zonder vel); gestoomde of gekookte groenten zoals asperges, sperziebonen, broccoli of bloemkool; vers fruit.	Groene salade met plakjes tomaat, olie-en azijndressing; ½ geroosterde of gegrilde kipfilet met citroen en kruiden; ½ cup (80 g) gekookte bruine rijst; gestoomde of gekookte broccoli; cup vers fruit (ca. 150 g); water (met citroen).
3 – 4 's nachts/ lunch tijdens dienst	Tonijn op een flinke hoeveelheid salade met een dressing van 1 eetlepel olijfolie en 1 eetlepel azijn; 180 ml yoghurt of andere portie probiotica die je spijsvertering helpt.	Garnalensalade: gekookte garnalen, 3 eetlepels gehakte uitjes, ruime hoeveelheid sla, 1 grote tomaat in plakjes en 1 eetlepel olijfolie; 180 ml yoghurt of andere portie probiotica die je spijsvertering helpt.	Pitasandwich: 1 volkoren pitabroodje gevuld met stukjes sla en tomaat; 2 eetlepels vetvrije of vetarme feta en 1 eetlepel Italiaanse sladressing; 10 babyworteltjes; 180 ml yoghurt of andere portie probiotica die je spijsvertering helpt.	Groene salade met avocado en 120 g gestoomde zalm, olijfolie-azijndressing, ijsthee, water (met citroen); 180 ml yoghurt of andere portie probiotica die je spijsvertering helpt.

Tijd/ Maaltijd	Versnel-cyclus	Verbeter-cyclus	Verander-cyclus	Volharden-cyclus
Na het werk/ voor bedtijd	Neem wat vers fruit uit de lijst.	Neem 1 of 2 porties koolhydraten: bananen zijn een goede keuze omdat ze je helpen te slapen.	Neem 1 of 2 porties koolhydraten: bananen zijn een goede keuze omdat ze je helpen te slapen.	Neem 1 of 2 porties koolhydraten: bananen zijn een goede keuze omdat ze je helpen te slapen.

De slanke 17

Zeventien voedingsmiddelen die je scherp houden

De meeste dingen die je mag eten bij het 17-dagendieet kunnen je helpen om alerter te blijven en zijn perfect voor de onregelmatige dienst. Kies meer van de voedingsmiddelen die hieronder staan als je onregelmatige diensten draait.

Voedsel	Alertheidsfactor
1. Rundvlees extra mager	Bevat veel ijzer, een mineraal dat je geheugen, alertheid en concentratievermogen verbetert.
2. Bietjes	Bevatten phenylalanine, een aminozuur dat helpt signalen van de ene naar de andere hersencel terug te sturen.
3. Bosbessen	Uitstekende bron van antioxidanten en 'anthocyaninen', bestanddelen waarvan men denkt dat ze hersencellen beschermen tegen gifstoffen, het gebruik van glucose in de hersenen verbeteren en communicatie tussen hersencellen bevorderen.
4. Broccoli	Tjokvol antioxidanten en phytonutriënten die het hersenweefsel beschermen tegen gifstoffen.
5. Worteltjes	Bevatten veel caroteen en andere natuurlijke stoffen die hersenweefsel beschermen tegen gifstoffen.
6. Kip	Bevat veel tyrosine, een aminozuur dat nodig is voor de productie van de alertheidshormonen dopamine, epinephrine en norepinephrine. Als je hersenen

	deze stoffen produceren, denk je en reageer je sneller, voel je je gemotiveerder, gefocust en mentaal energiek.
7. Citrusvruchten	Bevatten vitamine C en andere antioxidanten die helpen om je geheugen scherp te houden en ze zorgen er ook voor dat je hersencellen beschadigingen kunnen weerstaan.
8. Edamame	Bevat phenylalanine, een aminozuur dat helpt signalen van de ene naar de andere hersencel terug te sturen.
9. Eieren	Bevatten veel choline, een vitamine B die het geheugen ondersteunt.
10. Wit van eieren	Bevat veel eiwitten, die je alertheid kunnen verbeteren door de norepinephrinespiegels te verhogen, waardoor je hersenen op hun scherpst zijn.
11. Hete chilipepers	Bevat de scherp smakende stof capsaïcine. Capsaïcine stimuleert de bloedsomloop, helpt de spijsvertering, opent je neusholtes en, ook niet verkeerd, stuurt een euforisch gevoel rechtstreeks naar je hersenen.
12. Peulvruchten	Zorgen voor glucose om je hersenen van brandstof te voorzien en de vezels die ze bevatten remmen de absorptie van glucose af, waardoor je een stabiel energieniveau houdt en je alertheid en concentratie langere tijd worden ondersteund.
13. Varkensvlees	Zit boordevol vitamine B1, dat myeline beschermt, een vettige substantie die de communicatie tussen de cellen verzorgt.
14. Romeinse sla	Bevat veel foliumzuur, een belangrijke vitamine B voor het geheugen en de gezondheid van zenuwcellen.
15. Spinazie	Zit vol ijzer dat betrokken is bij geheugenfuncties, concentratievermogen en mentaal functioneren.
16. Tonijn	Boordevol omega-3-vetzuren, die helpen om myeline op te bouwen en in stand te houden.

17. Yoghurt	Een probioticumvoeding waarvan in veel onderzoeken is aangetoond dat het de mentale alertheid bevordert. Yoghurt en ander probioticumvoedsel zijn fantastisch voor mensen die onregelmatige diensten draaien, omdat ze je spijsvertering helpen.

De fitnessconnectie

Laten we nachtdienst ook eens van de zonnige kant bekijken: jij kunt naar de sportschool als iedereen aan het werk is. Probeer vroeg op 'jouw' dag een goed tijdstip te kiezen. Zelfs als je maar de helft van je normale workout doet, beweeg je je lichaam en voel je je een stuk beter. Zeventien minuten fitness, minstens drie keer per week (maar niet vlak voor het slapengaan) zal je helpen om stress en vermoeidheid te verminderen. En je verhoogt je gevoel van welbevinden ermee.

Train zoals je gewend bent maar doe er ook wat leuke crosstraining bij. Je hebt door je nachtdienstschema wellicht meer tijd om buiten te fietsen. Behalve dat je voldoende slaap moet krijgen, zou je ook langer en/of zwaarder kunnen trainen tot je weer op je vroegere trainingsniveau bent.

Slaap verstandig

Werken terwijl iedereen slaapt heeft ook zijn voordelen: minder werkverkeer, je ziet dat de kranten worden bezorgd, je bent thuis als de kinderen uit school komen en je loonstrookje laat misschien ook wel een hoger maandbedrag zien.

Mensen die in nachtdienst werken, krijgen over het algemeen niet de zeven tot acht uur slaap die de meeste mensen nodig hebben, en dat is gevaarlijk voor je gezondheid, je gewicht en voor andere weggebruikers als je gapend achter het stuur zit.

Als je overdag slaapt, is dit meestal onrustiger dus is het ook niet verwonderlijk dat een op de vijf mensen tijdens hun nachtdienst in slaap valt. Ik kan je geen waterproof recept geven om overdag goed te slapen, maar ik heb wel verschillende technieken die zouden moeten helpen. Zelfs als één techniek je al helpt om een klein beetje beter te slapen, dan zouden ze allemaal samen je de rust moeten geven die je verdient én nodig hebt.

Een belangrijke strategie is dat je je aan een zo constant mogelijk schema houdt. Slaap niet van twaalf uur 's middags tot acht uur 's avonds op vrijdag waarna je probeert om zaterdag en zondag 's nachts te slapen. Als je je slaappatroon toch wat verandert, probeer het dan tot een minimum te beperken. Een onderzoek dat werd gepubliceerd in de *New Zealand Journal of Psychology* beveelt een strategie aan die ze 'ankerslaap' noemen. Dit houdt in dat je een blok van drie tot vier uur slaap opneemt tijdens de dagen dat je geen onregelmatige dienst hebt. Deze ankerslaapblokken moeten overeenkomen met de slaaptijd die je krijgt op dagen dat je wel onregelmatige dienst hebt.

Slaap zo snel mogelijk na je nachtdienst. Als je je slaap uitstelt na je nachtdienst, zal je lichaam zich opwarmen en zich voorbereiden op dagelijkse activiteiten.

Verander het licht. Of je nu nachtdiensten draait of overdag werkt, als je slaapt moet het zo donker mogelijk zijn. Overweeg eens verduisteringsgordijnen, een slaapmasker of iets anders wat licht terugdringt. Dit is van vitaal belang omdat melatonine, het slaaphormoon dat slaperigheid veroorzaakt, in daglicht wordt onderdrukt, zelfs als je je ogen dicht hebt. Licht gaat door je ogenleden en bepaalt de interne klok van je hersenen. Je wilt immers je hersenen voor de gek houden door ze te laten geloven dat dag nacht is en andersom. Geen licht? Dan moet het wel nacht zijn.

Het maakt niet uit welke dienst je hebt, je zou altijd kunnen overwegen om een rode gloeilamp met een laag wattage in je badkamer te installeren zodat als je er midden in je slaapcyclus uit moet, die niet wordt verstoord door de shock die je krijgt van helder licht.

Slaap in een rustig deel van je huis, zo ver mogelijk weg van verkeerslawaai en huishoudelijke activiteiten. Laat je familie en vrienden je schema weten en vraag ze om je alleen te bellen op de uren dat je wakker bent. Geef ze een kopie van je onregelmatige dienstschema.

Houd je cafeïnegebruik binnen de perken. Veel mensen gooien koffie achterover om energie te hebben tijdens het werk. Geen goed idee. Voor mensen in nachtdienst is het verleidelijk om cafeïne aan het einde van hun dienst te gebruiken omdat ze dan het meest vermoeid zijn. Het resultaat is echter alleen dat dit je slaapkwaliteit niet ten goede komt.

Eet liever een banaan of drink wat warme melk voor je naar bed gaat. Beide voedingsmiddelen bevatten L-tryptofaan, een aminozuur dat fungeert als natuurlijk slaapmiddel. L-tryptofaan geeft serotonine vrij, een slaap bevorderend hersenhormoon.

Vermijd alcohol voor je gaat slapen. Dat werkt vochtafdrijvend en gooit je slaapkwaliteit door de war.

Probeer eens een kruidenthee voor je naar bed gaat. Theesoorten die valeriaanwortel bevatten, kunnen een veilige, effectieve manier zijn om te slapen als je dat echt nodig hebt. Je moet het, net als alle andere slaaphulpmiddelen, maar af en toe gebruiken. Sommige mensen voelen zich groggy als ze valeriaan hebben gebruikt. Het beste slaaphulpmiddel is nog altijd regelmatig bewegen.

Als je onregelmatige diensten draait, moet je extra goed voor jezelf zorgen. Je kwaliteit van leven en levensonderhoud zijn het waard om dat te doen.

Niet de gewone '9 tot 5'

Andere gezondheidseffecten door onregelmatige dienst

Aandoening
Cardiovasculair

Reden
Mensen die onregelmatige dienst hebben, hebben een afwijkende lifestyle, zoals een grotere neiging te roken, niet te bewegen en junkfood te eten. Allemaal dingen die je hart kunnen schaden. In een onderzoek waarin 665 dagwerkers werden vergeleken met 665 mensen die in onregelmatige dienst werkten, bleek dat de mensen die nachtdienst hadden een tweemaal zo groot risico liepen op laag HDL-cholesterol, 40 procent hoger risico op hogere triglyceriden en 19 procent meer kans op buikvet.

Aanpak
- Stop met roken
- Beweeg
- Eet voedingsrijk voedsel

Aandoening
Borstkanker

Reden
Het risico kan worden geassocieerd met blootstelling aan licht tijdens de nacht, terwijl je eigenlijk zou moeten slapen. Het hormoon melatonine zou hierbij een rol kunnen spelen. De productie van dit hormoon, dat normaal gesproken tijdens de 'donkere' periode van iemands dag plaats vindt, wordt verstoord door blootstelling aan licht. Het gevolg is een gebrek aan melatonine, dat heel kleine kolonies van bestaande kankercellen de kans geeft om zich verder te ontwikkelen.

Aanpak
- Neem géén melatonine, tenzij je arts dat specifiek heeft aanbevolen. Je zou kunnen denken dat het helpt, maar het kan juist het vloeiend functioneren van het circadiaanse systeem in de war schoppen en daardoor de verstoring van je biologische klok verergeren.

Aandoening
Diabetes

Reden
Onregelmatige diensten kunnen het insulineaanmaakproces van je lichaam verstoren, met als gevolg insulineresistentie. Bij insulineresistentie gebruikt je lichaam de insuline niet goed. Cellen sluiten glucose buiten, waardoor dat samenklontert in je bloedsomloop.

Aanpak
- Laat je regelmatig nakijken op veranderingen in je bloedsuiker.
- Vermijd bewerkte koolhydraten zoals zoetigheid, witbrood, gebak en koek.
- Beweeg regelmatig om je lichaam te helpen de bloedsuiker beter te reguleren.

Samenvatting

- Mensen met onregelmatige dienst lijden vaker aan obesitas en andere ziekten dan mensen die regelmatig werk doen.
- Als je onregelmatige diensten draait, vermijd dan junkfood. Neem je hoofdmaaltijd midden op de dag als je middagdienst hebt en eet je avondmaaltijd net voor je dienst begint als je middernachtdienst hebt.
- Zorg ervoor dat je 's nachts natuurlijke voeding bij je hebt die je scherp houdt.
- Houd een consistent fitnessprogramma vol.
- Doe aan slaapgezondheid: houd je kamer zo donker mogelijk, slaap in een rustig deel van je huis, beperk het gebruik van cafeïne en alcohol en neem voor je naar bed gaat een snack zoals een banaan en wat warme melk.
- Consulteer je huisarts als je denkt dat je aan een aandoening lijdt die te maken heeft met onregelmatige dienst.

Checklist

Lijd je aan een Onregelmatige Dienst Aandoening (ODA)*?

Als je een niet-traditioneel werkrooster hebt of onregelmatige diensten, en je vaak moe bent op je werk of slaapproblemen hebt, is dat een reden om daar meer van te willen weten.
Van mensen die onregelmatige diensten draaien, is bekend dat zij medische problemen kunnen krijgen, die door een arts kunnen worden vastgesteld én behandeld. Ze treden op als je interne lichaamsklok, het circadiaanse ritme, niet meer synchroon loopt met je werkrooster. Veel mensen die buiten de traditionele '9 tot 5 uur' werken, moeten wakker zijn terwijl de natuurlijke lichaamscyclus om slaap vraagt. Deze verstoring van het circadiaanse ritme kan tot uitzonderlijke slaperigheid leiden tijdens de uren dat je wakker bent of tot slaapproblemen tijdens je slaapuren. Als je onregelmatige diensten draait, vul dan de hiernavolgende vragenlijst in om te kijken of je aan een Onregelmatige Dienst Aandoening lijdt.

1. Voel je je moe, ongeacht hoeveel slaap je probeert te krijgen? ☐ Ja ☐ Nee

2. Ben je vaak minder alert dan je zou kunnen zijn? ☐ Ja ☐ Nee
3. Heb je moeite met in slaap vallen of met doorslapen? ☐ Ja ☐ Nee
4. Ben je je niet bewust van het aantal uren dat je dagelijks slaapt? ☐ Ja ☐ Nee
5. Maak je meer vergissingen op je werk dan normaal, door gebrek aan focus en een algeheel gevoel van vermoeidheid? ☐ Ja ☐ Nee
6. Heb je regelmatig last van maagzuur of indigestie? ☐ Ja ☐ Nee
7. Heb je soms last van hoofdpijn bij het opstaan? ☐ Ja ☐ Nee
8. Wordt je werk, je thuis of je sociale leven negatief beïnvloed door jouw slaapproblemen? ☐ Ja ☐ Nee
9. Heb je te maken met onverklaarbare gewichtstoename? ☐ Ja ☐ Nee
10. Heb je te maken met onregelmatige menstruatiecycli? ☐ Ja ☐ Nee
11. Val je in slaap als je autorijdt, een vergadering hebt, een boek leest of tv kijkt? ☐ Ja ☐ Nee

De Score: als je ja hebt geantwoord op drie of meer van deze vragen, zou je te maken kunnen hebben met een Onregelmatige Dienst Aandoening. Raadpleeg je huisarts. Hij of zij kan je helpen je symptomen onder controle te krijgen. Alleen verandering van onregelmatige dienst kan zo'n aandoening oplossen, maar er zijn wel wat dingen die je kunt doen om te proberen met je symptomen om te gaan. Je moet ze echter wel volhouden.

- Vermijd alcohol en soortgelijke dingen voor het slapengaan.
- Slaap de volle acht uur. Elke dag.
- Als je helder licht aandoet, kan dat helpen om draaierigheid te verminderen als je wakker moet zijn.
- Sluit lawaai en licht buiten in je slaapvertrek.
- Probeer je aan je slaap- en waakschema te houden, zelfs in de weekenden.

* *Noot van de vertaler*: In Amerika is het een erkende medische term (Shift Work Disorder – SWD), in Nederland (nog) niet, maar het is wel bekend dat onregelmatige dienst tot bepaalde aandoeningen kan leiden. Op internet is hier meer informatie over te vinden.

14 De recepten

Een gezonde gewoonte, die ontzettend veel verschil zal maken bij het afvallen, is zelf koken. Voordat je nu in paniek raakt, kan ik je verzekeren dat je daarbij niet hoeft te schreeuwen, te springen of messen moet werpen en je hoeft ook geen maaltijden te koken die eruitzien als kunstwerkjes of die in een sterrenrestaurant niet zouden misstaan. Je hebt alleen wat gemakkelijke recepten nodig – dat is alles. En ik help je daarbij.

De recepten die in dit hoofdstuk staan, zijn gemakkelijk te maken. Geen eindeloze ingrediëntenlijsten, gecompliceerde kookmethodes of nauwelijks te begrijpen aanwijzingen. Alle recepten zijn ontwikkeld voor de voedingsmiddelen van het 17 dagendieet.

Ze zijn allemaal vetarm en caloriearm, slanker en gezonder gemaakt door de bereidingsmethodes zoals roosteren, bakken of licht roerbakken. En als je olie nodig hebt bij de recepten, dan is het altijd een gezonde oliesoort, zoals olijfolie.

Sommige recepten zijn voor één enkele portie. Als er meer mensen uit je gezin het 17 dagendieet volgen, kun je deze enkelvoudige porties gemakkelijk bereiden door de hoeveelheden te vermenigvuldigen met het aantal mensen. Andere recepten zijn weer voor meer porties. Alles wat je overhoudt, kun je invriezen of in de koelkast bewaren. Daardoor kun je gemakkelijk een volgende keer van een snelle, gezonde maaltijd genieten door hem in de magnetron of oven op te warmen.

Als je deze manier van koken en eten eenmaal onder de knie hebt, mag je ook verwachten dat je trek in vettige, zoete dingen gewoon verdwijnt. Waarom? Omdat smaken aangeleerd zijn. Net zoals je hebt aangeleerd om van vette, zoete of zoute dingen te houden, zo kun je je smaakpapillen opnieuw trainen om te genieten van verse, heerlijke, gezonde maaltijden. Het is dus heel goed mogelijk je smaakpapillen opnieuw 'op te voeden' door kruiden en specerijen te gebruiken. Zoutvrije kruiden- en specerijenmengsels zijn een uitstekende manier om de gewoonte om overal zout over te strooien, af te leren. Je smaakpapillen passen zich aan bij wat je eet.

En natuurlijk wil ik je aanmoedigen om ook buiten deze recepten om, creatief te zijn. De meeste mensen gebruiken bijna altijd dezelfde tien tot twaalf recepten. Waarom probeer je die niet om te zetten zodat ze in het 17 dagendieet passen? Hieronder wat suggesties.

- **Zuivelproducten.** Als je in een recept zuivelproducten nodig hebt, kun je altijd de vetarme variant nemen en soms zelf een vetvrije zuivelvervanger. Bijvoorbeeld: als je in een recept een cup (250 ml) gewone zure room nodig hebt, dan kun je die meestal wel vervangen door vetvrije gewone yoghurt (Griekse yoghurt is ook heel geschikt), of glad gemixte vetarme cottage cheese. Yoghurt of zachte tofoe kun je mengen met vetarme mayonaise voor gerechten zoals koolsla, tonijn- en kipsalade.
- **Vlees.** Als je gehakt nodig hebt, kies dan voor de soorten die minstens 90 procent vetvrij zijn. Rundertartaar is een goede keuze. Dat is wel duurder, maar je krijgt ook meer vlees voor je geld, omdat er minder vet in het product zit, en vet bak je er immers uit! Als je gehakt bruin hebt gebraden, giet dan het vrijgekomen vet af voor je het verder verwerkt. Je kunt heel eenvoudig een stuk keukenpapier in een vergiet leggen en daar het gehakt op leggen. Het keukenpapier absorbeert dan het meeste vet. Als je in een recept vlees nodig hebt met veel vet, bijvoorbeeld bacon, kun je het vetgehalte verminderen door eerst al het zichtbare vet eraf te snijden. Een goede 'vervanger' is bacon van kalkoen.
- **Slechte vetten.** Je kunt in recepten vetten gemakkelijk verminderen of zelfs weglaten. Als je bijvoorbeeld iets moet sauteren of bakken, gebruik je gewoon pannen met een anti-kleeflaag en een beetje cooking spray van plantaardige olie (0 calorieën) in plaats van een plantaardig bakproduct of boter.
- **Meer smaak met kruiden.** Maak er een gewoonte van om ingrediënten met heel veel smaak te gebruiken, zoals verse kruiden, pittige specerijen en seizoensfruit om maaltijden meer smaak te geven in plaats van een scheut olie of vet. Een andere tip: Koop een olievernevelaar in een kookwinkel of warenhuis, doe er olijfolie of lijnzaadolie in en gebruik dat in je koekenpan om te bakken

of over het eten. Hierdoor verminder je drastisch de hoeveelheid olie en daarmee de hoeveelheid calorieën van vet.

- **Desserts.** Fruit is een fantastisch dessert, maar kan ook wel saai zijn om te eten. Probeer eens een kom aardbeien wat aan te kleden door er wat suikervrije chocoladesiroop over te gieten. Je kunt ook je favoriete dessertrecepten gemakkelijk veranderen in recepten met minder suiker, vet en calorieën door over te stappen op vetarme ingrediënten en door te leren hoe je met zoetstoffen zoals stevia om moet gaan.
- **Zout.** Let je op hoeveel zout je gebruikt? Als dat zo is, begin dan om de helft van de hoeveelheid zout die in een recept staat te gebruiken. Blijf vervolgens de hoeveelheid zout verminderen tot je hebt uitgevonden wat de minimale hoeveelheid is die je nodig hebt om het recept op smaak te brengen. Of vervang zout door citroen- of limoensap, azijn met een smaakje, verse ui of knoflook, ui- of knoflookpoeder, peper, chilipoeder, gember of andere kruidenmengsels zonder zout. Gebruik zoutarme sojasaus of hete mosterdsaus om gewone sojasaus te vervangen. Breng eten op smaak met specerijen en kruiden in plaats van met zout.

En nu de 17 dagenrecepten. Veel plezier!

Dr. Mike's Power Cookie

Ingrediënten

- *75 g ongezoete appelmoes*
- *2 eetlepels amandelpasta*
- *1 eetlepel lijnzaadolie*
- *10 sachets stevia (geen aspartaam, sacharine of iets dergelijks)*
- *60 ml abrikozennectar of als het verkrijgbaar is guavenectar*
- *1 groot ei*
- *½ theelepel vanille-essence*
- *120 g zelfrijzend bakmeel*
- *1 theelepel kaneel*
- *½ theelepel zout*
- *¼ theelepel zwarte peper*
- *50 g vanille wheypoeder (healthfoodwinkels/natuurwinkels/vitaminewinkels)*

- *160 g havermout*
- *180 g gedroogde kersen of cranberries*
- *50 g geschaafde amandelen*

Bereiding

Verwarm de oven voor op 175 °C. Meng appelmoes, amandelpasta, lijnzaadolie, stevia en nectar in een kom. Klop het ei en de vanille-essence erdoorheen. Meng alles goed door elkaar. Voeg bakmeel, zout, peper en wheypoeder toe en meng alles goed door elkaar. Roer dan de havermout, kersen of cranberries en amandelen erdoor.

Bespuit een stuk bakpapier met plantaardige olie en maak met twee grote eetlepels bergjes van het beslag op de bakplaat. Verdeel het beslag zo dat je er 18 koekjes van kunt maken. Maak elk bergje plat met de achterkant van een lepel. Bak ze 16 tot 18 minuten of tot ze mooi bruin zijn. Haal de bakplaat uit de oven. Laat de koekjes afkoelen en berg ze daarna op in een koekblik of luchtdichte plastic bewaardoos. Elk koekje levert 126 calorieën en kan in de Verbeter-, Verander- en Volhardencyclus worden gegeten als ontbijt of als tussendoortje. Elk koekje telt als 1 eiwit en 1 natuurlijk zetmeel.

* *Noot van de vertaler:* stevia is een plant die van oorsprong uit subtropisch en tropisch Zuid- en Centraal-Amerika komt. Stevia is een natuurlijke zoetstof die smaakt als suiker, geen gaatjes in tanden en kiezen veroorzaakt en zelfs geschikt is voor diabetici. Stevia bevat vrijwel geen calorieën en is online verkrijgbaar.

Kefirsmoothie

Ingrediënten

- *1 cup (250 ml) ongezoete kefir*
- *1 cup (ca. 150 g) ongezoete bessen*
- *1 eetlepel suikervrije jam of 1 eetlepel agavenectar*
- *1 eetlepel lijnzaadolie*

Bereiding

Doe alle ingrediënten in een blender en meng alles tot een gladde massa.

Dit is voor 1 grote portie.

Yoghurt-fruitshake

Ingrediënten

- *½ cup (125 ml) acidophilusmelk*
- *120 ml suikervrije yoghurt met fruitsmaak*
- *1 cup (ca. 150 g) ongezoete bessen*

Bereiding

Doe alle ingrediënten in een blender en meng alles tot een gladde massa.

Dit is voor 1 grote portie.

Eiwit-groentefrittata

Ingrediënten

- *4 eiwitten (dus geen dooiers), geklopt*
- *1 romatomaat in stukjes*
- *Handvol verse spinazie*
- *Zout en peper naar smaak*

Bereiding

Vet een kleine koekenpan in met cooking spray. Doe er de geklopte eiwitten in. Roer er de tomaat en spinazie door. Bak op middelhoog vuur tot het eiwit helemaal gestold is. Haal met een spatel uit de pan en breng de frittata op smaak met wat specerijen.

Dit is 1 portie.

Spaanse omelet

Ingrediënten

- *1 ei*
- *2 eiwitten*
- *⅛ theelepel zout*
- *⅛ theelepel zwarte peper*
- *1 eetlepel olijfolie*
- *¼ cup (55 g) tomaat in stukjes*
- *2 eetlepels fijngehakte ui*
- *2 eetlepels vetvrije cheddar in reepjes*

Bereiding

Klop in een kom de eieren, eiwitten, zout en zwarte peper. Verhit een middelgrote koekenpan op middelhoog vuur. Voeg dan de olijfolie toe en draai de pan rond tot de olie goed over de bodem en zijkanten is verdeeld. Doe de geklopte eieren in de pan en zorg dat het mengsel de hele bodem bedekt. Bak het mengsel 30 seconden. Til dan met een spatel de zijkanten van de omelet op en laat het nog ongebakken deel eronder lopen. Als het eimengsel niet meer 'loopt', verdeel dan de stukjes tomaat, de gehakte ui en de reepjes kaas over de helft van de omelet. Vouw dan voorzichtig de andere helft eroverheen.

Dit is 1 portie.

Grieks roerei

Ingrediënten

- *4 eiwitten*
- *¾ cup (120 g) gehakte rode ui*
- *¼ cup (55 g) tomaat in stukjes*
- *2 eetlepels vetarme feta*
- *⅛ theelepel zout*
- *⅛ theelepel zwarte peper*

Bereiding

Meng alle ingrediënten in een kom. Doe het mengsel in een kleine koekenpan die is ingespoten met cooking spray. Op middelhoog vuur bakken tot het eimengsel 'vast' is.

Dit is 1 portie.

Salade Niçoise

Ingrediënten

- *1 blikje tonijn in water*
- *½-1 cup (90 tot 180 g) gekookte, koude sperziebonen*
- *2 gehakte bosuitjes*
- *1 kleine tomaat in plakjes*
- *Sla (hoe donkerder, hoe beter)*
- *1 eetlepel olijfolie*
- *2 eetlepels balsamicoazijn*

Bereiding
Verdeel de sperziebonen, bosuitjes en tomaten over een ruimte hoeveelheid sla. Verdeel daar dan de tonijn over en besprenkel het geheel met de dressing van olijfolie en balsamicoazijn.

Dit is 1 portie.

Supersalade

Ingrediënten
- *Sla (kan elke soort zijn)*
- *Komkommer*
- *Uien*
- *Tomaten*
- *Elke saladegroente die op de lijst van het 17 dagendieet staat*
- *2 hardgekookte eieren in stukjes gehakt*
- *2 eetlepels olijfolie of lijnzaadolie*
- *4 eetlepels balsamicoazijn*

Bereiding
Combineer de sla met de saladegroenten en de hardgekookte eieren. Meng er de olie en azijn doorheen. Breng het op smaak met kruiden.

Dit is 1 portie.

Balsamicoartisjok

Ingrediënten
- *4 verse artisjokken*
- *¼ cup (60 ml) balsamicoazijn*
- *Vetvrije sladressing*

Bereiding
Doe de artisjokken in een grote pan. Doe er water bij tot de artisjokken helemaal onder staan. Giet er de balsamicoazijn bij. Doe de deksel op de pan en kook ze ongeveer een uur op middelhoog vuur of tot ze zacht zijn; ook de steel. Serveer met de sladressing als dipsausje.

Dit zijn 4 porties.

Spinaziesalade

Ingrediënten
- *Babyspinazie (spinazie van kleine blaadjes smaakt rauw minder bitter dan die van grote bladeren)*
- *Verschillende saladegroenten (ui, komkommer, tomaat enzovoort)*
- *2 eetlepels vetarme verkruimelde feta*
- *1 eetlepel olijfolie of lijnzaadolie*
- *2 eetlepels balsamicoazijn*

Bereiding
Maak een bedje van de spinazie op een grote schaal. Verdeel de saladegroenten en de fetakaas over de spinazie. Besprenkel dit met olie, gemengd met balsamicoazijn. Breng op smaak met kruiden.

Dit is 1 portie.

Tacosalade

Ingrediënten
- *½ kilo mager kalkoengehakt*
- *1 zakje tacokruiden*
- *Ruime hoeveelheid sla*
- *1 cup (100 g) tomaat in stukjes*
- *2,5 cup (360 g) gehakte ui*
- *Salsa*
- *1/3 cup (40 g) vetarme cheddar in reepjes*

Bereiding
Bruin het gehakt in een steelpan op middelhoog vuur. Doe daar een zakje tacokruiden bij en bak het volgens de aanwijzingen op het pakje. Verdeel een ruime hoeveelheid sla over 4 borden. Doe daar het kalkoengehaktmengsel, de tomaten, ui, salsa en kaas overheen.

Dit zijn 4 porties.

Boerensalade

Ingrediënten

- *2 tomaten in stukjes*
- *¼ cup (40 g) fijngehakte rode ui*
- *½ theelepel zeezout*
- *1 theelepel gedroogde oregano*
- *1 eetlepel olijfolie*
- *2 eetlepels vetarme feta*

Bereiding

Verdeel het zeezout door de stukjes tomaat. Laat 5 minuten rusten. Vermeng dit daarna met de overige ingrediënten.

Dit is 1 portie.

Slawraps

Ingrediënten

- *1 gebakken kipfilet in blokjes gesneden*
- *1 bosuitje in reepjes*
- *½ cup (80 g) rode druiven, in stukjes*
- *2 eetlepels fijngehakte bleekselderij*
- *1 eetlepel olijfolie*
- *Zout en peper naar smaak*
- *2 of 3 slabladeren van een stevige soort (bijvoorbeeld Romeinse sla of ijsbergsla)*

Bereiding

Meng alle ingrediënten door elkaar, behalve de slabladeren. Zet in koelkast tot het mengsel koud is. Neem steeds 1 slablad en leg een grote lepel kipfiletmengsel in het midden. Vouw het slablad om de vulling heen. Herhaal dit met de overige slabladeren.

Dit alles samen is 1 portie.

Kruidige yoghurtdip en groenten

Ingrediënten

- *1 liter vetvrije of vetarme naturel yoghurt*
- *Knoflookpoeder*
- *Uienpoeder*
- *Kruidenzout*
- *Gesneden verse groenten*

Bereiding

Doe een koffiefilterzakje in een zeef. Stevig keukenpapier kan ook. Plaats de zeef over een kom; hierin wordt het vocht dat uit de yoghurt lekt opgevangen. Lepel de liter yoghurt in de zeef met filter. Dek af met een schone (thee)doek en laat dit 8 uur, of de hele nacht, in de koelkast staan. Door dit proces houd je ongeveer een halve liter yoghurtkaas over. Maak het 'kaasmengsel' licht op smaak met het kruidenzout en andere specerijen/kruiden die hierboven staan. Je kunt ook zelf fijngehakte kruiden toevoegen, zoals peterselie, rozemarijn, tijm of verse koriander. ½ cup (125 ml) yoghurtkaas is 1 portie probiotica. Gebruik als dip voor verse groenten.

Kipgroentesoep

Ingrediënten

- *4 gebakken kipfilets, in kleine stukjes gesneden*
- *1,5 cup (120 g) fijngehakte kool (alle groene en witte soorten zijn geschikt)*
- *1 grote wortel in stukjes*
- *1 cup (160 g) okra in reepjes*
- *1 grote ui, fijngehakt*
- *2 stengels fijngehakte bleekselderij met de blaadjes erbij*
- *1 blik (450 g) tomaat in stukjes of hele tomaten die je in het blik in stukjes knipt met een schaar*
- *1 blikje of potje vetvrije kippenbouillon*
- *1,5 theelepel zout*
- *¼ theelepel peper*

Bereiding
Doe alle ingrediënten, met uitzondering van de kip, in een grote pan en laat dit ongeveer 1 uur trekken tot alle groenten zacht zijn. Doe de kip erbij en breng het bijna aan de kook. Deze soep is geschikt als lunch en als diner.

Dit zijn 4 porties.

Gemarineerde groentesalade

Ingrediënten
- *4 cups (ca. 450-500 g) rauwe groenten (sperziebonen, bloemkool, spruitjes, artisjokharten enzovoort)*
- *Vetvrije Italiaanse dressing*

Bereiding
Stoom de rauwe groenten een avond van tevoren in minstens een halve liter water tot ze beetgaar zijn; niet zacht maar nog knapperig. Doe de groenten in een glazen schaal en giet er de Italiaanse saus over. Laat de hele nacht in de koelkast staan. Laat het mengsel uitlekken en serveer het op een bed van sla en doe er geroosterde rode paprika uit een glazen pot bovenop, zonder de olie.

Dit zijn 2 tot 4 porties.

Aubergine met Parmezaan

Ingrediënten
- *1 grote aubergine*
- *4 eiwitten*
- *Vetvrije of vetarme Parmezaanse kaas*
- *Knoflookpoeder naar smaak*
- *1 cup (250 ml) koolhydraatarme marinarasaus*

Bereiding
Warm de oven voor op 200 °C. Snijd de aubergine in plakken van ca. 0,5 centimeter. Klop de eiwitten met 4 eetlepels water in een ondiepe schaal tot ze schuimig zijn. Haal de plakken aubergine door de eiwitten en daarna door de Parmezaanse kaas, waarbij je de kaas goed in

de aubergine drukt. Leg de plakken aubergine op een stuk bakpapier dat je hebt ingevet met cooking spray. Besprenkel met knoflookpoeder. Spray daarna cooking spray over het geheel. Bak 30 minuten op 200 °C en draai de plakken na 20 minuten om tot ze goudbruin en gaar zijn. Giet er de marinarasaus overheen. Bak het geheel nogmaals 20 minuten, of tot de aubergine gloeiend heet is en de saus begint te borrelen.

Dit zijn 2 grote porties.

Sesamvis

Ingrediënten
- *½ kilo tilapia*
- *2 eetlepels olijfolie*
- *2 eetlepels rijstazijn*
- *2 eetlepels zoutarme sojasaus*
- *1 theelepel fijngehakte knoflook*
- *2 eetlepels sesamzaadjes*

Bereiding
Spray een koekenpan in met cooking spray om te voorkomen dat de vis aankleeft. Doe de tilapiafilet in de pan. Klop de olijfolie, rijstazijn, sojasaus en knoflook goed door elkaar. Giet dit over de vis. Sprenkel de sesamzaadjes over de vis. Bak op middelhoog vuur waarbij je de pan ongeveer 10 cm boven het vuur houdt. Doe dit 20 minuten of tot je de vis gemakkelijk uit elkaar kunt halen met een vork.

Dit zijn 4 porties.

Citroenzalm

Ingrediënten
- *2 stukken wilde zalm*
- *1 eetlepel olijfolie*
- *3 citroenen*
- *1 theelepel gedroogde oregano*
- *3 tenen verse knoflook, fijngehakt*

Bereiding
Verwarm de oven voor op 190 °C. Leg de zalm in een ondiepe ovenvaste glazen schaal die je hebt ingevet met cooking spray. Besprenkel de zalm met olijfolie. Verdeel dan de knoflook eroverheen. Knijp het citroensap over de zalm en besprenkel hem daarna met de oregano. Dan 25 minuten laten bakken.

Dit zijn 2 porties.

In de oven gebarbecuede kip

Ingrediënten
- *4 kipfilets zonder vel*
- *¾ cup (175 ml) suikerarme ketchup*
- *2 eetlepels worcestersaus*
- *1 eetlepel agave- (of abrikozen-)nectar*
- *1 theelepel chilipoeder*

Bereiding
Verwarm de oven voor op 190 °C. Leg de kipfilets in een braadpan die je hebt ingevet met cooking spray. Bak de kip 20 tot 25 minuten. Maak een barbecuesausje door ondertussen de ketchup met de worcestersaus, de nectar en de chilipoeder te mengen. Haal de gebraden kipfilets uit de oven en bedek ze helemaal met de barbecuesaus. Zet de pan weer in de oven en bak ze nog 10 minuten.

Dit zijn 4 porties.

Kalkoen met zwarte bonenchili

Ingrediënten
- *½ kilo mager kalkoengehakt*
- *2 cups (200 g) zwarte bonen (alleen voor cyclus 2 en 3)*
- *1 cup (160 g) fijngehakte ui*
- *2 cups (500 ml) tomatensaus (geen ketchup!)*
- *1 eetlepel chilipoeder*
- *1 theelepel koosjer zout of zeezout*
- *½ theelepel zwarte peper*

Bereiding
Bruin het gehakt in een steelpan op middelhoog vuur. Doe alle andere ingrediënten erbij. Laat 20 minuten zachtjes pruttelen

Dit zijn 4 porties.

Koolhydraatarme Primavera Delight

Ingrediënten
- *1 pompoen om spaghettislierten van te maken*
- *2 cups (250 g) verse broccolistukjes*
- *1 kleine ui, fijngehakt*
- *2 tenen knoflook, fijngehakt*
- *1 eetlepel olijfolie*

Bereiding
Spaghetti van pompoen* is een uitstekende vervanger voor gewone pasta. Je snijdt de pompoen in de lengte doormidden. Je schept de zaden en het zachte midden eruit, zoals je bij elke pompoen doet. Doe 1,5 centimeter water in een glazen ovenschaal en leg daar de twee pompoenhelften in met de schil naar boven. Bak 40 tot 45 minuten in de oven op 190 °C. Je kunt de pompoen ook 8 tot 10 minuten in de magnetron doen op de hoogste stand. Eén helft per keer. Laat de pompoen een paar minuten afkoelen. Met een vork kun je dan spaghettislierten maken, van de top van de pompoen naar de onderkant. Doe de slierten in een aparte kom.

Sauteer de broccoli, ui, knoflook en olie in een medium koekenpan tot de groenten beetgaar zijn. Voeg de pompoenslierten toe en verhit alles door en door. Serveer op borden met daaroverheen warme marinarasaus.

Dit zijn 4 porties.

* *Noot van de vertaler:* deze pompoenspaghetti wordt in Amerika veel gegeten. De pompoensoorten die hiervoor heel geschikt zijn, heten zelfs *spaghetti squash* (spaghettipompoen). Op internet kun je zien hoe deze pompoenen eruitzien.

15 Dokter, kunt u mij meer vertellen, a.u.b?

Het 17 dagendieet is eenvoudig, gemakkelijk en te doen, maar toch zijn er zo nu en dan vragen over. Hierna zie je welke vragen mij het vaakst worden gesteld en de antwoorden die ik geef. Deze informatie zal je zeker helpen.

Dieetkwesties

Ik hoef alleen nog maar de 'laatste vijf kilo' af te vallen. Hoe lang moet ik nog op dieet blijven?
Die vijf kilo kun je heel snel kwijtraken met cyclus 1, als je je er echt aan houdt. Misschien moet je na cyclus 1 nog verder gaan met cyclus 2. Dat hangt allemaal af van jouw persoonlijke metabolisme. Iedereen is anders en iedereen verliest gewicht met een andere snelheid. Als je je gewichtsverlies een zet in de goede richting wilt geven om je doel sneller te bereiken, verleng dan de tijd die je aan fitness besteedt en verhoog meteen de intensiteit. Elke dag. Houd vol, verlies de moed niet en dan zul je zien dat je je streefgewicht in no time haalt!

Kan ik bepaalde diners met een lunch wisselen, en lunch met diner?
Ja, je mag zonder meer je lunch verwisselen voor je diner. Het is toch al een goed idee om 's avonds licht te eten. Ik beveel het wisselen van lunch en diner vooral aan als je onregelmatige diensten werkt. Als je wisselt, wees er dan wel op bedacht dat je na 2 uur 's middags geen koolhydraten meer eet.

Is het 17 dagendieet veilig voor iedereen?
Dit dieet is ontwikkeld voor mensen met een normale gezondheid. Iedereen die dit dieet gaat doen, zou toestemming moeten hebben van zijn of haar (huis)arts. Je kunt dit dieet niet volgen als je diabetes type 1 hebt, een andere ernstige ziekte, of als je zwanger bent of borstvoeding geeft.

Ik heb fantastische resultaten behaald in cyclus 1. Kan ik die niet gewoon blijven doen?
Gefeliciteerd met je gewichtsverlies. Dat vertelt mij dat je een sterke wil hebt om gezondere gewoontes in je leven op te nemen en dat je respect hebt voor het geschenk dat je gezondheid is. Doorgaan dus! Maar ik adviseer je niet om langer dan zeventien dagen op cyclus 1 te blijven. Dit dieet is zorgvuldig opgezet zodat je metabolisme op volle toeren blijft draaien, waardoor je plateaus (stilstand) voorkomt en om bepaalde voedingsmiddelen langzaamaan weer in je leven toe te laten. Je kunt het beste alle drie de cycli volgen zoals die beschreven zijn. Na 51 dagen ga je niet verder met cyclus 4, maar keer je terug naar cyclus 1 (enzovoort) voor continu gewichtsverlies.

Kan ik bij dit dieet groene thee met een fruitsmaak drinken?
Ja, zolang de thee maar geen toegevoegde suikers bevat. Veel groene theesoorten die je in de supermarkt vindt, hebben een subtiele hint van natuurlijk fruit en bevatten geen suiker. Ze zijn erg lekker en je kunt ze zowel koud als warm drinken.

Als u zegt 'ruime hoeveelheid' van een bepaald voedingsmiddel, betekent dat dan een enorm stuk vlees of een tweede portie van deze voedingsmiddelen?
Nee. Het is belangrijk dat je je maag niet overlaadt. Om dat te voorkomen kun je mijn honger/verzadigingsmeter gebruiken. Eet tot je genoeg hebt, niet tot je maag op knappen staat.

Er wordt veel eiwit aangeraden bij het 17 dagendieet. Waarom is dat?
Eiwit is het hoofdbestanddeel van al je lichaamscellen en het is belangrijk dat je daarvan voldoende binnenkrijgt. Recent onderzoek wijst uit dat we meer nodig zouden kunnen hebben dan tot nu toe werd aangenomen. De aanbevolen dagelijkse hoeveelheid (ADH) voor volwassenen is 0,74 g eiwit per kilo lichaamsgewicht, of ongeveer 15 procent van je dagelijkse calorie-inname. Maar als je aan fitness doet, een dieet volgt of als je ouder wordt, heb je waarschijnlijk meer nodig.

Een dramatisch onderzoek waar 885 mensen aan deelnamen, wees uit dat de mensen die precies de ADH eiwit aten, met alarmerend botverlies te maken hadden vergeleken met de mensen die meer dan de ADH eiwit aten. De mensen die het minste eiwit aten, verloren de meeste botmassa: 4 procent in 4 jaar! Mensen die het meeste eiwit aten (ongeveer 20 procent van hun calorie-inname) hadden het minste botverlies: minder dan 1,5 procent in 4 jaar, zoals gepubliceerd in het *Journal of Bone and Mineral Research* in 2000.

Hoewel dit onderzoek werd gehouden onder oudere mannen en vrouwen, kunnen de resultaten belangrijk zijn voor alle volwassenen. Als je jong bent, heb je eiwit nodig voor je botopbouw. Na je dertigste jaar heb je het nodig om botverlies te voorkomen. Je botten sterk houden is een levenslange inspanning.

En wat gewichtsverlies betreft, let op: onderzoek blijft aantonen dat een eiwitrijk dieet essentieel is om af te vallen. Het helpt je vetverlies te maximaliseren terwijl je spierverlies wordt geminimaliseerd. Dat is ontzettend belangrijk omdat spierverlies je metabolische snelheid afremt, dus de snelheid waarmee je lichaam calorieën verbrandt. Daardoor wordt het moeilijker om een gezond gewicht te behouden en vet te verliezen. Als je regelmatig voeding uit de lijsten van het 17 dagendieet eet, krijg je meer dan genoeg eiwit binnen.

Ik ben vegetariër. Kan ik dan ook het 17 dagendieet volgen?

Ja. Als je een lacto-ovo-vegetariër bent, dan beperk je je eiwit tot zuivelproducten en eieren. Dit houdt in dat je je eiwitten uit probiotica haalt, zoals yoghurt, eieren, bonen en peulvruchten (afhankelijk van de cyclus waaraan je bezig bent). ‘Semi-vegetariërs’, die geen rood vlees eten maar wel vis en kip, kunnen het dieet gemakkelijk volgen. ‘Veganisten’, die alle dierlijke eiwitten vermijden, kunnen het dieet toch doen. Gebruik gewoon veganistische vleesvervangers bij de maaltijden om je eiwit binnen te krijgen en neem ook een probiotisch supplement in plaats van yoghurt. Het 17 dagendieet is aan vrijwel elke voedingsstijl aan te passen.

Ik weet dat volle graanproducten goed voor me zijn, maar ik ben wel uitgekeken op havermout en bruine rijst. Welke andere dingen kan ik nog proberen?

Er zijn meer dan genoeg andere keuzes. Je zou eens moeten kijken naar de zogeheten ouderwetse of alternatieve granen: amarant (hoog eiwitgehalte), kamut (een neefje van tarwe), quinoa (een graanachtig kruid), spelt (een familielid van tarwe), triticale (een kruising tussen rogge en tarwe), volkoren risotto (een verrukkelijke tarwesoort). Om deze wat onalledaagse granen te kopen, kun je wel eens een trip naar een grote natuurvoedingswinkel moeten maken of naar een etnische winkel. Veel soorten zijn niet algemeen bekend in Nederland, maar wel verkrijgbaar. In andere delen van de wereld staan ze al duizenden jaren op het menu.

Soms kan ik niet alle voeding op die ik mag hebben bij het 17 dagendieet. Heeft dat invloed op mijn resultaten?
Nee, helemaal niet. Het 17 dagendieet vult goed. Voor veel mensen is al die groenten en dat fruit eten (vaak voor het eerst), een hele uitdaging. Als je niet alles op krijgt, maak je daar dan geen zorgen over. Maar vervang die voedingsmiddelen niet door voeding die niet in het dieet thuishoort.

Ik heb me het hele weekend laten gaan. Wat stelt u voor?
Als je in het weekend 1,5 tot 2,5 kilo bent aangekomen, adviseer ik je om direct terug te gaan naar de Versnelcyclus (cyclus 1) tot je die kilo's weer kwijt bent. Ga daarna weer verder met de cyclus waarmee je bezig was om je streefgewicht te bereiken.

Vragen over voeding

Is het beter om biologische voedingsmiddelen te kiezen?
Vandaag de dag is het noodzakelijk om uit te zoeken waar alles vandaan komt en hoe het is gegroeid of opgegroeid. Is het biologisch, scharrel of vrije uitloop, of komt het uit iemands achtertuin? We moeten de gifstoffen waaraan we worden blootgesteld verminderen, omdat die anders in onze vetcellen worden opgeslagen. Wetenschappers vermoeden dat deze opbouw van gifstoffen, het afvallen wel eens zou kunnen verhinderen. Dus koop zo vaak je kunt biologische producten. Als je biologische producten eet, helpt dat om je lichaam van gifstoffen te ontdoen. Omdat sommige producten meer bestrijdingsmiddelen bevatten dan andere, probeer dan voor biologisch te kiezen als het gaat om de volgende soorten fruit en groenten: appels, nectarines,

perziken, peren, aardbeien, frambozen, kersen, geïmporteerde druiven, paprika's, bleekselderij, aardappelen en spinazie.

Wat vindt u van het innemen van een standaard multivitamine?
Daar ben ik helemaal voor. Het is belangrijk om vitamines en andere supplementen in te nemen, maar het kan aardig wat tijd kosten om alles te slikken wat je nodig hebt. Je kunt een multivitamine nodig hebben en mineralen, omega-3-vetzuren om ontsteking te voorkomen, calcium voor je botten en vitamine D.

Multivitamines zijn vooral geschikt voor mensen die er geen gezond dieet op na houden of niet genoeg 'goede' voeding eten om al de vitamines binnen te krijgen die we nodig hebben voor een langdurige goede gezondheid. Daarbij komt dat als we ouder worden ons lichaam bepaalde vitamines, zoals vitamine B12, niet goed meer opneemt. We hebben ook meer vitamine D en calcium nodig, maar die kunnen in de vorm van aparte supplementen worden ingenomen en hoeven niet per se in een multivitamine te zitten.

Als je het idee hebt dat een multivitamine belangrijk is voor je gezondheid, neem dan een potje vitamines mee naar je huisarts om er zeker van te zijn dat de dosering veilig is (megadoseringen van sommige vitamines kunnen gevaarlijk zijn), en verzeker je er ook van dat er geen interactie mogelijk is tussen de vitaminesupplementen en een eventueel voorgeschreven medicijnen.

U beveelt een zoetstof met de naam Truvia* aan. Wat is dat?
Truvia wordt uit stevia gehaald, een plant die voorkomt in Zuid-Amerika en Azië. Het is dus geen suiker en ook geen echte kunstmatige zoetstof, maar een 'natuurlijke' zoetstof zonder calorieën! Truvia bevat ook erythritol, een soort suikeralcohol die ook in sommige fruitsoorten zit. Voor zover het suikervervangers betreft zijn Truvia en stevia waarschijnlijk beter dan sommige kunstmatige zoetstoffen die in een laboratorium worden gemaakt, en dat is de reden dat ik ze aanbeveel. Met Truvia kun je ook bakken en koken. Maar ook hier geldt: gebruik het met mate.

* *Noot van de vertaler*: Truvia wordt (nog) niet verkocht in Nederland, stevia wel, dat is online verkrijgbaar. Wil je Truvia, dan kun je dat onder andere in Amerika kopen via eBay.com.

Kan ik bij het 17 dagendieet ook andere suikervervangers gebruiken?
Kunstmatige zoetstoffen komen op het ogenblik in heel veel voedingsmiddelen voor, zoals suikerarme yoghurt, dat een van de aanbevolen probiotica is bij het 17 dagendieet. Klinisch gesproken zijn alle suikervervangers getest als veilig; we weten alleen nog niet welke langetermijneffecten ze hebben op onze gezondheid.

Zes van de meest gebruikte suikervervangers van dit moment zijn aspartaam (Equal), sacharine, acesulfame K, sucralose (Splenda), suikeralcohol en stevia (Truvia en Sweet Leaf). Aspartaam, sacharine, acesulfame K en sucralose zijn allemaal chemische suikervervangers die voor bepaalde voordelen voor je gezondheid zorgen. Ze bevatten minder calorieën dan gewone suiker en ze verhogen je bloedsuiker niet, en dat is voor mensen met diabetes belangrijk. Ook zorgen deze zoetstoffen niet voor tandbederf.

Suikeralcohol zoals mannitol en xylitol zijn koolhydraten maar geen suikers, waardoor ze suikervrije zoetstoffen zijn. In tegenstelling tot kunstmatige zoetstoffen verhogen ze wel je bloedsuiker, maar omdat ze zo langzaam uit het darmstelsel worden geabsorbeerd, is de stijging van bloedglucose en de vraag naar insuline minimaal vergeleken met het eten van pure suiker. In vergelijking met natuurlijke suiker zijn ze caloriearm en zorgen ze niet voor tandbederf. Stevia is een nieuwere zoetstof die natuurlijk is omdat het niet in een laboratorium wordt geproduceerd. Het is een natuurlijk extract van de steviaplant.

Mijn advies is: wees zuinig met suikervervangers en leer genieten van het natuurlijke zoet van vers fruit.

Ik probeer van mijn zoutverslaving af te komen. Hoe moet ik dat aanpakken?
Je zou kunnen proberen om de lightvorm van zout te gebruiken. Er zijn diverse merken op de markt die minder sodium bevatten dan gewoon tafel- of zeezout. Gebruik ook kruiden en specerijen bij het koken, vooral knoflook en uienpoeder, om vlees of groenten op smaak te brengen.

Als je eten koopt (zoals groenten), koop dan de soorten met een laag zoutgehalte. Gebruik ook zoutloze marinades voor kip, rundvlees, varkensvlees, zeevruchten en vis.

Als je groenten en bonen in blik koopt, spoel ze dan voor je ze opwarmt onder stromend water af. Daardoor kun je het zoutgehalte tot 40 procent verminderen!

De voorkeur voor een zoute smaak is een aangeleerde gewoonte. Zoals je hebt aangeleerd om zout te eten, zo kun je ook gewend raken aan minder zout.

Ik hoor steeds vaker dat koffie en thee eigenschappen bezitten die goed zijn voor de gezondheid. Maar ze bevatten beide toch cafeïne?

Het feit dat koffie en thee goed voor je zijn, is niet nieuw. De eerste geschriften over koffie dateren van ongeveer duizend jaar geleden en daarin wordt koffie als medicijn aangeduid. De geschiedenis leert dat kruidendeskundigen dachten dat ze hoofd- en spierpijn met koffie konden behandelen, net als astma en vermoeidheid. Heel oude verwijzingen naar thee in China gaan over het koken van ruwe, wilde theebladeren in water, om luchtweginfecties te verzachten.

Je weet zelf al dat de cafeïne in je eerste kop koffie 's morgens je alert en actief houdt. Nu heeft de Harvard Nurses' Health Study, een langlopend onderzoek naar de gewoontes van meer dan honderdduizend verpleegsters, uitgewezen dat er een verminderd risico bestaat op het ontwikkelen van diabetes type 2 onder deelnemers die regelmatig koffie drinken (met en zonder cafeïne). Koffie bevat ongelooflijk veel antioxidanten, en verder nog mineralen zoals potassium en magnesium en vitamines B. Al deze ingrediënten zouden wel eens de reden kunnen zijn dat koffie je beschermt tegen diabetes type 2.

Het goede nieuws gaat maar door: Onderzoek verbindt regelmatig koffiedrinken (drie tot vier koppen per dag) met een vermindering in het optreden van de ziekte van Parkinson. Wetenschappers zagen dat zelfs een extra espresso mentale achteruitgang stopt als je ouder wordt. De bevindingen van dit onderzoek zijn in 2002 gepubliceerd in *American Journal of Epidemiology*.

Dus neem een kop koffie, ga lekker in een luie stoel zitten en lees de volgende vraag.

Als koffie en thee zo goed voor ons zijn, zou ik daar dan niet meer van moeten drinken?

Te veel van iets goeds verandert in niet zo goed. Hoeveel koffie en/of thee je per dag drinkt, hangt af van je gezondheid en cafeïnetolerantie. De meeste artsen zeggen dat drie tot vier koppen thee of koffie van elk 250 ml, het maximum is dat iemand per dag zou moeten drinken.

Je moet je ervan bewust zijn dat cafeïne het centrale zenuwstelsel en cardiovasculaire stelsel stimuleert én dat het een diureticum is. Te veel koffie of thee kan resulteren in een verhoogde bloeddruk, slapeloosheid, nervositeit of snelle, ongemakkelijke ademhaling. De tannine die in koffie en thee zit kan daarbij ook het vermogen om ijzer op te nemen, verminderen. Drink daarom je koffie of thee minstens een uur voor je maaltijden zodat je de tannine kunt verwerken voordat het ijzer in je maaltijden in je bloedstroom komt.

Ik hoor veel mensen high-fructose corn syrup* (high-fructose maïssiroop) bekritiseren. Wat is het precies? En is het echt zo slecht voor je?

High-fructose corn syrup (HFCS) is een krachtige zoetstof die van maïszetmeel wordt gemaakt. Het is zelfs tweemaal zo zoet als suiker. In de jaren zeventig begonnen fabrikanten het als een goedkope suikervervanger te gebruiken toen de prijs van suiker omhoogschoot. En op dit moment neemt HFCS ongeveer 40 procent van de calorische zoetstoffen die aan eten en drinken worden toegevoegd, voor haar rekening.

Amerikanen krijgen dagelijks gemiddeld 132 calorieën binnen die afkomstig zijn van HFCS, voornamelijk in frisdranken en fruitdrankjes. Dat is veel. Als je die dagelijkse 132 calorieën laat staan, val je ongeveer 6 kilo per jaar af zonder dat je daar iets voor hoeft te doen.

Helaas vormen calorieën niet de enige zorg bij HFCS. Hier komt het: het schijnt dat je je door het gebruik van HFCS op twee manieren volkomen te buiten gaat. In het begin, toen frisdrankfabrikanten overstapten van suiker op HFCS, gebruikten ze dezelfde hoeveelheid, waardoor frisdrank vandaag de dag veel zoeter is dan dertig jaar geleden. Als je regelmatig wordt blootgesteld aan hun intense zoetigheid, kun je heel veel trek krijgen in andere zoete dingen.

Ten tweede verwerkt je lichaam HFCS anders. In tegenstelling tot andere zoetstoffen zorgt HFCS niet voor de normale stijging van insuline na een maaltijd, waardoor de gebruikelijke spiegels van een hormoon, leptine, worden voorkomen. Leptine zorgt ervoor dat je je verzadigd voelt, waardoor je stopt met eten. Te weinig leptine en je eet te veel.

Door alles wat ik erover heb gelezen, houd ik niet van HFCS en wil ik je vragen het niet te eten.

* *Noot van de vertaler*: Bij de 'aanbevolen websites' zijn wat sites opgenomen die de verbazingwekkende opmars van HFCS en de gevolgen ervan, duidelijk weergeven. Het lezen waard.

Ik hoor elke keer weer dat transvetten zo slecht voor ons zijn, maar ik weet niet precies wat het zijn. En waarom zijn ze zo slecht?
Transvetten worden gevormd als onverzadigde oliën een chemisch proces doorlopen dat hydrogenering wordt genoemd. Dit proces zorgt ervoor dat oliën op kamertemperatuur een vaste substantie vormen: denk aan margarine of plantaardige bakproducten. Hard vet is nodig om bij bepaalde voedingsmiddelen specifieke kenmerken te bereiken. Bijvoorbeeld: zonder hard vet zouden crackers zacht zijn, bladerdeeg zou gebakken geen knapperige laagjes opleveren en ook zouden voedingsmiddelen eerder ranzig worden.

Niet alle harde vetten zijn echter transvetten; sommige zijn verzadigde vetten (de soort die je in boter en cacaoboter, palm- en kokosolie aantreft). De voedingsindustrie hield een aantal jaren geleden echter op met het gebruik van verzadigd vet vanwege zijn associatie met verhoogde LDL-spiegels ('luizige' cholesterol). Door deze ommekeer heeft de industrie onbewust een vet gecreëerd dat nog veel slechter voor de gezondheid blijkt te zijn: transvet. De laatste jaren hebben onderzoekers niet alleen ontdekt dat transvetzuren niet alleen je LDL-spiegels verhogen, maar dat ze ook je HDL-spiegels ('goede' cholesterol) verlagen – en daardoor stijgen de risicofactoren voor hartaandoeningen. En ze werken ook nog obesitas in de hand. Gelukkig worden er op het ogenblik minder producten gefabriceerd met transvetten. Als je bezorgd bent of een product transvetten bevat, lees dan de ingrediënten op het etiket en zoek naar de term 'gedeeltelijk gehydrogeneerd'. Gedeeltelijke gehydrogeneerde olie is dus transvet.

Zijn imitatie vis- en schaaldierenproducten een goede keuze?
Imitatiekrab, garnaal en andere visproducten (surimi) worden meestal

gemaakt van koolvis uit Alaska. Koolvis is een zogenoemde witvis. De vis wordt zonder vel en graten gemalen, dan gemixt met bindmiddelen, zout en andere smaakmakers, gekookt en in vorm gebracht. Deze imitatie schaaldieren zijn een uitstekende bron van vetarme eiwitten en bevatten minder cholesterol dan echte schaaldieren.

Een nadeel is dat een bescheiden portie van 100 g van deze imitatieproducten bijna 700 mg zout kan bevatten. Dat is bijna een derde van de zoutlimiet voor een hele dag en bijna de helft van de limiet voor mensen met zoutgevoelige hoge bloeddruk.

Imitatievis smaakt heel erg goed. Maar als je er niet van houdt om 'namaak' te eten of als je de ingrediënten onnatuurlijk vindt klinken, houd je dan bij het originele product.

Elk jaar neem ik me voor om gezonder te eten en dat doe ik dan ook – twee weken of een maand. Hoe kan ik voorkomen dat ik elk jaar weer terugval in hetzelfde eetpatroon?

Om te beginnen: blijf vooral voornemens houden. Wetenschappelijke literatuur laat zien dat mensen die het voornemen hebben om te stoppen met roken, af te vallen of met een fitnessprogramma te beginnen, veel meer kans hebben om te slagen dan mensen zonder voornemens.

Ten tweede: onderneem actie. Als je alleen maar zittend denkt aan verandering of er alleen maar over praat, maakt dat natuurlijk geen verschil. Verandering komt tot stand door actie. Hieronder vind je verschillende soorten actiegericht gedrag die het afvallen in de hand kunnen werken en voorkomen dat je weer terugvalt.

- Ontbijt elke morgen en eet geplande, regelmatige maaltijden tijdens de hele dag.
- Beweeg regelmatig. Dit concept is echt heel eenvoudig – beweeg én verlies!
- Drink meer water. Water zorgt voor een vol gevoel en helpt je vetverbranding.
- Begin een liefdesrelatie met groenten. Voeg gezonde salades en groenten aan je maaltijden toe en je moeder zal trots op je zijn.
- Eet voordat je naar feestjes of andere bijeenkomsten gaat waar eten de hoofdrol speelt.
- Plan bijeenkomsten met je vrienden die niet om eten draaien.

- Beloon je vorderingen (maar niet met eten), en vraag vrienden en familieleden om hetzelfde te doen.
- Kortom, stel een doel of maak voornemens. Plan concrete stappen die je bij dat doel zullen brengen, anticipeer en vermijd valkuilen, en beloon jezelf op weg naar dat doel.

Gezondheidsproblemen

Bijna iedereen in mijn familie lijdt aan overgewicht. Betekent dit dat ik nu alles tegen heb?

Ja, er is een genetisch deel waar we rekening mee moeten houden. Mensen die onderzoek doen naar obesitas hebben de 'verwijt het je ouders'-factor ontdekt. Bij hun onderzoeken waren dikke tweelingen betrokken die afzonderlijk door dunne families waren geadopteerd. De tweelingen bleven zwaar ondanks hun slanke omgeving. Het onderzoek concludeerde dat de ring rond je middel, of tenminste een deel daarvan, afkomstig is van je ouders, en niet alleen maar van wat je eet als niemand het ziet.

Dus ja, een familiegeschiedenis van obesitas kan je kansen verhogen om aan overgewicht te gaan lijden. Maar dat betekent alleen dat je wat harder moet werken dan anderen zonder die geschiedenis, om een gezond gewicht te bereiken en te behouden. Je bent niet verdoemd. Het is zelfs zo dat Britse wetenschappers hebben ontdekt dat beweging de genetische tendens voor obesitas met 40 procent kan verminderen. Hun bevindingen werden in 2010 gepubliceerd in *PLoS Medicine*. Je kunt ervoor kiezen gezonde gewoontes aan te leren. We erven predisposities voor bepaalde problemen, inclusief obesitas, maar we hebben ook de kracht om zelf te beslissen wat we eraan doen.

Worden mensen dik van stress?

Het schijnt dat er een relatie is die is gebaseerd op het 'holbewonersbuikje'. Het heeft te maken met de plaats waar vet zich in het lichaam vastzet, en dat gaat ongeveer zo. Kerels krijgen bierbuiken om dezelfde reden als vrouwen donderdijen krijgen: een kwestie van evolutie. Holbewoonsters verzamelden vet op hun dijen en borsten om te kunnen omgaan met de eisen van zwangerschap in het wild.

Bij holbewoners werd de vecht-of-vluchtenergie opgeslagen als buikvet. Als holbewoners gingen jagen en ineens merkten dat er op henzelf werd gejaagd, gaven hun ingewanden de brandstof (vet) vrij die hun spieren nodig hadden om hen in veiligheid te brengen. En omdat holbewoners héél veel op de vlucht waren, hadden ze nooit echt problemen met hun gewicht.

Vandaag de dag zijn de jagers echter onze bazen, telemarketingmensen en creditcardmaatschappijen. Ze zijn irritant en je kunt er moeilijk vanaf komen. Het is een goed idee om je sportschoenen te strikken en een stevige wandeling te maken. Dat lijkt op het jagen op groot wild maar dan zonder wapens. Serieus, door regelmatige beweging voorkom je echt stressvet plus nog allerlei andere dingen.

Ik rook. Ik weet dat ik moet stoppen, maar ik ben bang dat ik dan aankom. Wat denkt u?

Laat me je eerst wat vragen: offer je je gezondheid op voor een paar pondjes? Waar zit je gezond verstand? Het zal je verbazen om te horen dat als je beweegt terwijl je stopt met roken, je helemaal niet aankomt.

Goed bewegen helpt je om je sigarettenverslaving op te geven. In Australisch onderzoek werd aangetoond dat na drie maanden 80 procent van de rokers die driemaal per week een cardio- en krachttraining deden, terwijl ze een nicotinevervangende therapie naar hun eigen keuze volgden (zoals een nicotinepleister, kauwgom, een inhaler of een combinatie daarvan), het roken hadden opgegeven. Van de mensen die alleen nicotinevervangende middelen namen, had 52 procent succes. Daar komt nog bij dat beweging geen negatieve bijwerkingen geeft, zoals wel het geval kan zijn bij geneesmiddelen. Neem de aanwijzingen van het onderzoekslab ter harte en loop, fiets en jog op weg naar een rookvrij en sterk, fit lichaam. Overleg met je arts over je fitnessprogramma als je de tabak afzweert.

Ik ben 56 en heb pas gehoord dat ik prediabetes heb. Wat voor screeningtest zou ik moeten doen en wat zou ik zelf kunnen doen om er zeker van te zijn dat het niet verandert in diabetes.

Prediabetes wordt vastgesteld als de bloedglucosespiegels van iemand hoger zijn dan normaal, maar niet hoog genoeg voor de diagnose diabetes. Als je prediabetes hebt, heb je een aanzienlijk hogere kans op een hartaanval, beroerte, kanker, nierziekte, blindheid, zenuwschade en verscheidene andere, ernstige aandoeningen.

Gezien de recente diagnose prediabetes, zou je arts je kunnen aanraden om je bloedsuiker thuis te testen. Of dit nu wel of niet het geval is, er zijn diverse laboratoriumtesten die belangrijk genoeg voor je zijn om met regelmatige tussenpozen uit te voeren. De belangrijkste is je nuchtere bloedsuiker, en het hemoglobine A1C (HgA1C). Die laatste geeft het gemiddelde bloedsuikerniveau aan van de afgelopen drie maanden. Een normale waarde voor de HgA1C is 4 tot 6 procent, en het doel voor mensen met diabetes is om behandeld te worden zodat het onder de 7 procent komt. Of je nu je prediabetes behandelt door aanpassingen in je manier van leven, zoals dieet, beweging en gewichtsverlies, of door medicijnen, het HgA1C moet ten minste twee keer per jaar worden gecontroleerd, of vaker als je arts dat aanbeveelt.

Er zijn verscheidene dingen die je kunt doen om prediabetes te behandelen en te voorkomen dat het verandert in diabetes type 2:

- **Eet een gezond dieet en val af:** Als je maar 5 tot 7 procent van je lichaamsgewicht kwijtraakt, kan dat je bloedsuiker al tot normale waarden omlaagbrengen.
- **Beweeg:** Zorg vijf dagen per week voor minstens dertig minuten beweging. Vet zwakt het vermogen van insuline om je bloedsuiker omlaag te brengen af. Met minder vet kan je bloedsuiker normaal worden.
- **Behandel hoge bloeddruk en cholesterol:** Als je te horen hebt gekregen dat je ook aan deze aandoeningen lijdt, praat dan met je arts over de beste behandeling om ze weer in het gareel te krijgen.
- **Stop met roken:** Diabetes is niet de enige reden om te stoppen; roken draagt bij aan veel andere gezondheidsproblemen.
- **Doe aan bijscholing:** Kennis is de sleutel bij de beheersing van prediabetes en diabetes type 2. Diabetes is een complexe aandoening waarbij nauwgezette controle noodzakelijk is om je zo actief en gezond mogelijk te houden. Veel ziektekostenverzekeringen of ziekenhuizen bieden kennisprogramma's aan op gebied van diabetes en ze zijn erg behulpzaam bij het assisteren van mensen die net de diagnose hebben gekregen om ze te leren hoe ze hun diabetes kunnen regelen. Er is ook een patiëntenvereniging.

Wat zijn de beste voedingsmiddelen voor mijn gewrichten?

Als je gewrichten pijn doen, dan zouden ze wel eens ontstoken kunnen zijn. Maar pijnstillers slikken is niet de enige manier om van de pijn af te komen. Je kunt je een weg naar meer comfort eten door een vers, onbewerkt dieet, zoals ik voorstel in het 17 dagendieet. Probeer twee keer per week vis te eten, zoals sardines, wilde zalm of kabeljauw. Neem dagelijks porties volkorenproducten en peulvruchten, fruit (vooral bessen) en groenten – dus eigenlijk alle voedingsmiddelen die deel uit maken van het 17 dagendieet. Deze zullen je voorzien van de nodige vitamines en mineralen, omega-3-vetzuren en andere voedingsstoffen die je nodig hebt om je cellen te beschermen tegen ontstekingen.

Een andere normale maar over het algemeen veilige remedie is glucosamine, dat als supplement te koop is. Veel mensen merken dat hun pijn minder wordt als ze dat slikken. Raadpleeg je arts of je het zou moeten nemen, welke soort en de dosering.

Mijn HDL-cholesterol is laag. Wat kan ik doen om dat te verhogen?

Gewichtsbeheersing en regelmatige fysieke activiteit zijn de belangrijkste stappen die je kunt nemen om je goede HDL-cholesterol te verhogen. Hogere HDL-spiegels (60 mg/dl of hoger) worden gelinkt aan een lager risico op hartaandoeningen, terwijl laag HDL (40 mg/dl en lager) wordt beschouwd als een ernstige cardiovasculaire risicofactor en op dit moment ook nog wordt gelinkt aan een groter risico op geheugenverlies op latere leeftijd. Lage HDL-spiegels worden vaak in verband gebracht met overgewicht, vooral als het overtollige vet zich rond de taille heeft verzameld.

Onderzoeken suggereren dat mensen met overgewicht hun lage HDL-spiegels met 5 tot 20 procent kunnen verhogen als ze een gezonder gewicht zouden hebben. Dagelijkse, matige aerobische lichaamsinspanning, zoals lopen of zwemmen, is ook uitermate effectief om laag HDL te verhogen. Hoewel sommige mensen denken dat een vetarm dieet gunstig is, kan het weglaten van gezond-voor-je-hart-vet, zoals olijfolie of omega-3-vetten, juist je inspanningen meer kwaad dan goed doen. Daarbij komt dat het belangrijk is om niet te roken omdat dat in relatie staat met laag HDL, en wees er ook zeker van dat je bloedsuiker onder controle is.

Genetica speelt een rol in je HDL-spiegels en het is erg moeilijk om genetica te veranderen. Maar met dieet en beweging heb je twee baanbrekende instrumenten in handen die je helpen om je HDL te verhogen. Beide zijn echt het beste medicijn – en nog veilig en goedkoop ook!

Zijn er voedingsmiddelen die je kunt eten om een betere huid te krijgen?

Ja. Voeding die rijk is aan 'beautyvoedingsstoffen', kan je huid helderder maken, gladder en stralender. Zalm is een prima bron van omega-3-vetzuren die de huid 'gesmeerd' houden van binnenuit en die acne voorkomen; kiwi's en bosbessen bevatten vitamine C, die helpt om rimpels te voorkomen; oesters bevatten veel zink en dat is cruciaal voor de collageenproductie en zoete aardappelen en tomaten bevatten carotenoïden die de huid zouden kunnen beschermen tegen schadelijke UV-stralen.

Kunnen mensen die al te zwaar zijn hun risico op kanker verkleinen als ze afvallen?

Veel soorten kanker bij volwassenen ontwikkelen zich over een periode van tien tot twintig jaar. Hoewel onderzoekers niet met zekerheid kunnen zeggen dat afvallen het risico op kanker verlaagt, lijkt het bewijs veelbelovend.

Twee grote onderzoeken onder vrouwen die de menopauze achter de rug hadden, wezen bijvoorbeeld uit dat de vrouwen die na hun menopauze afvielen, hun risico op borstkanker aanzienlijk verminderden. Dat is belangrijk omdat rapporten schatten dat overgewicht en obesitas in Amerika verantwoordelijk worden geacht voor 14 procent van het overlijden aan kanker onder mannen en voor 20 procent onder vrouwen.

Als mensen met overgewicht afvallen, kunnen ze wellicht de schade die kanker al heeft veroorzaakt, niet meer ongedaan maken, maar als ze overtollig vet kwijtraken kan dat wel de verhoogde insulinespiegels verlagen, net als insulinegerelateerde groeifactoren en bepaalde hormonen zoals oestrogeen. Al deze stoffen worden geassocieerd met het kankerontwikkelingsproces. Alle verlies of het erbij komen van overtollig lichaamsvet, schijnt het risico op kanker te veranderen.

Is het waar dat suiker kanker 'voedt'?

Hoewel al onze lichaamscellen suiker (glucose) gebruiken als brandstof, lijkt onderzoek te suggereren dat kankercellen bloedsuiker sneller opnemen dan gezonde cellen. Daarbij komt dat een hoge bloedsuiker verhoogde insulinespiegels in ons lichaam stimuleert, en dat zou de groei van kankercellen kunnen bevorderen.

Dit mag dan angstaanjagend klinken, het antwoord is nu niet dat je alle suikerhoudende voedingsmiddelen moet vermijden. De suiker in onze bloedsomloop is afkomstig van alle voeding die koolhydraten bevat, inclusief gezonde groenten, fruit, volkorenproducten en vetarme zuivelbronnen; er wordt zelfs uit eiwitten wat glucose in ons lichaam geproduceerd.

Op dit ogenblik is ons beste antwoord om bloedsuiker onder controle te houden: gewichtsbeheersing, regelmatig bewegen en een vezelrijk dieet. Ook is het belangrijk om enorme hoeveelheden koolhydraten (in een keer) te vermijden, vooral als ze afkomstig zijn uit geraffineerde granen zoals witbrood of voedingsmiddelen met toegevoegde suikers. We hopen dat verder onderzoek meer antwoorden zal opleveren.

Voedingsallergieën

Een allergiedeskundige vertelde me laatst dat ik lijd aan lactose-intolerantie. Wat kan ik daaraan doen, want ik zou het erg moeilijk vinden als ik de rest van mijn leven geen zuivel meer zou mogen gebruiken.

Lactose-intolerantie wordt veroorzaakt door het ontbreken van een of meer enzymen die lactose verteren, het koolhydraat in melk. De symptomen zijn opgeblazenheid, diarree, winderigheid, misselijkheid en buikpijn. Helaas is de aanbevolen behandeling een lactosevrij dieet. Als je alle zuivelproducten vermijdt, moet je wel calciumsupplementen innemen. Je kunt ook lactosesnoepjes of tabletten kopen die je soms kunnen helpen bij het verteren van zuivelproducten. Deze neem je voor de maaltijd in. Als je lactose-intolerant bent, dan zul je waarschijnlijk yoghurt gemakkelijker te verteren vinden dan melk. Dat komt doordat de vriendelijke bacteriën wat van de melksuiker in yoghurt verteren, waardoor er minder overblijft dat je irriteert.

Met deze voedingsgevoeligheid zou je geen enkel probleem moeten hebben om het 17 dagendieet te volgen.

Ik moet een glutenvrij dieet volgen. Welke voedingsmiddelen zijn van nature glutenvrij?

In Nederland lijden naar schatting 160.000 mensen aan coeliakie, maar slechts 25.000 mensen weten dat coeliakie een auto-immune darmaandoening is die ernstige allergieën veroorzaakt door eiwitten die in tarwe en aanverwante granen zitten. En nog meer mensen zijn glutenintolerant. Voor mensen die aan ernstige glutenallergie lijden is het een verschil tussen leven en dood, en een glutenvrij dieet is de enige vorm van behandeling. Het voorkomt de complicaties van onbehandelde coeliakie, zoals osteoporose, bloedarmoede, bepaalde vormen van kanker en zelfs de dood. Voor mensen met een glutenallergie zijn de voordelen van een glutenvrij dieet aanzienlijk: minder neusholte-infecties, meer energie, minder 'wattenhoofd' of minder gastro-intestinale problemen. Sommige mensen vallen af op een glutenvrij dieet, maar dat kan komen omdat veel calorierijke voedingsmiddelen tarwe bevatten, en dat is een koolhydraat.

Hieronder een (niet volledige) lijst met glutenvrije voedingsmiddelen

- Melk (vetvrije melkpoeder).
- 100 procent groentesappen.
- Vers fruit en verse groenten zonder waslaagje of harslaagje dat gluten bevat.
- Een verscheidenheid aan voeding met enkelvoudige ingrediënten: eieren, linzen, zaden zoals lijnzaad, boomnoten zoals amandelen, granen zonder gluten zoals maïs, vlees, verse vis en verse schaaldieren.
- Speciale glutenvrije voedingsmiddelen zoals brood, pasta en speciale ontbijtgranen.

Voedingsmiddelen die niet glutenvrij zijn, zijn onder andere

- Gerst, gewone tarwe, rogge, spelt, kamut, triticale.
- Farina, vitale gluten, semolina, moutazijn.

Het is niet duidelijk of mensen met coeliakie havermout kunnen eten of juist niet. Onderzoeksgegevens laten zien dat de meeste mensen met coeliakie een beperkte dagelijkse hoeveelheid kunnen verdragen (bijvoorbeeld 50 g) van speciale glutenvrije granen die afkomstig zijn van tarwe, rogge, gerst of gekruiste varianten daarvan.

En ja, als je een glutenvrij dieet moet volgen, kun je gemakkelijk het 17 dagendieet doen door glutenbevattende voedingsmiddelen te vervangen door glutenvrije producten.

Blijf die kaarten en brieven schrijven. En bezoek me ook op de 17 dagenwebsite, www.the17daydiet.com, voor meer hulp en advies over hoe je met het dieet kunt leven en gezond en fit kunt blijven.

Bronnen

Het meeste materiaal in dit boek is afkomstig van computeronderzoek van medische databases, artikelen in zowel populair wetenschappelijke als specialistische publicaties en wetenschappelijke verslagen in vakliteratuur.

Hoofdstuk 1: Ik heb maar zeventien dagen nodig

Nackers, L.M. et al., 2010, The association between rate of initial weight loss and long-term success in obesity treatment: does slow and steady win the race? *International Journal of Behavioral Medicine* 17: 161-167.

Laaksonen, DE et al., 2003, Relationships between changes in abdominal fat distribution and insulin sensitivity during a very low calorie diet in abdominally obese men and women, *Nutrition, Metabolism, and Cardiovascular Diseases* 13:349-356.

Leigh, Gibson E. en Green, M.W., 2002, Nutritional influences on cognitive function: mechanisms of susceptibility, *Nutrition Research Reviews* 15:169-206.

Bui, C., 2010, Acute effect of a single high-fat meal on forearm blood flow, blood pressure and heart rate in healthy male Asians and Caucasians: a pilot study, *The Southeast Asia Journal of Tropical Health and Public Health* 41:490-500.

Rudkowska, I. et al., 2008, Cholesterol-lowering efficacy of plant sterols in low-fat yogurt consumed as a snack or with a meal, *Journal of the American College of Nutrition* 27:588-595.

Johnston, C.S., 2002, Postprandial thermogenesis is increased 100% on a high-protein, low fat diet versus a high carbohydrate, low-fat diet in healthy, young women, *Journal of the American College* of *Nutrition* 21:55-61.

Hanninen, O. et al., 1992, Effects of eating an uncooked vegetable diet for one week, *Appetite* 19:243-254.

Nowson, C.A., 2003, Dietary approaches to reduce blood pressure in a community setting: a ramdomised crossover study, *Asia Picific Journal of Clinical Nutrition* 12, suppl:S19.

Jenkins, D.J. et al., 2009, The effect of a plant-based low-carbohydrate ('Eco-Atkins') diet on body weight and blood lipid concentrations in hyperlipidemic subjects, *Archives of Internal Medicine* 169: 1046-1054.

Henkin, Y. en Shai, I., 2003, Dietary treatment of hypercholesterolemia: can we predict long-term success? *Journal of the American College of Nutrition* 22:555-561.

Kiortsis, D.N. et al., 2001, Changes in lipoprotein(a) levels and hormonal correlations during a weight reduction program, *Nutrition, Metabolism, and Cardiovascular Diseases* 11:153-157.

Claessens, M. et al., 2009, The effect of a low-fat, high-protein or high-carbohydrate ad libitum diet on weight loss maintenance and metabolic risk factors, *International Journal of Obesity* 33:296-304.

Janiszewski, P.M. en Ross, R., 2010, Effects of weight loss among metabolically healthy obese men and women, *Diabetes Care* 33:1957-1959.

Sheets, V. en Ajmere, K., 2005, Are romantic partners source of college students' weight concern? *Eating Behaviors* 6:1-9.

Binks, M., 2005, Duke study reports sex, self-esteem diminish for morbidly obese, *CDS Review* 98(4):28-29.

Lapidus, L., 1984, Distribution of adipose tissue and risk of cardiovascular disease and death: a 12-year follow up of participants in the population study of women in Gothenburg, Sweden, *British Medical Journal* 289:1257.

Tran, T.T., 2008, Beneficial effects of subcutaneous fat transplantation on metabolism, *Cell Metabolism* 7:410-420.

Gunn, D.A., 2009, Why some women look young for their age, *PLoS One* 4:e8021.

Maconochie, N., 2007, Risk factors for first trimester miscarriage – results from a UK-population-based case-control study, *BJOG* 114:170-186.

Hoofdstuk 2: Verbrand dat vet!

McCrory, M.A. et al., 1999, Dietary variety within food groups: association with energy intake and body fatness in men and women, *American Journal of Clinical Nutrition* 69:440-447.

Pataky, Z., 2009, Gut microbiota, responsible for our body weight? *Revue Medicale Suisse* 5:662-664, 666.

Scarpellini, E., 2010, Gut microbiota and obesity, *Internal and Emergency Medicine* 5, Suppl. 1:s53-56.

Diamant, M., 2010, Do nutrient-gut-microbiota interactions play a role in human obesity, insulin resistance and type 2 diabetes? *Obesity Review*, 13 augustus.

Kim, D.H. et al., 2010, Peptide designed to elicit apoptosis in adipose tissue endothelium reduces food intake and body weight, *Diabetes* 59:907-915.

Yang, C.S. en Wang, X., 2010, Green tea and cancer prevention, *Nutrition and Cancer* 62(7):931-937.

Hoofdstuk 3: Cyclus 1: versnellen

Tremblay, A. et al., 2004, Thermogenesis and weight loss in obese individuals: a primary association with organochlorine pollution, *International Journal of Obesity and Related Metabolic Disorders* 28(7):936-939.

Hoofdstuk 4: Cyclus 2: verbeteren

Varady, K.A., 2007, Alternate-day fasting and chronic disease prevention: a review of human and animal trials, *American Journal of Clinical Nutrition* 86:7-13.

Jakulj, F., 2007, A high-fat meal increases cardiovascular reactivity to psychological stress in healthy young adults, *Journal of Nutrition* 137:935-939.

Westenterp-Planteng, M.S. et al., 2005, Sensory and gastrointestinal satiety effects of capsaicin on food intake, *International Journal of Obesity* 29:682-688.

Liu, H., 2010, Fructose induces transketolase flux to promote pancreatic cancer growth, *Cancer Research* 70:6368-6376.

Hoofdstuk 5: Cyclus 3: verandering

Di Blasio, A., 2010, Effects of the time of day of walking on dietary behaviour, body composition and aerobic fitness in post-menopausal women, *The Journal of Sports Medicine and Physical Fitness* 50:196-201.

Fischer-Posovszky, P., 2010, Resveratrol regulates human adipocyte number and function in a Sirt1-dependent manner, *American Journal of Clinical Nutrition*, 92:5-15.

Fuchs, N.K., 2002, Liposuction lowers cholesterol, *Women's Health Letter*, Soundview Publications.

Vgontzas, A.N., 2007, Daytime napping after a night of sleep loss decreases sleepiness, improves performance, and causes beneficial changes in cortisol and interleukin-6 secretion, *American Journal of Physiology, Endocrinology, and Metabolism* 292: E253-E261.

National Weight Control Registry, www.nwcr.ws/Research/default.htm.

Rolls, B.J. et al., 2004, Salad and satiety: energy density and portion size of a first-course salad affect energy intake at lunch, *Journal of the American Dietetic Association* 104:1570-1576.

Kristal, A.R., 2005, Yoga practice is associated with attenuated weight gain in healthy, middel-aged men and women, *Alternative Therapies in Health and Medicine* 11:28-33.

Hoofdstuk 8: Het PMS-uitzonderingsdieet

Hibbeln, J.R., 1998, Fish consumption and major depression, *The Lancet* 351:1213.

Hibbeln, J.R., en Salem, N., 1995, Dietary polyunsaturated fatty acids and depression: when cholesterol does not satisfy, *American Journal of Clinical Nutrition* 62: 1-9.

Benton, D., Cook, R., 1991, The impact of selenium supplementation on mood, *Biological Psychiatry* 29:1092-1098.

Hawkes, W.C., en Hornbostel, L., 1996, Effects of dietary selenium on mood in healthy men living in a metabolic research unit, *Biological Psychiatry* 39:121-128.

Kalman, D. et al., 2009, A prospective, ramdomized, double-blind, placebo-controlled parallel-group dual site trial to evaluate the effects of a Bacillus coagulans-based product on functional intestinal gas symptoms, *BMC Gastroenterology* 18:85.

Ghanbari, Z. et al., 2009, Effects of calcium supplement therapy in women with premenstrual syndrome, *Taiwan Journal Obstetrics and Gynaecology* 48:124-129.

Hoofdstuk 10: Gezinsuitdagingen

Paisley, J. et al., 2008, Dietary change: what are the responses and roles of significant others? *Journal of Nutrition, Education and Behavior* 40:80-88.

Wallace, J.P., 1995, Twelve month adherence of adults who joined a fitness program with a spouse vs. without a spouse, *Journal of Sports Medicine and Physical Fitness*, 35:206-213.

Morgan, D.V. et al., 1988, Mutual motivation, *Health*, augustus, 32-36.

Hoofdstuk 11: Zo overleef je de feestdagen

Andersson, L. et al., 1992, The Christmas factor in obesity therapy, *International Journal of Obesity and Related Metabolic Disorders* 16:013-1015.

Baker, R.C. et al., Weight control during the holidays: Highly consistence self-monitoring as a potentially useful coping mechanism, *Health Psychology*, 17:367-370.

Hoofdstuk 13: Onregelmatige dienst en het 17 dagendieet

Geliebter, A., 2000, Work-shift period and weight change, *Nutrition* 16:27-29.

Henderson, N.J., en Christopher, D.B.B., 1998, An evaluation of the effectiveness of shift work preparation strategies, *New Zealand Journal of Psychology*, New Zealand Psychological Society.

Thorpy, M.J., 2010, Managing the patient with shift-work disorder, *The Journal of Family Practice* 59(1 Suppl):S24-31.

Hoofstuk 15: Dokter, kunt u mij meer vertellen, a.u.b.?

Marian, T. et al., 2000, Effect of dietary bone loss in elderly men and women: The Framingham Osteoporosis Study, *Journal of Bone and Mineral Research* 15:2504-2512.

Dam, R.M., van et al., 2006, Coffee, caffeine, and risk of type 2 diabetes: a prospective cohort study in younger and middle-aged U.S. women, *Diabetes Care* 29:398-403.

Checkoway, H. et al., 2002, Parkinson's disease risks associated with cigarette smoking, alcohol consumption, and caffeine intake, *American Journal of Epidemiology* 155:732-738.

Shengxu, L. et al., 2010, Physical activity attenuates the genetic predisposition to obesity in 20.000 men and women from EPIC-Norfolk prospective population study, *PloS Medicine* e1000332, doi: 10.1371/journal.pmed.1000332.

Shape Magazine, 2007, Trying to quit smoking? Get moving, auteur.

Interessante websites

Hieronder staan wat interessante websites die je kunnen helpen bij zaken die je tegenkomt in dit boek en bij het 17 dagendieet.

www.body-supplies.nl

Via deze website kun je diverse soorten PAM cooking spray kopen. Met een bus cooking spray doe je echt weken. Ze hebben de speciale uitvoering voor grillen en barbecueën. De levering is én snel én gratis. Zij hanteren de laagste prijzen.

www.eBay.com

De wereldwijde handelsplaats waar je onder andere Truvia of stevia kunt kopen. Ook de Amerikaanse maatbekers (*cups*) en maatlepels (*measuring tools*) zijn ruim voorradig. Wel even de prijzen vergelijken en zeker ook de verzendkosten, want die lopen behoorlijk uiteen.

Het merk Arcuisine (onder andere bij V&D) heeft een glazen maatbeker van 1 cup, met verdeling naar 1/1, 2/3, 1/2, en 1/3 cup en aan de andere kant de milliliters. Ook heel handig.

www.steviazoetstof.nl

Op deze Nederlandse website kun je stevia in allerlei vormen kopen: als poeder, als tabletjes en in vloeibare vorm.

www.glutenvrij.nl

Alles wat je wilt weten over coeliakie en gluten vind je hier.

www.dvn.nl

De officiële website van de Diabetesvereniging Nederland. Alles, maar dan ook echt alles over diabetes, hoe je daar mee om kunt gaan. Adviezen, fora om ervaringen te delen of om vragen te stellen, je kunt producten via deze website bestellen enzovoort.

www.mercola.com

Deze Amerikaanse website van dr. Mercola staat bomvol informatie over voeding en de relatie tot aandoeningen, de helende werking van voeding, alles over antioxidanten en verder te veel om op te noemen. Zeer aan te bevelen.

Over de auteur

Dr. Michael Rafael Moreno, beter bekend als Dr. Mike, studeerde af aan de University of California aan de Irvine and Hahnemann Medical School (nu Drexel University). Na zijn medische residentie aan Kaiser Permanente in Fontana, California, verhuisde hij naar San Diego, waar hij nu huisarts is en zitting heeft in het bestuur van de San Diego Chapter of the American Academy of Family Physicians.

In 2008 lanceerde Dr. Mike *Walk With Your Doc* (http://www.walkwithyourdoc.com), waar hij zelf elke dinsdag- en donderdagochtend aan deelneemt voor zijn werkdag begint. Dit programma ging van start toen Dr. Mike een patiënte aanbood om met haar mee te lopen om haar te motiveren meer te bewegen, en vanaf dat moment is het uitgegroeid tot een eigen, enthousiaste groep mensen.

Dr. Mike is er trots op dat hij niet alleen als arts wordt gezien, maar ook als vriend en vertrouwenspersoon.

'We hebben onszelf beloofd, we hebben gezworen en we hebben onszelf gepijnigd om beter te eten en om meer te bewegen, maar deze voornemens worden zo vaak niet gehaald,' vertelt Dr. Mike. 'Ik heb gezonde gewoontes in mijn werk en leven thuis doorgevoerd. En dat kun jij nu ook.'